Jämäkkä strategiatyö

Taitto ja kansi: Books on Demand
Kustantaja: BoD – Books on Demand, Helsinki, Suomi
Valmistaja:Libri Plureos GmbH, Hampuri, Saksa
ISBN: 978-952-80-5299-9

Jämäkkä strategiatyö

Ratkaisuja julkishallinnon strategiatyön
haasteisiin

Sisällys

Esipuhe

Julkisen hallinnon kehittämisestä on viimeisen vuosikymmenen aikana tullut haastavaa toimintaa. Toimintaympäristön monimutkaisuuden kasvu, yhteiskuntia ravisuttavat kriisit ja niukkenevat toimintaresurssit synnyttävät helposti johtamisen tunnelivision, jossa huomio kiinnittyy vain päivittäiseen selviämiseen. Organisaation kehittämiselle jää vähemmän aikaa, mikä on omiaan vain vahvistamaan ongelmia ja saattaa ajan myötä synnyttää toimintojen lamautumiseen johtavan pahan kehän. Juuri tämän vuoksi tarvitaan jämäkkää johtajuutta ja strategiatyötä.

Jarmo Koskela on kirjoittanut ajankohtaisen ja tärkeän kirjan. *Jämäkkä strategiatyö* vie meidät strategiatyön ydinkysymysten äärelle. Miksi strategiaa tarvitaan? Miten strategia valmistellaan ja toimeenpannaan? Miten strategia liittyy julkisorganisaatioiden kokonaisvaltaiseen kehittämiseen, toiminnan vaikuttavuuteen ja julkisen arvon osoittamiseen?

Kirja on enemmän kuin julkisen hallinnon strategiatyön oppikirja. Jarmo Koskela kirjoittaa käsitteellisesti hyvin selkeästi ja pitkän kehittäjäkokemuksen tuomalla asiantuntijuudella. Kirjassa avataan ymmärrettävästi ja yksinkertaisesti strategiatyön peruskäsitteet, kerrotaan mitä ne tarkoittavat julkisorganisaatioiden käytännöissä ja ennen kaikkea, miten keskeisiä strategiatyön välineitä tulisi käyttää ja soveltaa.

Poikkeuksena useaan aikaisempaan julkisen hallinnon strategiatyötä käsittelevään kirjaan, *Jämäkässä strategiatyössä* avataan strategiatyön taustalla olevaa strategisen johtamisen kokonaisuutta julkishallinnossa. Tämä antaa vahvat perustelut sille, miksi julkisen hallinnon strategiaa tarvitaan ja miksi strategisessa johtamisessa tulee ymmärtää monitasohallinnan erilaiset strategia-, politiikka- ja sääntelytasot. Kokonaisuus on sekä horisontaalisesti että vertikaalisesti varsin kompleksinen toiminta-avaruus, jonka ymmärtäminen ja käsitteellinen haltuunotto ovat avainasemassa onnistuneessa strategiatyössä.

Koskela kuvaa osuvasti suomalaisen hallinnon strategiatyön suurimpia nykyhaasteita ja pullonkauloja. Strategioita on liikaa, niiden väliset yhteydet jäävät usein epäselviksi ja toimeenpano puutteelliseksi epämääräisten tiekarttojen ja toimenpidelistausten vuoksi. Voisi sanoa, että pahimmillaan julkisen hallinnon strategiat synnyttävät enemmän hämminkiä ja epäselvyyttä kuin auttavat päämäärien ja tavoitteen kirkastamista. Tämä näkyi mm. Koskelan tarkastelemassa vuosien 2019–2020 julkisen hallinnon strategian toteutuksessa. Koskela toteaa, että *"Julkisen hallinnon strategia* on esimerkki pistemäisestä strategiatyöstä, jolle ei löydy säädöspohjaa ja jota ei ole mahdollista selkeästi asemoida strategisen johtamisen kokonaisuuteen".

Jos tavoitteena on maailman paras julkinen hallinto (kuten Marinin hallitusohjelman linjauksissa todetaan), niin riittääkö siihen pelkkä jämäkkä strategiatyö vai edellyttäisikö tavoitteen saavuttaminen myös jämäkkää poliittista johtamista ja ohjausta? Väittäisin, että molempia tarvitaan. Niin kauan kun hallitusohjelma on teknisiä yksityiskohtia myöten lukkoon lyöty ja poliittisten kompromissien varaan rakentuva teknokraattinen toimintasuunnitelma, ei jämäkkäkään strategia auta turvaamaan vaikuttavaa julkista politiikkaa ja asiakaslähtöisiä julkisia palveluita. Rinnalle tarvittaisiin myös visionääristä, innostavaa ja yhteiskunnan kehittämiselle suuntaa-antavaa poliittista visiota. Kirjassa tämä ongelma tiedostetaan, mutta sitä soisi korostettavan vieläkin enemmän. Jämäkkä strategia lähtee jämäkästä hallitusohjelmasta ja tämä puolestaan lähtee jämäköistä päätöksentekijöistä.

Tässä kirjassa ei kuitenkaan jäädä heittelemään tuhkaa julkisen hallinnon haasteiden päälle, vaan tartutaan härkää sarvista ja kerrotaan lukijalle, miten jämäkkä strategia käytännössä tehdään. Luku 3 on vertaansa vailla oleva "temppu ja miten se tehdään" -osio. Tarkemmin sanottuna se on tämän lisäksi myös "temppu ja miten sitä ei ainakaan kannata tehdä" -osio. Juuri tässä luvussa Koskelan käytännön julkishallinnon strategiatyön kokemus ja osaaminen pääsevät oikeuksiinsa. Kirjassa varoitellaan ylimitoittamasta strategiaa: yli 1,5 vuotta kestävä virastostrategian valmistelu alkaa jo kääntyä itseään vastaan. Henkilöstön osallistaminen on tärkeää, mutta yliosallisuus ja liialliset kompromissit alkavat murentaa liiaksi organisaation strategisia kulmahampaita. Hyvä strategia on kirjan mukaan kirkas, yksinkertainen, nopeasti laadittu ja kustannustehokas. Siinä parametrit, jotka tulevien julkishallinnon strategioiden laatijoiden tulisi pitää mielessään.

Hyvä tieteellinen artikkeli päättyy yleensä pohdintaosioon. Siinä kirjoittajan oletetaan tulkitsevan kriittisesti tutkimuksen tuloksia ja niiden yleistettävyyttä sekä pohtia oman ajattelun tai tulkinnan rajoitteita tai puutteellisuuksia. On myös suotavaa esittää jatkotutkimuksen aiheita. Jämäkkä strategia kuitenkin tuuppaa lukijan lankulta ja kehottaa tätä ottamaan rohkeasti ensimmäisen askelen. Jämäkässä strategiassa olisi kuitenkin voinut kirjan loppuluvussa hieman kriittisesti ravistella jämäkän tekemisen just-do-it-toimintalogiikkaa ja sen reunaehtoja.

Uskaltaisin väittää, että yhteiskunnan kasvava epävarmuus, ennustamattomuus ja kompleksisuus haastavat tulevaisuudessa voimakkaasti lineaarisen strategia-ajattelun premissit ja toimintalogiikan. Strategia 2.0 on todennäköisesti systeeminen ja perustuu vahvasti kykyyn toimia adaptiivisesti ja navigoida kompleksisessa ympäristössä. Tämän ajattelun yksi keskeinen lähtökohta on emergenssin käsite.

Emergenssi viittaa uusien, odottamattomien rakenteiden, mallien tai prosessien syntymiseen kompleksisessa järjestelmässä. Syntyvää kokonaisuutta ei voida ennustaa sen perusteella, mitä sen osista tiedetään. Näennäisesti asiat vain tapahtuvat ilman mitään erityistä ja tunnistettavissa olevaa syytä. Syntyvä kokonaisuus ei koostu vain osatekijöistä. Syntyvät yksiköt voivat olla vuorovaikutuksessa niiden osien kanssa, joista ne ovat syntyneet.

Systeemiajattelu lähtee siitä, että toistuvat tapahtumat synnyttävät toimintakaavoja tai kuvioita, ja että nämä kuviot ovat seurausta systeemisestä rakenteesta, jonka taustalla puolestaan on vielä syvemmällä olevia muutosvoimia. Koska muutostekijät ovat luonteeltaan emergenttejä (ilmaantuvia tai kehkeytyviä), niiden ennakointi on vaikeaa tai jopa mahdotonta.

Miten tällainen ajattelu suhteutuu jämäkkään strategiaan, joka korostaa tahtotilan ja päättäväisyyden merkitystä strategiatyössä onnistumisessa? VUCA-maailmassa (VUCA-malli on lyhenne sanoista Volatility, Uncertainty, Complexity ja Ambiguity) saattaa olla haastavaa hahmottaa lineaarisia vaikutusketjuja ja määritellä avainmittareita.

Hieman kärjistäen voidaan kysyä, että mitä tekee jämäkkyydellä, tahtotilalla ja päättäväisyydellä, jos strategiaryhmällä ei ole aavistustakaan vahvasti keskinäisriippuvaisten uhkien ja riskien vaikutuksista organisaation toimintaan. Tämä koettiin karulla tavalla koronapandemian hallinnassa: Uudenmaan sulku oli jämäkkä toimenpide, mutta täysin hyödytön, kuten asiantuntijat yrittivät kriisin ominaisluonteen paremmin ymmärtävinä varoittaa. Strategiatyöstä ei saa tulla jämäkän johdon performatiivista toimintaa. Toki kirjan kirjoittaja ymmärtää tämän kokeneena hallinnonkehittäjänä, mutta hetkittäinen itsereflektio toisi kirjan tulkintaan hieman lisää syvyyttä.

Kompleksisen systeemin luonteen ymmärtää vasta kun sitä yrittää muuttaa. Tämä vanha toteamus on varmasti tuttu monelle organisaation kehittäjälle. Systeemisellä muutoksella tarkoitetaan toimintamallien, rakenteiden ja näiden vuorovaikutusten samanaikaista muutosta, jolla luodaan edellytyksiä tulevaisuuden hyvinvoinnille ja kestävälle kehitykselle. Julkishallinnon strategiatiimien tulisi keskittyä pidemmän ajan muutosanalyyseihin ja paikantaa näiden kautta muutoksen dynamiikka ja sen taustalla olevat käyttäytymis- ja toimintakaavat ja vasta sitten määritellä organisaation kehittämisen edellyttämät strategiset interventiot.

Oma vahva näkemykseni kuitenkin on, että tarvitaan sekä perinteistä strategiaprosessia että systeemisiä muutoksen navigoinnin apuvälineitä. Säännöt on hallittava ennen kuin niitä ryhtyy kyseenalaistamaan tai rikkomaan. Tulevaisuuden menestyksekäs strategiajohtaja on januskasvoinen: hänellä on nöyryyttä ja herkkyyttä elää epävarmuudessa ja tunnistaa epäjatkuvuuksia, mutta tarvittaessa voimaa, rohkeutta ja jämäkkyyttä toimia silloin kun on sen aika. Jämäkkä strategiatyö on arvokas ensiaskel tälle tielle – seuraava askel voisi olla notkea strategia.

Vaasassa 10.11.2024
Petri Uusikylä
Tutkimusjohtaja
Vaasan yliopisto

Johdanto

Jämäkkä strategiatyö – Ratkaisuja julkishallinnon strategiatyön haasteisiin
on kirjoitettu akuuttiin tarpeeseen: jämäkälle strategiatyölle on olemassa vahva tarve ja tilaus suomalaisessa julkishallinnossa. Strategiatyötä on kehitettävä, jotta julkishallinnon toiminnallinen tuloksellisuus ja yhteiskunnallinen vaikuttavuus voisivat kehittyä. Strategiatyön keskinkertaiselle laadulle on monia selittäviä tekijöitä, joita käyn tässä kirjassani tarkemmin läpi.

Ennen kuin suomalaisessa julkishallinnossa voidaan tehdä merkittäviä ryhtiliikkeitä strategisen johtamisen kehittämiseksi, on yritettävä aktiivisesti ymmärtää strategiatyön nykytilaa. Teen tässä kirjassa kaikkeni asian valaisemiseksi.

Jämäkkä, vankka, särmä, vahva – tai vaikkapa stadilaisittain stydi – mitä kaikkia näitä nyt onkaan! Otsikoimalla kirjani *Jämäkäksi strategiatyöksi* haluan korostaa tahtotilan ja päättäväisyyden merkitystä strategiatyössä onnistumisessa. Päättäväisyys ja vahvuus lähtevät yksilöistä eli johtajista, joilla on vastuu organisaation strategiatyöstä. Strategiatyöllä tarkoitan strategian laatimista (strategiaprojekti), sen todeksi tekemistä (strategian toimeenpano) sekä strategian ajan tasalla pitämistä (strategian rullaava päivitysprosessi). Strategiatyöhön liittyviä tehtäviä ja vastuita ei voi eikä saa ulkoistaa esimerkiksi konsulteille. Strategiatyö kuuluu johtajan toimenkuvaan eikä sitä ole mahdollista delegoida myöskään alaisille. Johtajan ymmärrys strategiatyön perusteista sekä strategian tekemiseen ja sen toimeenpanoon liittyvä tahtotila määrittävät organisaation strategiatyön tason. Heikosti strategiatyössä suoriutuva julkisen sektorin organisaatio ei voi tuottaa maksimaalisia vaikutuksia ympäröivään yhteiskuntaan ja siten osaltaan tuottaa yhteiskunnallista vaikuttavuutta. Jos perusymmärrys strategiatyöstä on hukassa ja jos vahvaa tahtotilaa strategiatyön tekemiseen ei ole, organisaatio on käytännössä tuuliajolla.

Olen kirjoittanut *Jämäkän strategiatyön* pamfletin muotoon. Kirja perustuu julkishallinnon strategiatyöstä noin 25 vuoden aikana useissa eri organisaatioissa saamiini kokemuksiin. Been there, done that! Tyylilajina pamfletti mahdollistaa kokemusperäisen tiedon välittämisen. Koen vahvasti, että näin toteutettuna kirjani tukee parhaalla mahdollisella tavalla korjausliikkeen tekemistä suomalaisessa julkishallinnon strategiatyössä. Kirjani alaotsikko *Ratkaisuja julkishallinnon strategiatyön haasteisiin* sisältää kaksi eri merkitystä: pyrin kirjassani esittämään, millaisia erilaisia korjausliikkeitä tulisi tehdä. Toisaalta haluan välittää vahvan viestin, että julkishallinnon strategiatyön kehittäminen olisi aloitettava. Muutos tapahtuu systeemitasolla strategiatyötä ohjaavaa lainsäädäntöä kehittämällä sekä yksittäisissä organisaatioissa käytännön strategiatyötä terävöittämällä. Käyn kirjassani läpi sekä systeemi- että organisaatiotason asioita. Koska kirjani tavoitteena on tukea käytännön strategiatyötä, painotus on organisaatiotasolla tehtävässä strategiatyössä.

Minulla ei ole vastauksia kaikkiin haasteisiin. Tarvitaan muitakin lähestymistapoja ja puheenvuoroja. Odotan mielenkiinnolla, miten tämän kirjan sisältö otetaan vastaan. Haluan erikseen korostaa, että lähestymistavasta riippumatta olennaista on ymmärtää, että julkishallinnon strategiatyössä tehtävä ryhtiliike edellyttää perusasioiden haltuunottoa ja vahvan tahtotilan muodostamista hallinnon kaikilla tasoilla.

Tässä kirjassa on kolme lukua ja kaksi liitettä. Ensimmäisessä luvussa (*Strategiatyön lyhyt oppimäärä*) käsittelen strategiatyötä yleisellä tasolla julkishallinnon näkökulmaa korostaen. Tavoitteenani on ollut kirjoittaa tämä luku siten, että se tuottaisi ajattelun aihetta myös yksityisellä sektorilla toimiville johtajille ja strategiatyön ammattilaisille. Toisessa luvussa (*Strategisen johtamisen kokonaisuus julkishallinnossa*) käsittelen strategiatyötä erityisesti suomalaisen julkishallinnon näkökulmasta. Julkishallinnossa strategiatyöhön liittyy monenlaisia haasteita, joita olen kattavasti avannut tässä luvussa. Esittelen strategiatyön ja tulosohjauksen nykyisiä käytäntöjä ja perustelen, miksi muutos on välttämätön. Kolmannessa luvussa (*Näin teet strategiatyötä jämäkästi*) kääritään hihat eli käydään yksityiskohtaisella tasolla läpi, miten strategia laaditaan jämäkästi erityisesti julkishallinnon organisaatiossa. Ohjeita on mahdollista soveltaa myös yrityksissä ja kolmannen sektorin organisaatioissa. Pamfletin liitteissä esittelen malliratkaisun strategiaprojektin rakenteelle (Liite 1) sekä julkistan kehittämäni uuden strategiatyön välineen, *Papukaija-laatumerkin* (Liite 2).

Kirjoittajana haluan antaa kirjani lukijoille ainoastaan yhden ohjeen, jonka suhteen olen ehdoton: ole jotain mieltä! Pamfletti perustuu asiantuntemukseen ja kokemukseen sekä huolelliseen pohdintaan, joka on jalostunut kirjoitusprosessin aikana. Kirjan tyyli on tietoisesti nykyisiä haasteita ja ongelmia esille tuova, osin jopa kärjistävä. Pamfletin tarkoituksena on laittaa ajatukset liikkeelle ja herättää keskustelua. Kirjoittajana koen epäonnistuneeni, jos kirjan luettuasi et ole mitään mieltä mistään. Tärkeintä ei ole se, että olet lukijana kanssani samaa mieltä kaikesta. Tärkeintä on, että muodostat kirjaa lukiessasi oman mielipiteesi. Jos näin ei tapahdu, kirjan lukemiseen käytetty aikaa on hukkaan heitettyä aikaa.

Olisi täysin kohtuutonta ja epäreilua, jos kirjassani keskittyisin pelkästään haasteiden ja ongelmien esittämiseen. Näillä on toki vankka sija tässä kirjassa, koska ne perustelevat ja alleviivaavat muutostarpeen merkitystä. Kirjani on sen alaotsikon mukaisesti ratkaisuhakuinen. Kun edellä annoin ohjeen, että lukijan tulee olla jotain mieltä strategiatyöhön liittyvistä yksityiskohdista, erityisesti mielipiteen muodostaminen koskee strategiatyön käytännön tekemisen tasoa. Strategiatyö on työtä, jossa hihat on käärittävä. Johtajilla ja vastuuvalmistelijoilla tulee olla vahva ja mielellään myös oikeansuuntainen näkemys siitä, mitä tehdään ja miten se tehdään.

Strategiatyöhön liittyvän oman mielipiteen muodostaminen on erityisen tärkeätä, jos olet edennyt urallasi esihenkilötehtäviin, johtajaksi tai jopa virastopäälliköksi. Mitä ylempänä olet organisaatiohierarkiassa, sitä tärkeämpää on strategiatyöhön liittyvien perusteiden hallinta, vahva näkemyksellisyys sekä ennen kaikkea tahtotila, jota tarvitaan strategian toimeenpanossa. Tarvitaan myös jämäkkää johtajuutta suhteessa alaisiin: organisaatio on saatava toimimaan siten, että strategia tulee tehdyksi ja että sen toimeenpano ja seuranta toteutuvat tehokkaasti. Jämäkkyys ei ole ristiriidassa inhimillisyyden kanssa.

"En mää tääsä syylissi kaipa yhtikäs. Konekivääri ja Lahtist mää kaipasi", toteaa Hietanen Väinö Linnan *Tuntemattomassa sotilaassa*. Olen kirjoittanut tämän pamflettini ratkaisuhakuisesti, aivan kuten Hietanen osoitti ratkaisuhakuisuutta konekivääriä kaivatessaan. Strategiatyössä epäonnistuminen on universaali ongelma – erään tutkimuksen mukaan jopa 90 % strategioista epäonnistuu! Suomalaisessa julkishallinnossa strategiatyössä ei suoriuduta keskimääräistä paremmin. Epäonnistumiset strategiatyössä ovat arkipäivää. Vaikka epäonnistumisia ja huonoa suoriutumista olisi helppo osoittaa, en nosta pamfletissani tikunnokkaan yksittäisiä organisaatioita. En esittele nimeltä mainiten huonoja strategioita. Strategiat ovat helposti saatavilla, ja jokainen voi käydä itse toteamassa eri organisaatioiden verkkosivuilla, millä tasolla strategiatyö on suomalaisessa julkishallinnossa. Olen maininnut joitakin esimerkkejä omalta työuraltani, mutta jätän näissäkin tapauksissa mainitsematta, mistä organisaatioista kyseiset esimerkit ovat peräisin. Kirjan tavoitteena on kirvoittaa keskustelua strategiatyöstä sekä nostaa strategioiden tekemisen tasoa suomalaisessa julkishallinnossa. Syyllistävällä otteella ja epäonnistujia nimeltä mainiten tämän tavoitteen toteutuminen ei ole mahdollista.

Tämä kirja ei ole tieteellinen julkaisu eikä perinteinen tietokirja. Pamflettini perustuu kokemusperäiseen osaamiseen. Olen vastannut useissa julkishallinnon organisaatioissa käytännön strategiatyöstä. Olen lisäksi ammentanut strategiatyön oppeja kirjallisuudesta ja lukuisilta johtamiskursseilta. Olen käyttänyt kirjassani viittauksia sellaisissa kohdissa, joissa esittelen esimerkiksi tutkijoiden tekemiä strategiatyön innovaatioita tai heidän kehittämiään menetelmiä. Olen pyrkinyt olemaan tarkka, että omat näkemykseni tulevat selkeästi ilmi kirjassa ja että en ota ansiokseni sellaista kehitystyötä, johon en ole itse osallistunut.

Tässä kirjassa ei käsitellä strategisten valintojen sisältökysymyksiä. Jokainen julkishallinnon organisaatio on erilaisessa tilanteessa. Niiden tehtävät ja resurssit vaihtelevat suuresti. Olisi täysin mahdotonta kertoa, mitä näiden organisaatioiden tulisi valita strategisiksi tavoitteikseen. Strategisista valinnoista päättäminen kuuluu jokaisen organisaation johdolle, jolla on paras asiantuntemus oman organisaationsa muutosjohtamisen tarpeista. Kirja rajautuu siten strategiatyön tekemiseen, sen käytännön jäsentämiseen ja organisoimiseen.

Haluan kiittää läheisiäni kärsivällisyydestä sekä omasta ajasta, jota minulle on suotu tämän kirjan kirjoittamiseen. Erityiset kiitokset haluan osoittaa tutkimusjohtaja, VTT Petri Uusikylälle kirjan esipuheen kirjoittamisesta. Olen kiitollisuudenvelassa myös niille asiantuntijoille, joilla olen testauttanut kirjaideaani ja jotka ovat arvioineet tekstien luonnosversioita. Kaikille kirjoitusprojektissa tavalla tai toisella mukana olleille: Kiitos mukavasti sujuneesta yhteistyöstä!

Antoisia lukuhetkiä julkishallinnon strategiatyön haasteiden parissa!

Helsingin Tapanilassa 12.11.2024
Jarmo Koskela

1. Strategiatyön lyhyt oppimäärä

Jämäkkä strategiatyö – Ratkaisuja julkishallinnon strategiatyön haasteisiin -kirjassa strategiatyötä lähestytään käytännönläheisesti, kansantajuisesti ja ratkaisuhakuisesti. Tässä kirjassa strategiatyötä ei tarkastella teoriatasolla. Akateemiseen tutkimukseen perustuvia teoriapainotteisia kirjoja on tarjolla runsaasti, ja niillä on ehdottomasti oma tärkeä tehtävänsä strategiatyöhön liittyvän ajattelun pohjustajina sekä tähän laajaan kokonaisuuteen liittyvän ymmärryksen kasvattajina.

Jämäkkä strategiatyö lähestyy strategiatyön haastetta suoraviivaisesti. Se tarjoaa lukijalle kokemusperäisiä oppeja, joita on mahdollista hyödyntää käytännön strategiatyössä. Kokemusperäisyys yhdistettynä suomalaiseen julkishallinnon johtamisen teemaan tekee tästä kirjasta ainutlaatuisen ja uraauurtavan. Kirja on ensimmäinen laatuaan.

Käsittelen tässä kirjani ensimmäisessä luvussa strategiatyön perusteita. Koska kirjani on käytännönläheinen ja koska haluan nähdä strategiatyön yksinkertaisena ja suoraviivaisena toimintana, en lähde käsitemäärittelyjen tielle.

Strategia on muutosjohtamisen väline

Strategia on johtamisen ja viestinnän väline. Sen avulla johdetaan muutosta. Muutoksen tavoittelu voidaan etenkin liiketoiminnassa sanoittaa myös kasvun, kehityksen tai menestyksen tavoitteluksi. Strategiassa kerrotaan, mitkä ovat organisaation strategiset tavoitteet. Strategisten tavoitteiden sijaan voidaan puhua strategisista painotuksista tai strategisista päämääristä.

Vaikka strategia on ensisijaisesti johtamisen väline, sen viestinnällistä välinearvoa ei ole syytä unohtaa. Muutoksen johtamiseen liittyy aina viestintää. Organisaatiolle ja sen tärkeimmille sidosryhmille ja asiakkaille on kerrottava selkeästi, mihin suuntaan organisaatiota ollaan johtamassa. Strategian toimeenpano edellyttää jämäkän johtamisen lisäksi selkeää viestintää. Nämä kaksi liittyvät kiinteästi toisiinsa eikä niitä ole mahdollista erottaa toisistaan.

Muutos on pysyvä olotila. Strategialla ei johdeta pysyvyyttä eikä pyritä säilyttämään nykyistä asiaintilaa, vaan sen avulla kerrotaan, mitä organisaation toiminnassa tavoitellaan muuttuvassa toimintaympäristössä. Strategiset tavoitteet sisältävät aina muutoselementin. Jos strategiassa ei pystytä kuvaamaan, millaista muutosta ollaan toteuttamassa, strategiatyölle ei ole olemassa onnistumisen edellytyksiä.

Strategiatyön kriittiset menestystekijät

Strategiatyössä onnistumisen kriittisinä menestystekijöinä voidaan pitää seuraavia asioita:

1. strategiatyön perusosaaminen
2. ylimmän johdon yhteinen (jaettu) ymmärrys strategiatyöstä
3. ylimmän johdon yhteinen tahtotila tehdä strategiatyötä

Tämän kirjan tavoitteena on kehittää strategiatyöhön liittyvää perusosaamista. Kirja tekee sen herättelemällä ajattelemaan sekä toivottavasti kehittämällä ajattelua. Perusosaamiseen liittyvät taidot eivät löydy kirjasta yhteen kappaleeseen koottuna, vaan kirja kehittää perusosaamista kokonaisuutena.

Julkisen sektorin strategiatyö tulee asemoida julkishallinnon toimintaympäristöön. Se, mikä toimii liike-elämässä, ei sellaisenaan ole välttämättä suoraan sovellettavissa julkishallinnon organisaatioissa. Toisaalta voidaan todeta, että strategiatyössä on paljon universaaleja lainalaisuuksia, jotka koskevat kaikkialla tehtävää strategiatyötä.

Kirja on suunnattu julkishallinnossa strategiatyötä tekeville, mutta se tarjoaa varmuudella paljon ajattelemisen aiheita myös niille, jotka vastaavat strategisesta johtamisesta yksityisellä sektorilla tai kolmannen sektorin organisaatioissa.

Strategiatyö ja strateginen johtaminen

Käytän tässä kirjassa säännönmukaisesti termiä *strategiatyö*. Aivan aluksi on syytä selventää, mistä puhun, kun puhun strategiatyöstä.

Strategiatyöllä tarkoitan kokonaisuutta, joka muodostuu strategian laatimisesta, strategian toimeenpanosta sekä strategian rullaavasta päivitysprosessista. Strategia eli kirjalliseen muotoon laadittu muutosjohtamisen suunnitelma on strategiatyön ytimessä. Strategiatyötä ei ole olemassa ilman strategiaa. Ei kuitenkaan riitä, että organisaatiolla on strategia. Jos strategiaa ei toimeenpanna ja jos toimeenpanoa ei johdeta jämäkästi, strategia on täysin arvoton riippumatta siitä, miten laadukkaasti ja hyvin se on laadittu. Sanonta *hyvin suunniteltu, puoliksi tehty* ei sovi strategiatyön kontekstiin, sillä muutosjohtaminen alkaa käytännössä vasta silloin, kun strategiaa toimeenpannaan. Strategian valmistumishetkellä organisaatio on edelleen kiinni lähtötelineissä. Se on *paikoillanne, valmiit, nyt*-komentoketjun *valmiit*-vaiheessa – ja pysyy tässä asennossa, kunnes strategian toimeenpanosuunnitelma on valmis ja toimeenpano on saatu käyntiin.

Paljon puhutaan myös *strategisesta johtamisesta*. Miten *strategiatyö* ja *strateginen johtaminen* eroavat toisistaan? Kun organisaatiolla on laadukas strategia, jota se jämäkästi ja tuloksekkaasti toimeenpanee, voidaan strategiassa kuvattujen tavoitteiden toimeenpano nähdä strategisena johtamisena. Organisaatiota siis johdetaan strategiassa kuvatun tavoitetilan osoittamaan suuntaan. Johtaminen on aktiivista ja tavoitteet on viestitty selkeästi. Toimenpiteet tukevat strategian toteutumista.

Erityisesti julkishallinnossa *strateginen johtaminen* on käsitteenä inflatoitunut. Sanasta *strateginen* on tullut julkishallinnon *bullshit*-bingon vakioesiintyjä. Kun julkishallinnossa puhutaan strategisesta johtamisesta, yhteyttä kirjoitettuun strategiaan ei usein pystytä todentamaan tai yhteys voi jäädä heikoksi. Strateginen johtaminen voi tarkoittaa melkeinpä mitä tahansa. *Strateginen*-sanaa käytetään löyhästi tarkoittaen lähinnä sitä, että tehdään jotain tärkeätä. Strategiatyö on käsitteenä jämäkämpi, ja siksi käytän tässä kirjassani johdonmukaisesti tätä käsitettä.

Vaikka *strateginen johtaminen* on mielestäni käsitteenä inflatoitunut, sille tulisi tulevaisuudessa olla vankka jalansijansa. Inflatoitumisen juurisyynä voidaan pitää sitä, että julkishallinnon strategiatyön kokonaisuudesta puuttuvat yhtenäiset normit, rakenteet ja käytännöt, mikä on käytännössä johtanut siihen, että tekijätasolla strategista johtamista ei kyetä toimeenpanemaan oikealla tavalla. On paljon puhetta, mutta vähän villoja.

Kirjan toisessa pääluvussa käsittelen julkishallinnon strategisen johtamisen rakenteisiin sekä strategiseen johtamiseen itsessään liittyviä haasteita. Nämä haasteet pitäisi pystyä ratkaisemaan, jotta isossa kuvassa julkishallinnon strateginen johtaminen voisi toteutua ja jotta hieman pienemmässä kuvassa eli hallinnon eri organisaatiotasoilla strategiatyöllä oli mahdollisuus kukoistaa.

Strategiatyön laatu johtamisen laadun mittarina

Suomalaisessa julkishallinnossa laaditaan monenlaisia strategioita. Käsittelen tätä asiaa myöhemmin tarkemmin. Usein strategia tehdään, koska se on pakko tehdä. Osalla julkishallinnon organisaatioista strategian laatimisen velvoite on kirjoitettu lakiin tai asetukseen. Kunnat ja hyvinvointialueet ovat pakotettuja tekemään strategian. Toisaalta esimerkiksi valtion keskusvirastoilla ei ole tällaista lakiin kirjattua velvollisuutta tehdä strategiatyötä.

Joskus strategia tehdään, koska koetaan, että se on tehtävä siksi, kun muillakin organisaatioilla on strategia. On totta, että useimmilla julkishallinnon organisaatioilla on strategiaksi otsikoitu asiakirja. Valitettavan monet näistä ns. strategioista ovat sisällöltään täysin arvottomia ja johtamisen välineinä käyttökelvottomia. Esimerkiksi lakisääteisten tehtävien luetteleminen tai vaikkapa henkilöstön osaamisen kehittämisen julistaminen strategiseksi tavoitteeksi ei tee asiakirjasta strategiaa. Jos strategia ei sisällä laadukkaasti muotoiltuja strategisia tavoitteita, sen toimeenpano on mahdotonta.

Ainoa kelvollinen syy strategian laatimiselle on se, että strategia tehdään, koska organisaatiossa halutaan johtaa muutosta jämäkästi ja systemaattisesti. Strategia tehdään johtamisen välineeksi. Strategia mahdollistaa muutoksen johtamisen ja muutoksen toimeenpanon seuraamisen. Tarve strategialle linkittyy tahtotilaan. Jos strategia koetaan tarpeettomaksi, vahvaa, koko ylimmän johdon kesken jaettua tahtotilaa strategian laatimiselle ei muodostu.

Strategiatyön laatua voidaan pitää johtamisen laadun mittarina. Jos strategiatyö näyttäytyy heikkolaatuisena, tästä voidaan vetää suorat yhtäläisyysmerkit johtamisen laatuun. Teon sanana *näyttäytyminen* on tärkeä. Niin on, jos siltä näyttää. Strategia on sekä johtamista että viestintää. Jos organisaatio ei onnistu viestimään sekä strategisia tavoitteitaan että seurantatietoja strategian toimeenpanon etenemisestä, strategiatyössä on epäonnistuttu. Vahva ja tuloshakuinen ote strategiatyöhön kertoo suoraan erinomaisesta johtamisen tasosta.

2. Strategisen johtamisen kokonaisuus julkishallinnossa

Julkishallinnon strategiseen johtamiseen liittyvien haasteiden ymmärtäminen ja niiden ratkaiseminen edellyttää julkishallinnon rakenteiden ja prosessien tuntemusta. Valaisen tässä luvussa julkishallinnon rakenteita ja prosesseja sekä niihin liittyvää tekemistä eli sitä, miten strategista johtamista nykyisessä julkishallinnon järjestelmässä on mahdollista toteuttaa. Käyn läpi haasteita, joiden juurisyyt ovat ensisijaisesti rakenteissa ja prosesseissa ja vasta toissijaisesti strategisen johtamisen laadussa tai osaamisvajeissa.

Julkishallinnon kokonaisuus on Suomessa raskas ja monisyinen. Valtiokonttorin apulaisjohtaja Olli Ahonen toteaa blogikirjoituksessaan, että Suomessa on yhteensä 4238 eri organisaatiota julkisessa hallinnossa (*Mistä on Suomen julkinen hallinto tehty?*, Valtiokonttori 7.10.2024). Tavoitteenani on kuvata tätä kokonaisuutta mahdollisimman napakasti ja yleistäen. Yksityiskohtainen julkishallinnon rakenteellinen tarkastelu olisi aivan oma harjoituksensa ja veisi kohtuuttoman paljon tilaa tässä yleistajuiseen esitykseen pyrkivässä teoksessa. Yleistävä esitys on riittävä kuvaamaan niitä keskeisiä haasteita, jotka liittyvät julkishallinnon strategiatyöhön.

Strategiseen johtamiseen ei ole olemassa yhtä ainoata ratkaisumallia. Tämän luvun tavoitteena on lisätä ymmärrystä, miksi julkishallinnon organisaatioiden strategiat voivat olla luonteeltaan hyvin erilaisia. Eri tasoille laaditut strategiat poikkeavat merkittävästi toisistaan, kun niitä tarkastellaan sekä rakenteellisesti että sisällöllisesti. Oma ydinosaamiseni liittyy organisaatiostrategioiden laatimiseen, ja kirjan kolmas luku keskittyy organisaatioiden omaan strategiatyöhön. Tämän toisen luvun tarkoitus on lisätä tietämystä julkishallinnon strategiatyön kokonaisuudesta, jossa organisaatiostrategiat ovat yksi osa-alue. Kokonaisuuden hahmottaminen auttaa myös ymmärtämään, miten ylemmillä tasoilla laaditut strategiat vaikuttavat esimerkiksi keskusvirastoissa tehtävään strategiatyöhön.

Suomalaisen julkishallinnon rakenne pähkinänkuoressa

Julkishallinnon rakenteita on viimeksi pengottu juurta jaksain ja korkeimmalla mahdollisella tasolla vuonna 2021 päätetyn sosiaali-, terveys- ja pelastuspalveluita koskeneen uudistuksen (ns. sote-uudistus) valmistelun yhteydessä. Kesäkuussa 2020 valtiovarainministeriö päätti valtioneuvoston tekemän päätöksen mukaisesti *Aluehallinnon ja monialaisten maakuntien parlamentaarisen selvitystyön* käynnistämisestä. Työ saatiin päätökseen saman vuoden lopussa. Selvitystyössä tuotettiin kuvaus suomalaisen julkishallinnon rakenteista.

Aluehallinnon ja monialaisten maakuntien parlamentaarisessa selvitystyössä Suomen julkisen hallinnon rakenne kuvattiin tiivistetysti seuraavasti (Loppuraportin liite 2: Suomen julkisen hallinnon rakenne):

> *"Suomen julkinen hallinto koostuu pääasiassa valtion keskus-, alue- ja paikallishallinnosta sekä kuntien kansanvaltaisesta itsehallinnosta.*
>
> *Muuhun julkiseen hallintoon kuuluvat kirkollishallinto sekä välillinen julkinen hallinto. Välilliseen julkiseen hallintoon kuuluvat julkista valtaa käyttävät laitokset, yhteisöt ja säätiöt kuten Kansaneläkelaitos, Suomen Pankki, Työterveyslaitos, Suomen metsäkeskus, yliopistot, Suomen Asianajajaliitto ja Finnvera Oy."*

Julkishallinnon rakenteiden tarkastelu sote-uudistuksen yhteydessä oli välttämätöntä, koska kunnilta hyvinvointialueiden järjestämisvastuulle siirtyneiden palvelujen osuus kaikista julkishallinnon palveluista on todella merkittävä. Vuonna 2024 valtion budjetista yli neljäsosa kohdennettiin hyvinvointialueiden toiminnan rahoitukseen.

Sote-uudistus ei muuttanut edellä kuvattua pääjaottelua, mutta se muutti merkittävällä tavalla hallinnon eri tasojen välisiä voimasuhteita. Hyvinvointialueet perustettiin uudeksi hallinnon elementiksi aluehallinnon tasolle vastaamaan aiemmin kuntien järjestämisvastuulla olleista palveluista. Näin ollen aluehallinto vahvistui sote-uudistuksessa kunnallishallinnon kustannuksella. Aluehallinnon vahvistuminen on osin silmänlumetta, sillä valtio vastaa hyvinvointialueiden toiminnan rahoituksesta. Siellä valta, missä rahat.

Sote-uudistuksen jälkeen perustavanlaatuisia rakenteellisia muutoksia julkishallinnon rakenteeseen ei ole tehty. Käytännössä hallinnon rakennemalli yksinkertaistettuna on seuraavanlainen:

- Keskushallinto (ministeriöt ja keskusvirastot)
- Aluehallinto (AVI:t ja ELY:t sekä hyvinvointialueet)
- Paikallishallinto (lähinnä poliisilaitokset)
- Kunnallishallinto (kunnat)
- Muu julkinen hallinto (kirkollishallinto) ja välillinen julkinen hallinto (julkista valtaa käyttävät laitokset, yhteisöt ja säätiöt)

Kun julkishallinnon rakenteita tarkastellaan strategisen johtamisen kannalta, edellä kuvattua esitystä on syytä tarkentaa muutaman yksityiskohdan osalta: Parlamentaarisen selvitystyön yhteydessä parlamentti ei ole itse katsonut sisältyvänsä julkishallinnon rakenteeseen. Lainsäätäjänä eduskunnan vaikutus julkishallinnon strategiseen ohjaukseen Suomessa on kuitenkin todella keskeinen. Ei sovi myöskään unohtaa Euroopan unionin sekä muiden kansainvälisten organisaatioiden ja yhteenliittymien ohjausvaikutuksia. Euroopan unionin lait ja kansainvälisten yhteistyöjärjestöjen linjaukset on usein otettava huomioon suomalaisten julkishallinnon organisaatioiden strategiatyössä. Huhtikuussa 2023 tapahtuneella Suomen liittymisellä Pohjois-Atlantin liitto Natoon on merkittävät vaikutukset strategiatyöhön. Nämä vaikutukset eivät rajaudu pelkästään puolustussektorilla tehtävään työhön.

Vallan kolmijako-opin mukaan lainsäädäntövalta kuuluu eduskunnalle. Tästä tulokulmasta katsottuna eduskunta ei ole julkishallinnon organisaatio. Se päättää lainsäädännöstä, jonka mukaan julkishallinto tässä maassa organisoidaan ja jonka mukaan sen tulee toimia. Lainsäädännössä on määritelty, mitä eri hallinnon tasoja on olemassa, mitä eri julkishallinnon eri organisaatioita perustetaan ja mitkä ovat näiden eri organisaatioiden tehtävät. Vaikka osa julkishallinnolle kuuluvista tehtävistä tulee suoraan EU-lainsäädännöstä, eduskunnalle jää pelivaraa ja harkintavaltaa julkishallinnon organisaatioita ja rakenteita koskevissa asioissa.

Eduskunta käyttää merkittävää strategista ohjausvaltaa lainsäädäntövallan lisäksi. Sen lisäksi, että se päättää lakeja säätäessään julkishallinnon rakenteista ja tehtävistä, se päättää vuosittain valtion talousarviosta. Talousarvion vahvistaessaan eduskunta päättää, miten yhteiset pelimerkit asetetaan ja miten ne jakautuvat eri toimintojen ja tarkoitusten kesken. Kyse on resurssiohjauksesta, vaikka talousarvioon sisältyy myös esim. keskusvirastojen tärkeimmät toiminnalliset tavoitteet. Näillä vuotuisilla tulostavoitteilla ei kuitenkaan ole käytännössä todellista ohjausvaikutusta. Eduskunnan valta talousarviossa on puhtaasti resurssiohjaukseen liittyvää valtaa. Talousarvion sisältämät määrärahat yhdessä niiden käyttötarkoituksiin liittyvien kirjausten kanssa ovat merkitseviä.

Edellä esitettyä tarkastelua vasten julkishallinnon strategiatyön tasot voidaan esittää yksinkertaistetusti alla olevalla tavalla. Olen kirjannut kansainvälisen tason yhdelle riville tiedostaen sen, että vaihteluväli erilaisten kansainvälisten organisaatioiden ohjausvaikutuksessa on todella suuri.

Julkishallinnon strategiatyön tasot Suomessa käytännön strategiatyöhön liittyvän ohjausvaikutuksen tulokulmasta tarkasteltuna:

- Kansainväliset organisaatiot
- Eduskunta
- Keskushallinto
- Aluehallinto
- Paikallishallinto
- Kunnallishallinto
- Muu julkinen hallinto ja välillinen julkinen hallinto

Tässä kirjassa rajaan käsittelyn ulkopuolelle muusta julkisesta hallinnosta kirkollishallinnon, joka strategisen ohjauksen näkökulmasta katsottuna on muusta kokonaisuudesta erillinen ja oma kokonaisuutensa. Sen sijaan esittämäni havainnot ja kehittämistarpeet koskevat myös välillistä julkista hallintoa, jonka toimintaa rahoitetaan valtion budjetista. Esimerkiksi Kansaneläkelaitos on luokiteltu välilliseen hallintoon kuuluvaksi, mutta sillä on merkittävä rooli suomalaisessa sosiaali- ja terveydenhuoltojärjestelmässä.

Tavoitteena yhteiskunnallinen vaikuttavuus

Kaikki julkishallinnon organisaatiot tavoittelevat yhteiskunnallista vaikuttavuutta. Jokaisella julkishallinnon organisaatiolla on tarkoin rajattu tonttinsa ja tehtävävalikoimansa. Eduskunta on päättänyt tästä tehtävänjaosta organisoimalla valtioneuvoston tietyllä temaattisella tavalla ja päättämällä hallinnon eri tasoista ja organisaatioista. Lisäksi se on antanut mm. hyvinvointialueiden ja kuntien asukkaille päätösvaltaa (itsehallinto) omissa asioissaan ja vahvistanut oman organisaatiorakenteen tähän tarkoitukseen. Vaikka hallinto on monisyinen ja -kerroksinen, kaikkia julkishallinnon organisaatioita yhdistää tavoite yhteiskunnallisen vaikuttavuuden aikaansaamisesta.

2000-luvun alun valtion keskushallinnon tulosohjaus- ja tilivelvollisuusuudistus meni pieleen monellakin eri tavalla. Uudistuksessa ja sen kirjallisessa lopputuotoksessa eli talousarvioasetuksessa (*Asetus valtion talousarviosta 1243/1992*) vaikuttavuuden tavoittelu rajattiin valtionhallinnossa ainoastaan ministeriöille kuuluvaksi tehtäväksi. Ohjausmallia kutsuttiin tulosprismaksi, jonka kärkeen oli piirretty yhteiskunnallinen vaikuttavuus. Tulkinta oli paitsi hämmentävä, se oli totaalisen virheellinen ja se on saanut aikaan paljon vahinkoa julkishallinnossa. Käsittelen tätä uudistusta ja sen heikkoja yhteyksiä strategiseen johtamiseen ja käytännön strategiatyöhön laajemmin omassa kappaleessaan.

Yhteiskunnallista vaikuttavuutta ei ole mahdollista saada aikaan ilman välituotoksia. Nämä tuotokset ovat julkishallinnon organisaatioiden tuottamia suoritteita, päätöksiä, palveluja, viestintää, lakeja (hallituksen esitykset) ja asetuksia jne. Tuotosten vaikutukset kohdistuvat organisaation ulkopuolelle. Yhteiskunnallinen vaikuttavuus voi olla esimerkiksi kansalaisten terveydentilan kohenemista, Suomen talouden vahvistumista, suomalaisen luonnon biodiversiteetin turvaamista – mitä tahansa hallinnon ulkopuolella tapahtuvaa suotuisaa kehitystä. Tavoiteltava yhteiskunnallinen vaikuttavuus on lähtökohtaisesti aina myönteistä eli julkishallinnon tuotosten vaikutukset aikaansaavat lyhyellä tai pitkällä aikavälillä toivottua yhteiskunnallista vaikuttavuutta. Hallinnossa ei ole mahdollista tuottaa suoraan vaikuttavuutta, vaan aina tehdään jotain toimia tai tuotetaan tuotoksia, joiden vaikutuksesta muutos voi tapahtua yhteiskunnallisella tasolla. Yhteiskunnallisen vaikuttavuuden muodostumisessa julkishallinnon toiminnan vaikeuskerrointa nostaa se tosiasia, että lopputulokseen vaikuttavat myös monet muut tekijät ja toimijat, jotka kaikki eivät välttämättä pelaa samaan maaliin.

Ei ole olemassa sellaista julkishallinnon organisaatiota, jonka tehtävänä ei olisi yhteiskunnallisen vaikuttavuuden tavoittelu. Usein yhteiskunnallinen vaikuttavuustehtävä on kirjattu ao. organisaatiosta säädettyyn lakiin. Vaikka tällaista kirjausta ei olisi, on yhteys yhteiskunnalliseen vaikuttavuuteen aina ilmeinen. Organisaatioiden tukipalvelut ovat toki ymmärrettävistä syistä oma lukunsa. Niiden tehtävänä on pitää koneisto rasvattuna ja mahdollistaa substanssitehtävien sujuva hoitaminen.

Kansainvälisen kilpailuedun tavoittelemisesta

Yritykset tavoittelevat kilpailuetua joko innovoimalla uusia tuotteita ja palveluja tai kehittämällä olemassa olevia tuotteitaan tai palvelujaan siten, että ne ovat ylivertaisia kilpailijan tarjoamaan verrattuna. Unelmatilanteessa yritys onnistuu kehittämään jotain sellaista, jota sen kilpailijoilla ei ole tarjota. Reitin löytämistä kilpailusta vapaalle siniselle merelle voisi verrata lupaan painaa rahaa. Kyse ei kuitenkaan ole pysyvästä olotilasta, sillä ennemmin tai myöhemmin myös kilpailijat löytävät väylän uusille markkinoille, jolloin merkittävä kilpailuetu menetetään.

Kilpailuedun tavoitteleminen ja markkina-aseman säilyttäminen ovat liiketoiminnan ytimessä. Kilpailuetu näkyy viivan alla yrityksen tuloksessa. Kilpailuedun tavoitteleminen on pysyvä olotila. Ne yritykset, jotka jäävät polkemaan paikoilleen, eivät menesty pitkässä juoksussa, vaan ne menettävät markkina-asemansa ja kuihtuvat lopulta pois.

Julkishallinnossa kilpailuedun tavoitteleminen näkyy selkeimmin kansallisella tasolla. Kun julkisuudessa käydään keskustelua esimerkiksi huippuosaajien tai sijoittajien houkuttelemisesta Suomeen, kyse on kansainvälisestä kilpailusta. Kansainvälisen kilpailuedun parantamiseen liittyvät strategiset (muutosjohtamisen) tavoitteet löytyvät mm. hallitusohjelmasta. Hallitus pyrkii toimillaan edistämään Suomen asemaa kansainvälisillä markkinoilla. Tavoitteena on lisätä Suomen arvostusta ja houkuttelevuutta ulkomaisten osaajien, yritysten ja sijoittajien silmissä. Kaikilla hallinnon eri tasoilla toimivilla organisaatioilla on oma roolinsa kilpailuedun käytännön toteuttamisessa eli ylemmällä hallinnon tasoilla tehtyjen linjausten toimeenpanijoina sekä organisaatioille annettujen tehtävien toteuttajina. Tämän roolin merkitys vaihtelee ja on täysin sidoksissa organisaatioille laissa säädettyihin tehtäviin ja annettuun strategiseen liikkumavaraan.

Kilpailuetua voidaan tarkastella julkishallinnossa myös suomalaisten julkishallinnon organisaatioiden välisen kilpailun näkökulmasta. Organisaatiot kilpailevat parhaista osaajista. Ne kilpailevat keskenään myös rajallisista resursseista.

Suomalaisessa keskushallinnossa (ministeriöt ja keskusvirastot) keskinäinen kilpailu ei liity – tai sen ei pitäisi liittyä – organisaatiolle osoitettuun yhteiskunnalliseen vaikuttavuustehtävään. Olisi hölmöä, jos useat keskushallinnon eri organisaatiot huseeraisivat samalla tontilla. On tarkoituksenmukaista, että vastuut ja tehtävät on jaettu selkeästi.

Julkishallinnon strategiatyössä kilpailuedun tavoittelu on vahvimmin läsnä kuntastrategioita laadittaessa. Kunnat kilpailevat keskenään yrityksistä ja asukkaista. Teollisuusalueet kuntien ulkokehillä ovat tulleet tutuiksi kaikille Suomessa matkustaville. Omakotitalotontteja tarjotaan poikkeuksellisen edullisesti ja joissakin kunnissa on ryhdytty maksamaan vauvabonuksia. Kuntastrategioihin on kirjattu elinkeinoelämän vahvistamiseen ja uusien kuntalaisten saamiseen liittyvät tavoitteet. Energiaintensiivisen teollisuuden kasvaessa yhdeksi valttikortiksi on joidenkin kuntien kohdalla tullut hyvä sijainti kantaverkon kupeessa. Kuntien tavoitteet ovat samasta puusta veistettyjä. Kuntien yhdistyessä ja kuntakoon kasvaessa kunnat näyttävät päivä päivältä toistensa kaltaisilta. Erottautumisesta on tullut vaikeampaa.

Organisaatiot, jotka laativat laadukkaan strategian, toimeenpanevat sen tuloksellisesti ja viestivät tuloksistaan ja aikaansaamastaan yhteiskunnallisesta vaikuttavuudestaan onnistuneesti, vahvistavat näin toimiessaan imagoaan. Vahvan myönteisen julkisuus- ja työnantajakuvan omaavat organisaatiot pystyvät houkuttelemaan huippujohtajia ja -asiantuntijoita. Hyvässä yhteiskunnallisen vaikuttajan ja tuloksentekijän maineessa oleva organisaatio pystyy myös todennäköisemmin saamaan lisärahoitusta kuin huonomaineinen ja heikkoa tulosta tekevä julkishallinnon organisaatio. Julkishallinnon säästöpaineissa juustohöylä ei leikkaa yhtä voimakkaasti niitä organisaatioita, jotka pystyvät tuottamaan muita enemmän yhteiskunnallista vaikuttavuutta. Tai näin sen pitäisi mennä, kun toimitaan järkevästi.

Kolmannen sektorin organisaatioilla saattaa olla kilpailijoita, joilla on samoja vaikuttavuustavoitteita. Esimerkiksi sosiaali- ja terveysalan järjestökenttä on runsas ja kirjava. Kilpailua käydään sekä valtionavustuksista että lahjoittajien rahoista. Merkityksellisenä ja tuloksellisena näyttäytyvällä organisaatiolla on paremmat mahdollisuudet löytää rahoittajia kuin paikallaan tarpovalla organisaatiolla, joka ei ole strategiansa eikä sitä tukevan viestintänsä avulla pystynyt kirkastamaan tekemisensä kärkiä. Strategiatyössä onnistumisella on siten kolmannella sektorilla merkitystä myös kilpailuedun saavuttamisen kannalta. Monet järjestöt ovat uuden haasteen edessä, kun valtion rahoitusosuutta on leikattu. Kun tasainen ja varma tulovirta ehtyy, näissä organisaatioissa joudutaan selkä seinää vasten pohtimaan, miten toiminnan rahoitus on mahdollista turvata. Strategiatyö on se keino, jonka avulla vastauksia työstetään. Jos rahoituskriisin kokeneissa kolmannen sektorin organisaatioissa strategia säilyy ennallaan, on se merkki osaamattomuudesta ja luovuttamisesta.

Vaikuttavuuden mittaamisen haasteista

Yhteiskunnallisen vaikuttavuuden mittaaminen on universaali haaste, jonka kanssa painivat kaikki julkishallinnon organisaatiot kaikkialla maailmassa. Hieman tylsempi tosiasia on se, ettei vaikuttavuuden mittaamisen haastetta pystytä milloinkaan lopullisesti ratkaisemaan. Asian eteen on silti tehtävä töitä. Mittaamisen haastavuudesta huolimatta organisaation toiminnan yhteiskunnallista vaikuttavuutta on pyrittävä arvioimaan ja mittaamaan. Vaikuttavuuden arvioinnin ja mittaamisen kehittäminen on pysyvä olotila.

Yhteiskunnallisen vaikuttavuuden muodostuminen voidaan pilkkoa seuraavaan ketjuun: organisaation tuottamat *tuotokset ja suoritteet*, niillä aikaansaadut *vaikutukset* sekä monien eri toimijoiden yhteisvaikutuksesta syntyvä *yhteiskunnallinen vaikuttavuus*.

Julkishallinnon organisaatiot tuottavat erilaisia tuotoksia ja suoritteita, joiden vaikutukset kohdistuvat organisaation ulkopuolelle (pois lukien sisäiset palvelut eli organisaation sisäiset hallinto- ja tukipalvelut). Vaikutukset kohdistuvat tyypillisesti yksittäisiin kansalaisiin tai yrityksiin ja organisaatioihin. Vaikutusten avulla tavoitellaan yhteiskunnallista vaikuttavuutta. Muodostuva yhteiskunnallinen vaikuttavuus voidaan nähdä eri toimijoiden ja asioiden vaikutusten summatekijänä. Jos julkishallinnon organisaation aikaansaamat vaikutukset ovat myönteisiä, mutta samanaikaisesti yhteiskunnallinen vaikuttavuus kehittyy epäedulliseen suuntaan, ollaan klassisessa tilanteessa: leikkaus onnistui, mutta potilas kuoli. Yhteiskunnallista vaikuttavuutta tarkasteltaessa ja sitä edistettäessä olennaista on pyrkiä vaikuttamaan asioihin siten, että eri toimijat mahdollisimman laajalla rintamalla vaikuttavat asiaan toivotulla tavalla. Ei siis riitä, että julkishallinnossa keskitytään pelkästään oman toiminnan vaikutuksiin. Merkitystä on myös sillä, että tärkeimmät sidosryhmäorganisaatiot ja poliittiset toimijat saadaan pelaamaan kohti yhteistä maalia.

Erityistä päänvaivaa julkishallinnossa aiheuttaa se, että omassa toiminnassa onnistuminen eli vaikutusten aikaansaaminen ei automaattisesti johda tavoiteltuun myönteiseen yhteiskunnalliseen vaikuttavuuteen. Esimerkiksi yrityksillä on tavoitteita, jotka ovat ristiriidassa julkishallinnon organisaatioiden tavoitteleman yhteiskunnallisen vaikuttavuuden kanssa (esim. tupakka- ja alkoholiteollisuus sekä näiden tuotteiden vähittäiskauppa). Lisäksi muilla yhteiskunnan eri osa-alueilla tehtävillä päätöksillä sekä kansalaisten tekemillä tai yrityksissä tehtävillä päätöksillä on suora yhteys yhteiskunnallisen vaikuttavuuden muodostumiseen. Toimintaympäristömme on kompleksinen. Se on myös kansainvälinen, ja monissa asioissa meihin kohdistuu vaikutuksia rajojemme ulkopuolelta.

Vaikutusten mittaamisessa yksi merkittävä haaste on omien toimien vaikutusten todentaminen eli mittaaminen. Usein vaikutuksia ei pystytä todentamaan absoluuttisen tarkasti. Valitut toimet perustuvat asiantuntijuuteen. Asiantuntijuus puolestaan perustuu koulutukseen, kokemukseen ja yhteistyöverkostoihin. Aiemmin omassa organisaatiossa tai muissa organisaatioissa saavutetut tulokset vaikuttavat päätöksentekoon. Tarjolla on erilaisia vaihtoehtoisia toimintatapoja ja ratkaisuja. Vertailukehittäminen sekä tieto parhaista käytännöistä toimivat tukena valintoja tehtäessä. Tutkitun tiedon merkitystä ei voi liikaa korostaa. Asiantuntijoiden tehtävänä on tehdä saatavilla olevaan tietoon perustuen oikeat valinnat, jolloin tuotantoon etenevät ne toimenpiteet, joilla on suurimmat vaikutukset ja jotka pystytään toteuttamaan käytössä olevilla voimavaroilla.

Kun asiantuntijat tekevät valintoja eri vaihtoehtojen välillä, vaikutusten arvioinnissa saattaa olla esteitä. Esimerkiksi sosiaali- ja terveyssektorilla on tietojen hyödyntämiseen liittyviä haasteita. Potilastiedot saattavat olla hajallaan, eikä kaikkeen potilaasta olevaan tietoon ole pääsyä palvelujen tuottamisesta vastaavilla asiantuntijoilla. Kansallisten tietojärjestelmien rajapinnat saattavat hankaloittaa palvelujen tuottamista ja alan tutkimusta. Tällä on suora yhteys vaikuttavuuden muodostumiseen. Sote-sektorilla tehdäänkin parhaillaan laajaa kehittämistyötä erilaisten esteiden poistamiseksi.

Yksittäisten tuotosten, toimenpiteiden ja suoritteiden vaikutukset summautuvat yhteiskunnalliseksi vaikuttavuudeksi. Asiantuntijaorganisaatiossa tärkeätä on tiedostaa vaikuttavuuden mittaamisen haasteet. Olennaista on pohtia, tehdäänkö oikeita asioita ja onko mahdollista tehdä asioita aiempaa paremmin ja vaikuttavammin. Kun esimerkiksi kansanterveystyössä tarkastellaan väestötasolla todettujen tyypin 2 diabetestapausten määrän kehitystä, on täysin mahdotonta osoittaa, mikä on eri toimijoiden ja mikä toisaalta kansalaisten tekemien omien valintojen osuus tapahtuneessa kehityksessä. Ratkaisevaa on se, että valitaan sellaiset toimenpiteet, jotka ovat vaikutuksiltaan suurimpia kaikista mahdollisista tarjolla olevista vaihtoehtoisista toimenpiteistä. Ja lopulta tärkeintä on se, mitä löytyy viivan alta eli mihin suuntaan kehitystä on tapahtunut – onko esimerkiksi tyypin 2 diabeteksen tapausmäärät onnistuttu kääntämään laskuun.

Tyypin 2 diabetestapausten lukumäärän kehittyminen on erinomainen esimerkki yhteiskunnallisen vaikuttavuuden mittaamisen haasteista. Monet julkishallinnon organisaatiot tekevät sekä käytännön terveydenhoitotyötä että hyvinvoinnin ja terveyden edistämiseen liittyvää työtä (ns. hyte-työ). Hyvinvoinnin ja terveyden edistämisen sektorilla toimii lukuisia valtakunnallisia kansalaisjärjestöjä, joilla on vastaavanlaisia tavoitteita. Elintarvike- ja juomateollisuuden tavoitteet ovat usein ristiriidassa em. organisaatioiden tavoitteiden kanssa. Myös kaupan alalla tavoitteet painottuvat muualle kuin väestön terveyden ja hyvinvoinnin edistämiseen. Yritysten vastuullisuustyö on osin silmänlumetta, liiketoiminnan tulos on ratkaisevassa roolissa. Poliittisin päätöksin ohjataan kokonaisuutta ja luodaan edellytykset sille, miten tyypin 2 diabetestapausten määrä kehittyy maassamme. Poliittisessa päätöksenteossa kansalaisten terveys ja hyvinvointi edustavat ainoastaan yhtä näkökulmaa. Tämän vaikuttavuushaasteen kruunaa kansalaisten oma toiminta, jolla on valtava merkitys vaikuttavuuden muodostumisessa.

Jos yhteiskunnallisena vaikuttavuustavoitteena on väestön terveys ja hyvinvointi ja jos tämän tavoitteen seurannassa yhtenä indikaattorina käytetään tyypin 2 diabetestapausten lukumäärää, vaikuttavuuden mittaaminen on erittäin haastavaa. Mikä on eri toimijoiden vaikutus tässä kokonaisuudessa? Ovatko toimijat osanneet valita parhaat mahdolliset keinot ja toimenpiteet? Olisiko vaikutuksia ja lopulta vaikuttavuutta mahdollista saada aikaan tekemällä asioita toisin tai innovoimalla jotain uutta? Miten niiden yritysten toimintaan on mahdollista vaikuttaa, jotka toiminnallaan vaarantavat vaikuttavuustavoitteen toteutumisen? Mikä on meidän toimenpiteidemme osuus tapahtuneesta suotuisasta tai epäsuotuisasta kehityksestä? Yhteiskunnallisen vaikuttavuuden muodostuminen ja siihen vaikuttaneiden asioiden todentaminen absoluuttisen tarkalla ja oikealla tavalla on haastava tehtävä. On tyydyttävä suuntaa antaviin mittaustuloksiin sekä asiantuntijoiden esittämiin arvioihin eri toimenpiteiden vaikutuksista.

Organisaatioiden tuottamien suoritteiden ja tuotosten yhteys yhteiskunnalliseen vaikuttavuuteen vaihtelee. Esimerkiksi yliopistojen ja sektoritutkimuslaitosten tuottamien tutkimustietojen siirtyminen osaksi tietoperustaista päätöksentekoa ja lopulta yhteiskunnallisen vaikuttavuuden muodostuminen on pitkä ja kivinen tie. Vastaavasti joidenkin julkishallinnon organisaation suoritteilla ja toiminnan kehittymisellä on suorempi ja helpommin todennettavissa oleva yhteys yhteiskunnallisen vaikuttavuuden muodostumiseen. Jos esimerkiksi Maahanmuuttovirasto onnistuu merkittävällä tavalla tehostamaan työperäiseen maahanmuuttoon liittyviä hallinnollisia prosessejaan, tämän kehitystyön vaikutukset on mahdollista suoremmin todentaa yhteiskunnallista vaikuttavuutta arvioitaessa.

Vaikka yhteiskunnallisen vaikuttavuuden mittaamiseen liittyy monenlaisia haasteita, joita kaikkia ei milloinkaan pystytä ratkaisemaan, kehitystä yhteiskunta- ja väestötasolla on seurattava herkeämättä ja aktiivisesti. Julkishallinnon organisaatiot tavoittelevat yhteiskunnallista vaikuttavuutta, joten asioiden kehitystä on seurattava. Monissa organisaatioissa tähän haasteeseen on vastattu laatimalla organisaation strategian yhteyteen erillinen indikaattorisetti, johon on kerätty keskeiset yhteiskuntatason vaikuttavuusmittarit. Tällaiset mittarit eivät tyypillisesti liity suoraan yksittäisiin strategisiin tavoitteisiin, joiden toteutumista on helpompi seurata. Indikaattorit kuvaavat organisaation toimialalla tapahtuvaa vaikuttavuustason kehitystä. Strategiassa ne kytkeytyvät lähinnä visioon ja missioon eli organisaation itsensä asettamaan kunnianhimoiseen vaikuttavuustavoitteeseen (visio asiaintilasta tulevaisuudessa) sekä organisaation toiminta-ajatukseen. Käsittelen myöhemmin tarkemmin indikaattorien valintaa ja indikaattorisetin rakentamista. Perustelen myös tässä yhteydessä tarkemmin, miten indikaattorit ja mittarit eroavat toisistaan ja miksi ne kannattaa pitää strategiatyössä erillään toisistaan.

Toteutuuko eduskunnan tahto?

Suomessa julkishallinnon strategisen johtamisen ensimmäinen merkittävä epäkohta löytyy strategisen ohjauksen kokonaisuuden huipulta. Eduskunta tekee lakeja säätäessään ja budjettivaltaansa käyttäessään merkittäviä strategisia linjauksia. Eduskunnan ilmaisema tahtotila on selkeä: tämä on hallinnon rakenne, tässä ovat sille kuuluvat tehtävät ja näin paljon annetaan rahaa näiden tehtävien hoitamiseen. Eli eduskunta päättää, mitä julkishallinnossa tehdään, miten tekeminen on organisoitu ja miten paljon yhteisiä voimavaroja eli rahaa käytetään. Kunnat toki päättävät kuntien vastuulla olevien tehtävien hoitamisesta ja resursoinnista. Kaikella tällä tavoitellaan yhteiskunnallista vaikuttavuutta eli sitä, että asiat yhteiskunnassamme kehittyisivät toivottuun suuntaan. Kuten jo edellä totesin, tehtäviä valuu runsaasti EU-tasolta, joten täysin puhtaalta pöydältä eduskunta ei pääse päätöksiään tekemään.

Valtionhallinnon virastojen ja laitosten tulosohjauksessa eduskunnan valtaa on suuresti liioiteltu. On totta, että eduskunnan hyväksymä talousarvio sisältää valtion virastojen ja laitosten tärkeimmät tulostavoitteet. Pidän erittäin epätodennäköisenä, että kansanedustajilla olisi aikaa budjettikäsittelyn yhteydessä puntaroida näitä yksittäisiä tavoitteita virasto- tai laitoskohtaisesti. Talousarvioon on nostettu ainoastaan muutamia tavoitteita jokaisesta organisaatiosta. Ne edustavat kapeata siivua organisaation toiminnan kokonaisuudesta. Eduskunnan todelliset mahdollisuudet vaikuttaa yksittäisten organisaatioiden ohjaukseen liittyvät lainsäädäntövaltaan, jota käyttäessään se päättää hallinnon rakenteista ja tehtävistä, sekä budjettivaltaan, jota käyttäessään se allokoi resurssit eri toimijoiden ja tarkoitusten välillä.

Julkishallinnon organisaatiot ovat todella taitavia innovoimaan itselleen uutta tekemistä. Myös useat ministeriöt toimivat varsin näppärästi, kun ne luovasti antavat hallinnonalojensa virastoille uusia tehtäviä. Harvemmin uusien tehtävien mukana muistetaan antaa lisämäärärahoja, mikä käytännössä johtaa siihen, että uudet, ei-lakisääteiset tehtävät vaarantavat lakisääteisten tehtävien hoitamisen, koska kasvava tehtävävalikoima on hoidettava samalla rahoitustasolla. Tarkastustoiminnassa on verraten vähän kiinnitetty huomiota tähän maan tapaan. Vaikka uusiin tehtäviin liittyy yleensä hyvä ajatus ja tarkoitus, tarkoitus ei kuitenkaan saisi pyhittää keinoja. Julkishallinnossa organisaatioiden tulisi tiukasti pysyä niissä raameissa, jotka niille on lainsäädännössä säädetty.

On hyvä muistaa, että tehtävät tarkentuvat ministeriön tulosohjauksessa. Usein esimerkiksi keskusvirastoista säädetyt lait eivät sisällä tehtävälistausta yksityiskohtaisella tasolla ja tyhjentävästi. Tältä osin eroja on havaittavissa eri organisaatioiden välillä. Joidenkin organisaatioiden kohdalla lainsäädäntöön on kirjattu hyvinkin tarkalla tasolla, mitä tietyn organisaation tulee tehdä. Osalla organisaatioista mm. roolistaan johtuen – esimerkiksi valtion tutkimuslaitokset – on huomattavasti liikkuma- ja tulkintavaraa.

Eräs ministeriö järjesti joitakin vuosia sitten tilaisuuden, johon se kutsui oman hallinnonalansa virastojen ylimmän johdon. Tilaisuutta varten jokaisessa virastossa täytettiin ministeriön antama lomake, johon kirjattiin lähitulevaisuudessa näköpiirissä olevat uudet tehtävät ja niihin liittyvät perustelut sekä sellaiset tehtävät, jotka voitaisiin kokonaan lakkauttaa. Ymmärrettävistä syistä ministeriö lainsäädännön valmistelusta vastaavana kyseli uusien tehtävien perään, jotta se pystyisi suunnittelemaan omaa työtään. Tähän liittyy mahdollisten uusien tehtävien arviointi, niiden priorisointi ja karsinta sekä seulan läpäisseiden uusien tehtävien vieminen lainsäädännön valmistelusuunnitelmaan. Kun kerättyjä tietoja tarkasteltiin koko hallinnonalan yhteisessä tilaisuudessa, epäselväksi ei jäänyt kaikkia organisaatioita yhdistävä ongelma: Mahdollisten uusien tehtävien listaukset olivat pitkiä. Sen sijaan siinä sarakkeessa oli aika hiljaista, johon kirjattiin ne tehtävät ja toiminnot, jotka voitaisiin lakkauttaa.

Kerran käynnistetyn ei-lakisääteisen toiminnan tai palvelun alas ajaminen on haastavaa. Hankalasti lakkautettavia ovat erityisesti sellaiset tehtävät, jotka tulevat suoraan kansalaisten iholle. Sosiaali- ja terveyspalveluissa ylimääräisen tekemisen lopettaminen voi olla jopa inhimillisesti ajateltuna kova päätös. Palvelun lakkauttaminen saattaa suoraan heikentää kansalaisen hyvinvointia. Aivan oma asiansa on lakisääteisten palvelujen ns. ylilaatu, kun jotain asiaa toteutetaan aivan liian isosti ja pieteetillä. Vähempikin riittäisi vaaditun minimitason toteutumiseen. Kun ylilaadusta tingitään, ongelma ei ole yhtä suuri verrattuna siihen, jos jonkin palvelun tuottaminen lakkautetaan kokonaan. Joskus koviakin päätöksiä on pystyttävä tekemään, jos ja kun varaa ei yksinkertaisesti ole jatkaa vanhalla kaavalla.

Kun syksyllä 2024 käytiin julkisuudessa keskustelua valtionhallinnon säästötarpeista, edellä kuvattu ei-lakisääteisten tehtäviin liittyvä haaste ryöpsähti näyttävästi esiin. Useamman eri julkishallinnon organisaation ulostuloissa valiteltiin, että jos joudumme säästämään näin ja näin paljon, joudumme lopettamaan nämä ei-lakisääteiset tehtävät. Tällaiset kommentit olivat hämmentäviä. On pelkästään hyvä, että ei-lakisääteisiä tehtäviä lopetetaan, jos varat käyvät vähiin. Eihän tällaisia tehtäviä olisi alun perinkään pitänyt ryhtyä hoitamaan.

On päivänselvää, että suomalaisessa julkishallinnossa on kiinnitettävä erityistä huomiota sekä sisäiseen valvontaan ja tarkastukseen että ulkoiseen tarkastustoimintaan. Ministeriöiden tulee sekä tulosohjauksessaan että muussa ohjattavien virastojen kanssa käymässään vuoropuhelussa nykyistä tehokkaammin selvittää, miltä osin virastojen tuottamat suoritteet ja palvelut ovat ylimääräistä eli ns. ei-lakisääteistä tekemistä ja missä palveluissa tuotetaan ylilaatua. Tällainen toiminta tulee karsia minimiin. Myös eduskunnan tarkastusvaliokunnan tulisi omassa toiminnassaan kohdentaa tarkastuksia enemmän siihen, pysyykö julkishallinnon organisaatioiden toiminta niissä raameissa, jotka niille on lainsäädännössä vahvistettu. Lisäksi varsin itsenäisessä roolissa toimivan Valtiontalouden tarkastusviraston tulisi nykyisessä tarkastustoiminnassaan kiinnittää enemmän huomiota tähän tulokulmaan.

Strategiatyön normiohjaus

Suomessa julkishallinnossa tehtävään strategiatyöhön ei kohdistu merkittävää normiohjausta. Strategiatyön normiohjauksella tarkoitan lakeja ja asetuksia sekä alemman tason ohjeita ja suosituksia, joilla ohjataan käytännön strategiatyötä.

Osalle julkishallinnon organisaatioista on laissa säädetty velvollisuus strategian laatimiselle: mm. kunnilla, hyvinvointialueilla, aluehallintovirastoilla ja yliopistoilla on lakisääteinen velvoite laatia strategia. Sen sijaan valtion virastoille ei ole pääsääntöisesti asetettu laissa tai alemman tason säädöksissä tällaista velvoitetta.

Julkishallinnon strategiatyössä ei ole yhtenäisiä rakenteita, prosesseja tai käytänteitä, eikä kukaan katso keskitetysti tehdyn strategiatyön laadun perään.

Normiohjausta tarvittaisiin, jotta julkishallinnon organisaatioiden strategiat tulisivat ylipäätään tehdyiksi ja jotta ne olisivat laadukkaita. Ohjauksen tehtävänä olisi myös varmistaa, että strategiat sekä niiden toimeenpanosuunnitelmat laaditaan yhdenmukaisella tavalla. Normiohjauksella varmistettaisiin strategioiden toimeenpanon toteutuminen sekä strategiatyön kytkeytyminen tulosohjauksen laajempaan kokonaisuuteen. Yhtenäistä linjaa ja rakennetta vahvistava normiohjaus tekisi julkishallinnon strategiakokonaisuudesta nykyistä toimivamman, millä on yhteys yhteiskunnallisen vaikuttavuuden syntymiseen.

Kuntalaissa on säädetty kunnille tehtäväksi laatia kuntastrategia (Kuntalaki 37 §). Kuntalaki ohjaa strategiatyötä julkishallinnon toimintaympäristössä melko yksityiskohtaisella tavalla. Kuntalain mukaan: "Kuntastrategiassa tulee ottaa huomioon: 1) kunnan asukkaiden hyvinvoinnin edistäminen; 2) palvelujen järjestäminen ja tuottaminen; 3) kunnan tehtäviä koskevissa laeissa säädetyt palvelutavoitteet; 4) omistajapolitiikka; 5) henkilöstöpolitiikka; 6) kunnan asukkaiden osallistumis- ja vaikuttamismahdollisuudet; 7) elinympäristön ja alueen elinvoiman kehittäminen". Lisäksi laki velvoittaa päättämään strategian toimeenpanon seurannan järjestämisestä sekä strategian tarkistamisesta vähintään kerran valtuuston toimikauden aikana.

Kuntalaki tuo ryhtiä kuntakentän strategiatyöhön. Laki ei sellaisenaan ole kuntastrategioiden laadun tae. Erityisen merkittävänä asiana voidaan kuitenkin pitää lakiin kirjattua seurannan järjestämisen ja strategian ajantasaisuuden arvioinnin pakollisuutta. Kuntalaissa (110 §) velvoitetaan myös laatimaan kunnan talousarvio ja -suunnitelma siten, että ne toteuttavat kuntastrategiaa. Toisin kuin valtion virastoissa ja laitoksissa, kuntastrategiat tulevat tehdyiksi ja niiden toimeenpanoa myös seurataan. Toki laatuvaihtelut kuntien strategiatyössä ovat valtavia yhtenäisestä normipohjasta huolimatta.

Valtionhallinnossa vuosituhannen vaihteessa toteutetun tulosohjaus- ja tilivelvollisuusuudistuksen tulokset on kirjattu *Asetukseen valtion talousarviosta* (1243/1992). Tässä ns. talousarvioasetuksessa säädetään valtion tulosohjaukseen ja tilinpitoon liittyvistä päälinjoista ja prosesseista (tulosohjauksessa ns. tulosprisma). Asetuksessa ei oteta sanallakaan kantaa strategiatyöhön. Käytännössä talousarvioasetus ei pakota tai ohjaa valtion virastoja ja laitoksia tekemään strategiatyötä vaan se vaikuttaa täysin päinvastaisella tavalla: strategiatyöhön ei erityisemmin panosteta, koska asetus ei sitä virastoilta ja laitoksilta edellytä. Osin myös vaikuttavuuspuhe eliminoi strategioista käytävän keskustelun. Käsittelen tilivelvollisuus- ja tulosohjausuudistusta tarkemmin myöhemmin omassa kappaleessaan.

Puutteet strategiatyön normiohjauksessa näkyvät julkishallinnon organisaatioiden strategioissa. Laatuvaihtelut lopputuloksissa ovat järkyttävän suuria. Osa virastojen strategioista on luokattoman huonoja – jätän erityismaininnat ja nostot tässä yhteydessä tekemättä. Heikoimmillaan strategioissa tyydytään luettelemaan organisaation perustehtäviä, mutta mitään aitoja linjauksia, painotuksia tai valintoja niistä ei löydy. Valitettavan monet julkishallinnon organisaatiot ovat strategiatyössään täsmälleen samassa pisteessä kuin mitä ne olivat vuosituhannen vaihteessa, jolloin strategiat olivat hienolle paperille painettuja yleisesitteitä, joita virastopäälliköt jakoivat arvovieraille. Mitään muuta käyttöä niille ei ollut.

Vuodelta 2023 laadittujen valtion virastojen ja laitosten tilinpäätösten toimintakertomusosioista on helppo todeta, miten pienessä roolissa organisaatioiden omat strategiat erityisesti valtionhallinnossa ovat. Strategioiden sisältöihin löytyy viittauksia, mutta strategiat ovat yleensä sivuroolissa. Tämä on jossain määrin ymmärrettävää, koska strategioiden asemaa ei ole normiohjauksella vahvistettu eikä niillä ole erityisestä roolia tulosohjausprosessissa. Toimintakertomuksen raportoinnissa keskitytään raportoinnista annetun ohjeistuksen mukaan mm. tuloksellisuudesta, tehokkuudesta ja vaikuttavuudesta raportoimiseen, mutta strategialla ei tässä yhteydessä ole välinearvoa.

Jos julkishallinnon organisaatioiden tulosohjausta halutaan kehittää aidosti strategisempaan suuntaan, strategiatyön normiohjausta tulisi vahvistaa. Pelkkä strategisuudesta puhuminen ei vie asioita eteenpäin. Tarvitaan yhtenäisiä ja velvoittavia rakenteita, prosesseja ja käytäntöjä. Strategiatyön yhtenäisyys mahdollistaisi strategioiden toimeenpanon seurannan. Tällä hetkellä esim. valtionhallinnon strategioiden toimeenpanon kokonaiskuvaa ei muodosteta missään. Valtiontalouden tarkastusvirastolla tulisi olla tällainen tehtävä. Strategiatyölle tulisi laatia ensin yhteinen normisto, jota vasten tarkastustoimintaa on mahdollisuus suorittaa. Nykyisellään toiminnan tarkastuksessa painotetaan liikaa toiminnan tuloksellisuutta sekä raportoitujen tietojen oikeellisuutta ja riittävyyttä. Loppujen lopuksi kaikessa julkishallinnon toiminnassa tavoitellaan yhteiskunnallista vaikuttavuutta. Siksi julkishallinnon tulosohjauksen kehittäminen nykyistä strategisemmaksi on välttämätöntä.

Koska tulosohjaukseen liittyvien uudistusten tekeminen on julkishallinnossa erityisen raskasta, strategiatyön normiohjauksen kehittämisessä olisi hyvä lähteä liikkeelle ketterästi kokeilukulttuurin hengessä. Ensi vaiheessa tarvittaisiin julkishallinnon organisaatioiden strategiatyötä koskeva ohje tai suositus, joka sisältää kuvauksen organisaation strategiaprojektista ja strategian toimeenpanosta. Lisäksi ohje sisältäisi erinomaisen strategian mallirakenteen. Siinä myös otettaisiin kantaa siihen, että strategiassa tulee tehdä valintoja, kaikkea lakisääteistä tekemistä ei pidä sisällyttää strategiaan. *Business as usual* -toiminnan tavoitteet viedään toimintasuunnitelmaan, ei strategiaan. Tällaisella ohjeella tai suosituksella olisi strategiatyötä sekä sen rakenteita, prosesseja ja terminologiaa yhtenäistävä vaikutus. Julkishallinnon strategiatyötä koskeva ohje lisäisi myös yhteistä ymmärrystämme strategiatyöstä. Kun tulosohjausta myöhemmin isommin remontoidaan, strategiatyötä käsittelevän ohjeen soveltamisesta saatuja kokemuksia voitaisiin hyödyntää mm. talousarvioasetusta uudistettaessa.

Strategiatyöltä puuttuvat laatukriteerit

Strategiatyöhön liittyvien normien puuttuminen johtaa loogisesti siihen, ettei strategiatyölle ole myöskään asetettu yhteisiä laatukriteerejä. Tällaisten kriteerien puuttumisen vaikutukset kertautuvat mm. alan koulutustarjontaan, johtajien ja asiantuntijoiden rekrytointeihin sekä hankintatoimeen.

Julkishallinnon organisaatiot voivat varsin vapaasti laatia strategiansa. Strategiat ovat liian usein rakenteellisesti sekavia ja laadullisesti vaatimattomia. Ongelmana on myös se, ettei strategioita toimeenpanna. Strategiatyö pysähtyy kohtuuttoman usein siihen hetkeen, kun strategia on julkistettu.

Strategiatyön osaamisvaje on käytännössä johtanut siihen, että korkeintaan keskinkertaisten strategioiden valmistumiset koetaan huikeina onnistumisina. Tulosohjaavilta tahoilta puuttuu niin ikään perusymmärrys siitä, millainen on erinomainen strategia. Myönteistä kehittymisen kierrettä ei ole mahdollista luoda ilman asiantuntevaa ohjausta.

Monissa organisaatioissa strategiatyö jää irralliseksi. Strategisia linjauksia ei siirretä toimeenpanoon. Asioita saatetaan edistää pistemäisesti, mutta kokonaisuutena strategian toimeenpanon ja sen seurannan perään ei katsota. Tämän prosessin kuntoon saattaminen olisi välttämätöntä, jotta strategiatyön laatutaso nousisi.

Strategiatyö olisi kuvattava normitasolla. Normien jatkeeksi tulisi luoda strategiatyön yhtenäisyyden ja laadun takaavia ohjeita sekä kuvauksia parhaista käytännöistä. Strategiatyön laadun kehittämisessä tarvitaan yhtenäiset, normeihin pohjautuvat rakenteet, prosessit ja laatuvaatimukset sekä yhdessä tekemistä ja oppimista. Normipohjan vahvistamisella olisi huomattavan laajat julkista johtamista kehittävät vaikutukset.

Lakisääteiset tehtävät on hoidettava

Yleinen julkishallinnon strategiatyöhön liittyvä väärinymmärrys koskee lakisääteisiä tehtäviä. Monissa organisaatioissa strategia laaditaan sillä ajatuksella, että kaikki organisaation työntekijät voivat löytää itsensä strategisista tavoitteista ja että strategia kattaa kaikki lakisääteiset tehtävät. Käytännössä tämä tarkoittaa sitä, että myös sellaiset lakisääteiset tehtävät sisällytetään strategisiin tavoitteisiin, joihin ei kohdistu kyseisellä hetkellä merkittäviä muutospaineita. On totta, että osa tavoitteista voidaan muotoilla siten, että niiden kattavuus on suuri. Esimerkiksi henkilöstön kehittämistä koskeva tavoite voi koskettaa kaikkia. Myös tässä tapauksessa strategisen tavoitteen tulisi olla tarkoin kuvattu eli sen tulisi täyttää ns. SMART-kriteerit. Käsittelen hyvän tavoitemuotoilun SMART-kriteerejä tarkemmin kirjan kolmannessa luvussa.

Julkishallinnon strategiatyössä ajattelun tulisi lähteä siitä, että strategialla johdetaan muutosta. Tämän ajattelun mukaisesti strategiset tavoitteet koskevat ainoastaan niitä tehtäviä tai toimintoja, joihin kohdistuu merkittäviä muutospaineita. Sellaiset lakisääteiset tehtävät, joihin ei kyseisellä hetkellä kohdistu merkittäviä muutostarpeita, jäävät strategisten tavoitteiden ulkopuolelle. Tällaisiin tehtäviin liittyvät toiminnalliset tavoitteet asetetaan organisaation sisäisessä suunnittelussa toimiala-, osasto-, yksikkö- ja tiimitason suunnitelmissa. Niiden toimeenpanoa seurataan organisaation sisäisen raportointisyklin mukaisesti. Jokaisella organisaatioyksiköllä tulee olla kirjalliset tavoitteet, jotka tarkistetaan ja vahvistetaan vuosittain. Julkishallinnossa on paljon organisaatioita, joissa toimintaa ei suunnitella vuosittain siten, että tavoitteet laaditaan kirjalliseen muotoon. Myös tähän asiaan tulee kiinnittää huomiota. Muussa tapauksessa asioita hoidetaan omalla painollaan ja vanhasta muistista.

Lakisääteiset tehtävät on hoidettava. Resurssiniukkuuden keskellä olennaista on pohtia, miten kunnianhimoisia ja resurssi-intensiivisiä strategisia muutosjohtamisen tavoitteita virastoilla on mahdollista asettaa. Pahimmillaan resurssien niukkuus johtaa siihen, että muutoksia ei ole mahdollista toteuttaa. Joskus muutos voidaan toteuttaa virkatyönä, mutta modernissa maailmassa moniin muutoksiin liittyy mm. tietojärjestelmäratkaisuja tai muita hetkellisiä lisäresursointitarpeita. Jos liikkumavaraa ei ole mahdollista järjestää annettujen resurssien puitteissa, muutoksen johtaminen haluttuun suuntaan voi muodostua mahdottomaksi.

Julkishallinnon strategioiden tasot ja tarkoitukset

2010-luvun alussa ministeriöiden kansliapäälliköt kiinnittivät huomiota valtiosektorin strategioiden runsaaseen lukumäärään. Kansliapäällikkökokous teki linjauksen, että strategioiden lukumäärää on karsittava tuntuvasti. Leikkuri iski onnistuneesti valtaisaan strategiamassaan, mutta jäljelle jäi edelleen satojen strategioiden epämääräinen kokonaisuus.

Julkishallinnossa strategia voidaan laatia, jos siltä tuntuu. Ja usein siltä tuntuu. Siellä missä strategian laatiminen on pakollista, se tietenkin laaditaan. Ja siellä missä strategiatyö perustuu vapaaehtoisuuteen ja omaan harkintaan, silläkin laaditaan strategioita. Strategioita tehdään kaikilla hallinnon tasoilla ja sektoreilla. Suomalaisessa julkishallinnossa laadittujen strategioiden lisäksi julkishallintoa ohjaavat kansainväliset strategiat ja linjaukset.

Koska julkishallinnon strategiatyötä ei ole kokonaisuutena normiohjattu, strategioiden viidakkoa voidaan pitää jopa todennäköisenä lopputuloksena. Strategioita on runsaasti ja ne voidaan asemoida julkishallinnon eri tasoille. Eri strategioiden väliset yhteydet ovat heikosti todennettavissa. Lähtökohtana voidaan pitää sitä, että ylemmällä tasolla tehdyt strategiset linjaukset on otettava huomioon strategiaa laadittaessa. Kun tullaan yksittäisen viraston tasolle, ohjaavia tasoja on useita ja strategioita runsaasti.

Eri tasoilla tehtävällä strategiatyöllä on erilaiset tarkoitusperät. Kansainvälisellä tasolla laaditut strategiat vaihtelevat yleisistä yksityiskohtaisiin. Myös niiden sitovuuden aste vaihtelee. Suomi on esimerkiksi sitoutunut Agenda 2030:een eli Yhdistyneiden kansakuntien kestävän kehityksen tavoiteohjelmaan. Sen tavoitekirjaukset ovat varsin yleisiä, mutta ne antavat selkeitä suuntaviivoja ja tavoitteita toiminnalle. Suomi on Pohjois-Atlantin liitto Natoon liityttyään sitoutunut myös Naton toimintaan. Puolustusliiton jäseninä olemme velvollisia toimimaan yhteisten linjausten mukaisesti. Erilaiset kansainväliset julkilausumat ohjaavat nekin julkishallinnon toimintaa Suomessa.

Kansallisella tasolla strategioiksi luokiteltavia asiakirjoja laaditaan eduskunnassa ja valtioneuvoston piirissä. Selonteot ja periaatepäätökset sisältävät linjauksia, jotka on jokaisella hallinnonalalla otettava huomioon strategiatyössä. Ministeriöiden johdolla laaditut toimialakohtaiset strategiat ohjaavat toimintaa ja ne on niin ikään otettava huomioon virastostrategioita laadittaessa. Usein hierarkiassa ylätasolle sijoittuvien strategioiden linjaukset tuntuvat itsestäänselvyyksiltä. Niiden kanssa ristiriidassa olevien virastostrategioiden laatiminen ei ole todennäköistä, mutta kotiläksyt on aina tehtävä eli käytännön strategiatyössä on käytävä läpi ylemmille tasoille sijoittuvien ao. virastoa koskevien strategioiden sisältämät linjaukset.

Julkishallinnossa laaditaan myös poikkihallinnollisia strategioita. Esimerkiksi 2020-luvun alussa valmisteltiin *Julkisen hallinnon strategia*, jonka tavoitteena oli muodostaa suomalaisen hallinnon uudistamisen kehys, joka ohjaa ja vahvistaa koko julkisen hallinnon uudistamista. *Julkisen hallinnon strategian* laatiminen sisältyi pääministeri Sanna Marinin hallituksen ohjelmaan. Valtiovarainministeriön johdolla tapahtuneeseen valmisteluun osallistui valtionhallinnon lisäksi kuntasektori. *Julkisen hallinnon strategia* on esimerkki pistemäisestä strategiatyöstä, jolle ei löydy säädöspohjaa ja jota ei ole mahdollista selkeästi asemoida strategisen johtamisen kokonaisuuteen.

Huhtikuussa 2024 valmistuneessa *Julkisen hallinnon strategian* arvioinnissa (*Valtioneuvoston selvitys- ja tutkimustoiminnan julkaisusarja 2024:9*) kiinnitettiin huomiota mm. strategian yleisyyteen, mikä teki siitä arvioinnin suorittaneiden mukaan vaikeasti toimeenpantavan. Monet strategiaan kirjatut asiat olivat entuudestaan tuttuja ja strategian ohjaava vaikutus jäi heikoksi. Strategian tunnettuus jäi runsaasta osallistamisesta huolimatta heikoksi julkisen hallinnon keskuudessa. Arvioinnissa kiinnitettiin huomiota myös siihen, ettei strategian toimeenpanoa seurattu systemaattisesti.

Ministeriöissä laadituilla toimialakohtaisilla strategioilla on toimialan yhteistyötä kehittävä vaikutus. Tällaiset strategiat laaditaan tyypillisesti työryhmissä, joissa on myös elinkeinoelämän edustus. Strategiat voidaan nähdä yhteisen ymmärryksen muodostajina. Toimialakohtaisia strategioita valmisteltaessa strategian luonnosversiosta pyydetään lausuntoja, jolloin erilaiset näkemykset tulevat tehokkaasti kartoitetuiksi. Toimialastrategioilla on vaikutusta erityisesti ministeriön toimintaan, mutta niiden vaikutukset ulottuvat myös yksittäisiin virastoihin. Toimialastrategioiden tehtävänä on myös viestiä elinkeinoelämälle, mihin suuntaan toimialaa ollaan kehittämässä.

Valtion päällikkövirastoissa sekä kunnissa ja hyvinvointialueilla voidaan laatia mielin määrin erillis-, ala- ja osastrategioita. Valitettavan usein ongelmana on se, että pää- ja osa-/alastrategioiden muodostamasta kokonaisuudesta tulee kohtuuttoman raskas. Usein myös strategisuus loistaa poissaolollaan osa- ja alastrategioissa, jolloin ne ovat enemmän toimintasuunnitelmia kuin strategioita. Olen käsitellyt kirjan kolmannessa luvussa tarkemmin ala- ja osastrategioihin liittyviä haasteita.

Julkishallinnon strategiat ovat pääsääntöisesti julkisia asiakirjoja, joten niihin perehtyminen on vaivatonta. Sen sijaan strategioiden toimeenpanosuunnitelmat ovat harvemmin nähtävissä organisaatioiden verkkosivuilla. Joillakin toimialoilla yksityiskohtaiset toimintasuunnitelmat kuuluvat salassapidon piiriin. Tällaisia toimeenpanosuunnitelmia löytyy etenkin turvallisuussektorin organisaatioista, joiden suorituskyvyn ja taktiikoiden julkaiseminen muodostaisi riskin kansalliselle turvallisuudelle.

Etenkin keskushallinnossa strategioiden toimeenpanosta raportoidaan verraten vähän. Organisaatioilla on strategiat, mutta niiden toimeenpanosta ei muisteta raportoida vuosittain laadittavassa toimintakertomuksessa. Tärkein syy on ohjauksen puute. Toimintakertomusohjeessa ei tiukasti velvoiteta virastoja ja laitoksia raportoimaan strategiansa toimeenpanon onnistumisesta. Ohje antaa tähän mahdollisuuden, mutta strategian toteutumisen raportointi esitetään optionaalisena asiana. Strategian toimeenpanon seurannan vähyys johtuu myös toimintakulttuurista: strateginen johtaminen on läsnä juhlapuheissa, mutta valtion virastojen ja laitosten arjessa ja johtamisessa sen merkitys on pieni.

Hallitusohjelma – kiveen hakattu strategia?

Hallitusohjelmaa on pidetty julkisuudessa käydyssä keskustelussa kohtuuttoman laajana ja valtioneuvoston siiloutumista ilmentävänä asiakirjana. Hallituksen toiminnan ja hallitusohjelman strategisuuden kehittämistä pohdittiin 2010-luvulla useissa eri työryhmissä.

Hallitusohjelman valmistelu on mittakaavaltaan aivan omaa luokkaansa verrattuna muihin julkishallinnon toimintaa ohjaavien strategisten asiakirjojen valmisteluun. En ota tässä kantaa hallitusohjelmien sisältöihin eli tehtyihin valintoihin. Poliittiset voimasuhteet vaihtelevat aikojen saatossa, mikä näkyy suoraan eri hallitusohjelmiin kirjatuissa linjauksissa ja valinnoissa. Tämä on luonnollista ja ymmärrettävää. Ymmärrystä eikä sen paremmin hyväksyntää heru sille, että hallitusohjelmien tekemisen tavoissa on ollut viime aikoina kohtuuttoman suuria vaihteluja, eikä tässä asiassa ole onnistuttu ottamaan merkittäviä kehitysaskeleita.

Hallitusohjelma on useamman poliittisen puolueen yhteistyönä valmistelema kokonaisuus. Tavanomaisesti hallitus on enemmistöhallitus, jolloin sillä on kansan valitseman eduskunnan tuki. Paljon porua on etenkin mediassa nähty, miten jotkut ovat joutuneet pyörtämään kantaansa tai jopa kokonaan kääntämään takkiaan. Tällekin löytyy ymmärrystä, sillä kaikki puolueet eivät voi kirjoituttaa sellaisenaan omia kantojaan hallitusohjelmaan. Mahdolliset näkemyserot ja ristiriidat on sovitettava. Hallitusohjelman pituuden suhteen on ensiarvoisen tärkeätä ymmärtää, että puolueet haluavat yksityiskohtaisia kirjauksia hallitusohjelmaan, mikä on ristiriidassa kehittämisryhmissä esitettyjen ajatusten kanssa, joiden mukaan hallitusohjelman tulisi olla mahdollisimman kompakti ja lyhyt – eli strategisempi. Myös valtion tehtäväkentän laajuus toimii hallitusohjelman laajuutta selittävänä tekijänä. Valtion toiminta ulottuu käytännössä lähes kaikille elämän eri osa-alueille. Vastaavasti suurten yritysten tavoitteena on tyypillisesti erikoistuminen ja tarpeettomien rönsyjen karsiminen, jolloin strategioista on mahdollista tehdä huomattavan kompakteja.

Hallitusohjelman laadullista kehittämistä on pyritty edistämään irrallaan politiikoista. Hallitusohjelman seurannan kehittämishankkeessa vuosina 2010–2011 (ns. *KOKKA-hanke*) valmisteltiin suosituksia hallitustyöskentelyn strategisuuden, ketteryyden ja päätöksenteon tietopohjan vahvistamiseksi. Vuosina 2014–2015 asian eteen työskenneltiin parlamentaarisessa *KEHU-komiteassa* (*Keskushallinnon uudistaminen*), jonka alaisuuteen perustetussa *OHRA-hankkeessa* tavoitteena oli hallituksen strategisen näkemyksen toimeenpanon yhteiskunnallisen vaikuttavuuden parantaminen. *KEHU-komitean* työtä jatkamaan perustettiin *Valtioneuvoston kehittämistyöryhmä* (2016–2017), joka valmisteli esityksensä valtioneuvoston toiminnan yhtenäistämiseksi.

Punaisena lankana kaikissa edellä mainituissa hankkeissa ja työryhmissä on ollut valtioneuvoston sisäisen yhteistyön kehittäminen ja siiloutumisen vähentäminen. Asiaa on tarkasteltu useista eri tulokulmista. Vaikka monia ajatuksia on esitetty, miten strategia-asiakirjojen tiiviyttä ja keskinäistä hierarkiaa tulisi parantaa, varsinaiset kehittämisen haasteet ovat liittyneet kokonaisuuden johtamiseen ja prosesseihin sekä tietopohjan vahvistamiseen ja vaikuttavuuden kehittämiseen. Hallitusohjelman toimeenpano on nähty toimivien prosessien ja rakenteiden lopputuotoksena. Valitettavasti monet kehittämispyrkimykset eivät ole johtaneet toivottuun lopputulokseen.

Hallitusohjelman yksityiskohtaisuus ja runsaus ovat suoraan ristiriidassa ohjelman strategisuuden kehittämistä koskevien tavoitteiden kanssa. Mitä tarkemmalle tasolle hallitusohjelman kirjaukset viedään, sitä vähemmän se tarjoaa mahdollisuuksia sellaiselle strategiselle johtamiselle, jossa johtamispäätöksiä tehdään joustavasti ja poikkihallinnollisesti huomioiden toimintaympäristössä tapahtuvat muutokset.

Pääministeri Juha Sipilän hallituksen kaudella (2015–2019) sekä hallitusohjelman että valtioneuvoston työskentelyn strategisuutta pyrittiin aidosti vahvistamaan. Pääministeri Sipilän hallitusohjelma (*Ratkaisujen Suomi 2015*) oli ainoastaan 76 sivun mittainen kaikkine liitteineen. Valtioneuvoston kanslia asetti vuoden 2017 lopulla hankkeen valmistelemaan suosituksia hallituksen strategisten johtamisvälineiden vahvistamiseksi. Hankkeessa tavoitteena oli mm. turvata strategisen hallitusohjelman uudistuksen jatkuvuus eli käytännössä jatkaa pääministeri Sipilän johdolla aloitettua kehittämistyötä. Tammikuussa 2019 julkaistussa hankkeen loppuraportissa

(*Valtioneuvoston julkaisuja 2019:2*) esitettiin yhteensä 20 suositusta, joissa korostetusti nousee esille hallituksen sisäisen yhteistyön merkitys. Asiaan ei voi olla kiinnittämättä huomiota 2020-luvun päivänpolitiikkaa seurattaessa. Suositusten mukaan yhteistyötä tarvitaan mm. tilannekuvan sekä hallitusohjelman yhteisen tulkinnan muodostamisessa. Mielenkiintoinen ja toistaiseksi toteutumatta jäänyt ehdotus on se, että valtioneuvoston strategia- ja ohjausasiakirjoista muodostettaisiin yksi hallittava hierarkinen kokonaisuus ja varmistettaisiin, että strategioiden edellyttämät resurssitarpeet ovat sopusoinnussa julkisen talouden suunnitelman kanssa.

Hallitusohjelman uudistuksen jatkuvuutta ei lopulta onnistuttu turvaamaan. 2020-luvun hallitusohjelmat rikkovat yksityiskohtaisuudessaan kaikki aiemmin tehdyt ennätykset. Pääministeri Sanna Marinin hallituksen ohjelman (*Osallistava ja osaava Suomi 2019*) pituus kaikkine liitteineen oli 216 sivua. Pääministeri Petteri Orpon hallituksen ohjelma (*Vahva ja välittävä Suomi 2023*) on liitteineen 246 sivun mittainen. Strategisuuden kehittämistyössä on palattu takaisin lähtöruutuun.

Kun nykyistä hallitusohjelmaa sekä sen valmistelua arvioidaan strategiatyön jämäkkyyden näkökulmasta, valmistelussa voidaan nähdä toki myös joitakin myönteisiä piirteitä.

Hallitusohjelman valmistelua edeltävä skenaariotyöskentely on laadukasta. Valtioneuvosto on vuodesta 1993 lähtien antanut eduskunnalle vaalivuosittain tulevaisuusselonteon. Selonteko on valmisteltu valtioneuvoston piirissä laajasti yhteiskuntaa osallistaen. Selonteossa esitellään kattavasti tunnistettuja muutos- ja epävarmuustekijöitä sekä vaihtoehtoisia skenaarioita tulevaisuuden Suomelle. Valmistelu tehdään huolella ja runsaasti aikaa käyttäen. Selonteko esitellään eduskunnalle ja julkaistaan hyvissä ajoin ennen eduskuntavaaleja. Skenaariotyöskentelyn lopputuotos on kaikkien saatavilla ja hyödynnettävissä. Vasta selontekoon tarkempi perehtyminen auttaa ymmärtämään, miten laajaa ja kattavaa on sen valmistelu (ks. esim. viimeisin tulevaisuusselonteko: *Valtioneuvoston tulevaisuusselonteko 2023: Näkymiä tulevaisuuden Suomeen*).

Modernissa strategiatyössä korostetaan osallistamisen merkitystä. Kun puhutaan eduskuntavaaleista ja hallitusneuvotteluista, en puhuisi osallistamisesta. Osallistamisella pyritään aktivoimaan. Puolueiden vaaliohjelmien valmisteluun, eduskuntavaaleihin sekä niiden yhteydessä käytävään julkiseen keskusteluun, hallituksen muodostamiseen sekä hallitusohjelman tekemiseen halukkaita osallistujia riittää. Eri toimijoita ja intressiryhmiä ei tarvitse erikseen kannustaa osallistumaan. Yhteiskunnan eri toimijat nostavat vaalien alla viestinnässään esille omat teemansa, jotka heidän mukaansa tulisi sisällyttää hallitusohjelmaan. Vaikuttamisyritykset kohdistuvat myös suoraan poliittisiin päätöksentekijöihin. Tätä vaikuttamista kutsutaan lobbaamiseksi, mutta toisaalta on vaikea nähdä, miksi näin ei voisi tapahtua ja miksi se ei olisi hyväksyttävää. Kauhuskenaariona sen sijaan voitaisiin pitää totaalista keskustelun ja vaikuttamisyritysten puuttumista.

Viimeisimpiin hallitusohjelmiin on sisällytetty tarkat kuvaukset toimenpiteiden vaikutuksista julkiseen talouteen. Valtiovarainministeriö on ollut aktiivinen hallitusohjelman kehittämisessä tältä osin. Toimenpiteiden ja talouden liiton vahvistamista voidaan pitää toivottavana kehityssuuntana. Vaikutukset julkiseen talouteen esitetään hallitusohjelman liitteissä, jolloin nämä tiedot sisältyvät eduskunnalle tiedonantona esiteltävään hallitusohjelmaan. Hallitusohjelma antaa siten poliittisille toimijoille ja virkakunnalle selvät, eduskunnan vahvistamat suuntaviivat julkisen talouden kehittämiselle.

Hallitusohjelman toimeenpanoa johdetaan jämäkästi. Valtioneuvoston kanslian strategiaosaston tehtävänä on mm. hallituksen strategiatyö ja toimintasuunnitelman valmistelu. Valtioneuvoston jäsenet ja ministeriöiden kansliapäälliköt vastaavat jokainen omissa ministeriöissään siitä, että hallitusohjelmaan kirjatut tavoitteet siirtyvät virkakoneistossa toimeenpantaviksi. Hallitusohjelmien toimeenpano on jämäköitynyt 2000-luvulla. Osaltaan tämä selittyy poliittisen avustajakunnan kasvamisella. Poliittiset valtiosihteerit ovat tärkeässä roolissa hallituksen ja ministeriöiden rajapinnassa hallitusohjelmaa toimeenpantaessa. Hallitusohjelman toimeenpanon seuranta on huomattavan organisoitua ja jämäkkää verrattuna esimerkiksi keskusvirastoissa tehtävään strategiatyöhön.

Jämäkkyydellä on kääntöpuolensa. Hallitusohjelma on kiveen hakattu. Se on jäykkä ja heikosti muuttuviin tilanteisiin adaptoituva. Hallitusohjelman toimeenpanoa voisikin luonnehtia jopa kohtuuttoman jämäkäksi. Kun organisaatiostrategioita päivitetään rullaavasti tarpeen tullen ja ympäröivän toimintaympäristön muuttuessa, hallitusohjelman toimeenpanoon ei sisälly tällaista mekanismia. Ohjelman yksityiskohtaisuus ja hallituspohjan laajuus takaavat sen, että muutosten tekeminen joustavasti on käytännössä mahdotonta. Hallitusohjelman ja sen toimeenpanon kohtuuttomalle tasolle viety jämäkkyys ei koske pelkästään nykyisen hallituksen työskentelyä. Poliittisen toimintakulttuurin muutos on tapahtunut pidemmällä aikavälillä. Muutoksia on tapahtunut sekä rakenteissa että toimintatavoissa. Tehdyt linjaukset näyttäytyvät niiden substanssialueista riippumatta aiempaa kovempina.

Viime vuosina on puhuttu paljon tiedolla johtamisesta ja tietoperustaisesta päätöksenteosta. On myös korostettu politiikkatoimien vaikutusten arvioimisen kehittämisen tarvetta. Myös edellä mainituissa valtioneuvoston toimintaa pohtineissa kehittämisryhmissä ja -hankkeissa on korostettu tietopohjan vankistamisen merkitystä hallitusohjelman valmistelussa. Tietopohjaa hallitusohjelmaan ovatkin tuottamassa valtionhallinnon eri asiantuntijaorganisaatiot (mm. sektoritutkimuslaitokset) ja yliopistot. Eri asia on sitten se, miten tuotettua tietopohjaa hyödynnetään hallitusohjelmaa valmisteltaessa sekä sitä toimeenpantaessa. Hallitusohjelmaan kirjattujen tavoitteiden toimeenpanon aikana tarkentuvalla tiedolla tai uusimmilla tutkimustuloksilla ei ole vaikutusta kerran päätettyyn hallitusohjelmaan ja tehtyihin linjauksiin.

Poliittisessa päätöksenteossa tiedolla johtaminen saa vivahteita poliittisten suuntausten mukaisesti. Jos hallitusohjelman halutaan pohjautuvan vankkaan tutkittuun tietoon, erityisesti yliopistojen ja sektoritutkimuslaitosten osuutta päätöksenteon tietopohjan muodostamisessa sekä politiikkatoimien vaikuttavuusarviointien tuottamisessa olisi pyrittävä edistämään. Vaikuttavuusarviointien tuottaminen ei kuitenkaan vielä riitä; niiden tuloksia olisi myös hyödynnettävä hallituskauden aikana ohjelmaa toimeenpantaessa.

Koronapandemia ja Venäjän hyökkäyssota Ukrainaan ovat osoittaneet, että globaalilla ja eurooppalaisella tasolla tapahtuvat muutokset vaikuttavat nopealla aikataululla valtioneuvoston työskentelyyn. Valtioneuvoston toiminta näyttäisi joustavan ainoastaan pakon edessä. Tällaisilla joustoilla ei ole hallitusohjelmaa muuttavaa vaikutusta. Hallitusohjelma laitetaan sivuun ja sen toimeenpano jätetään vähemmälle globaalitason kriiseihin reagoitaessa. Hallitusohjelman toimeenpanoon palataan, kun laineet ympärillä ovat hieman tasoittuneet.

Tutkimusjohtaja Petri Uusikylä ja professori Harri Jalonen kiinnittivät taannoin Helsingin Sanomien Vieraskynä-kirjoituksessaan huomiota valtioneuvoston ohjaus- ja johtamisjärjestelmän valuvikoihin (HS 11.10.2024: *Valtioneuvoston päätöksenteko kaipaa laajempaa remonttia*). He peräänkuuluttivat tarvetta nykyistä strategisemmalle hallitusohjelmalle, joka sallii nopeat muutokset toimintaympäristön äkillisesti muuttuessa. Tutkijat listasivat kirjoituksessaan merkittäväksi ongelmiksi mm. tiedonkulun katkokset, moniäänisyyden puuttumisen, tilannekuvien yhteensovittamisen haasteet, kitkan ministeriöiden välisessä yhteistyössä sekä tutkimustiedon vähäisen hyödyntämisen päätösten valmistelussa. Uusikylä ja Jalonen totesivat kirjoituksessaan, ettei strategisuuden lisääminen ole helppoa. Tutkijoiden esittämiin näkemyksiin on helppo yhtyä. Hallitusohjelman strategisuuden kehittämisen vaikeusaste ja haastavuus eivät kuitenkaan saisi toimia perusteluina sille, ettei kehittämistä asetettaisi tavoitteeksi ja toimeen tartuttaisi.

Puolustussektorilla toimitaan jämäkästi

Sunzin kirja *Sodankäynnin taito* julkaistiin noin neljännellä vuosisadalla eaa. Kirja on esimerkki siitä, miten puolustussektorilla tehtävän strategiatyön juuret ulottuvat jopa vuosituhansien taakse. Liiketoimintastrategioita sen sijaan ryhdyttiin kehittämään Yhdysvalloissa vasta toisen maailmansodan jälkeen. Vuosituhannen lopulla strategiatyö valtasi myös organisaatiot julkisella sektorilla.

Historiallisten erojen tarkastelu on mielenkiintoista, mutta strategiatyön kannalta merkitystä on erityisesti strategiatyöhön liittyvissä eroavaisuuksissa hallinnon sisällä. Puolustussektorilla viranomaiset tekevät strategiatyötä toki siinä missä muutkin viranomaiset. Tällöin on kysymys organisaation strategiatyöstä eli siitä, mitä valintoja tekemällä se voi saavuttaa sille asetetut yhteiskunnalliset vaikuttavuustavoitteet ja toiminnalliset tulostavoitteet. Myös puolustushallinnon virastot ja laitokset kuuluvat normaalin tulosohjauksen piiriin. Sen sijaan erilaisiin kriisi- ja poikkeusoloihin suunnitellut strategiat ovat täysin oma maailmansa, jossa käytettävä käsitteistö on hienojakoisempaa. Esimerkiksi jakoa operatiiviseen ja taktiseen toimintaan ei ole tapana tehdä virastomaailmaan sijoittuvassa strategiatyössä.

Puolustussektorilla tehtävä strategiatyö on korkealaatuista. Sotilaan ammatissa on totuttu toimimaan jämäkästi, systemaattisesti ja käskyjä

noudattaen, mikä näkyy myös strategiatyössä. Laaditut strategiat toimeen-
pannaan, ei kahta sanaa. Maanpuolustuskorkeakoulu takaa laadukkaan ja
yhtenäisen koulutuksen. Puolustussektorin toimintakulttuuria voi kuvata
jämäkäksi. Olisin huolissani, jos näin ei olisi.

Tutustuminen puolustussektorilla laadittuihin strategioihin ja niiden toi-
meenpanosuunnitelmiin ei ole ongelmatonta. Strategisessa suunnittelussa
ainoastaan pintakerros on julkinen. Mitä syvemmälle suunnittelussa men-
nään, sitä varmemmin voi törmätä salassapidon punaisiin leimoihin. Jo
pintakerros antaa osviittaa systemaattisesta otteesta. Suosittelen tutustu-
maan vuoden 2024 alussa voimaan astuneeseen Puolustusvoimien henki-
löstöstrategiaan. Strategiasta näkee, että siihen sisältyvät kehittämislinjat
on jäsennetty selkeästi, mikä edistää strategian toimeenpanosuunnitelman
laatimista. Koko julkishallintoa koskevista strategiatyön haasteista (mm.
vähäinen normiohjaus) huolimatta puolustussektorilla pystytään strategia-
työ toteuttamaan hyvin jäsennellysti ja jämäkästi.

Hyvinvointialueiden strategisesta ohjauksesta

Sote-uudistus (aka. hyvinvointialueuudistus) saatiin maaliin yli vuosikym-
menen kestäneen valmistelun jälkeen, kun eduskunta 21.6.2021 hyväksyi
hyvinvointialueiden perustamista ja sosiaali- ja terveydenhuollon sekä pe-
lastustoimen järjestämisen uudistusta koskevan laajan lakipaketin.

Hyvinvointialueet aloittivat toimintansa vuoden 2023 alussa. Uudistuk-
sessa sosiaali-, terveys- ja pelastuspalvelujen järjestämisvastuu siirtyi kun-
nilta hyvinvointialueille. Järjestämisvastuu säilyi lisäksi Helsingin kaupun-
gilla ja erikoissairaanhoidon osalta HUS-yhtymällä. Valtion vastuulla on so-
siaali-, terveys- ja pelastustoimen palvelujen rahoitus. Pieneltä osin palvelut
rahoitetaan käyttäjiltä perittävillä asiakasmaksuilla.

Hyvinvointialueiden toiminnan alkutaival on ollut raskas. Julkisuudessa
käytävä keskustelu on keskittynyt hyvinvointialueiden talouden kurimuk-
seen. Kustannusten nousu sekä rahoitukseen liittyvät järjestelmän valuviat
ovat aiheuttaneet akuutin rahoituskriisin, joka tässä ja nyt vie kaiken huo-
mion. Kriisin keskellä uudistuksen muut valuviat ovat saaneet vähemmän
palstatilaa.

Vaikka hyvinvointialueiden tilannetta ja sitä selittäviä tekijöitä olisi mahdollista käsitellä laajasti, rajaudun tässä yhteydessä tarkastelemaan hyvinvointialueiden ohjausrakenteita. Painotan tarkastelussani kirjan teeman mukaisesti strategiatyötä ja strategista ohjausta sekä tehtyjen strategisten linjausten toimeenpanoa.

Paperilla strategiatyön ja strategisen ohjauksen muodostama kokonaisuus näyttää suhteellisen loogiselta:

- Valtioneuvosto vahvistaa valtakunnalliset tavoitteet erikseen sosiaali- ja terveydenhuollon sekä pelastustoimen järjestämiselle.
- Hyvinvointialueiden on otettava huomioon valtioneuvoston vahvistamat tavoitteet omassa toiminnassaan ja yhteistyösopimusten valmistelussa.
- Hyvinvointialuetta johdetaan aluevaltuuston hyväksymän hyvinvointialuestrategian mukaisesti. Aluestrategia sisältää hyvinvointialueen toiminnan ja talouden pitkän aikavälin tavoitteet.
- Aluestrategian osana – kuitenkin erillisenä dokumenttina – hyvinvointialueet laativat taloutensa ja toimintansa suunnittelua ja johtamista varten sosiaali- ja terveydenhuollon palvelustrategian, joka sisältää hyvinvointialueen järjestämisvastuulle kuuluvan sosiaali- ja terveydenhuollon pitkän aikavälin tavoitteet. Pelastustoimessa vastaavan tasoinen strateginen asiakirja on pelastustoimen palvelutasopäätös, joka sisältää yksityiskohtaiset tiedot pelastustoiminnan suorituskyvystä.

Valitettavasti edellä kuvattu ohjauskokonaisuus toimii ainoastaan paperilla. Ohjausjärjestelmä on rikki ja siihen on olemassa yksinkertainen syy: Sote-uudistuksen ensisijaisena tavoitteena on ollut alueellisen itsehallinnon toteutuminen. Uudistuksella on vasta toissijaisesti pyritty turvaamaan julkisen vallan järjestämät sosiaali- ja terveyspalvelut sekä edistämään väcstön terveyttä (Perustuslain 19 §). Ohjausrakenne toteuttaa tätä marssijärjestystä. Ratkaisu on ymmärrettävä, koska sosiaali- ja terveydenhuollon ja pelastustoimen tehtävät olivat aiemmin kuntien vastuulla. Ratkaisu ei kuitenkaan ole hyväksyttävä, koska näin toteutettuna uudistus jäi torsoksi.

Alueellisen itsehallinnon merkityksen korostuminen uudistuksessa on yksi selittävä tekijä sille, miksi hyvinvointialueiden toimintaa koskevilla strategioilla on heikko ohjaava vaikutus. Hallituksen esityksen perustelutaksteissa on todettu, että valtioneuvoston vahvistamat tavoitteet ovat strategisia eivätkä ne sellaisenaan ole hyvinvointialueiden toimintaa sitovia.

HE:n perusteluissa todetaan myös, että hyvinvointialuestrategian velvoittavuus on luonteeltaan poliittista ja toiminnallista eli se ohjaa päätösvalmistelua ja päätöksentekoa. HE:n mukaan hyvinvointialuestrategia ei ole oikeudellisesti sitova tai valituskelpoinen asiakirja.

Hyvinvointialueiden ohjaukseen liittyvässä strategiatyössä on monenlaisia kummallisuuksia:

- Valtioneuvoston vahvistamat valtakunnalliset tavoitteet eivät ole sitovia.
- Valtakunnalliset tavoitteet ovat ylimalkaisia. Sote-tavoitteissa on viittauksia mittareihin, mutta yhtenäisiä tavoitetasoja ei ole asetettu.
- Jokaisella hyvinvointialueella laaditaan aluestrategia. Käytännössä tämä tarkoittaa sitä, että jokaisella alueella sosiaali-, terveys- ja pelastuspalvelujen järjestäminen toteutetaan erilaiselta arvopohjalta ja erilaisin strategisin tavoittein.
- Aluestrategialle ei ole annettu yhtenäistä rakennetta, jota strategian laatimisessa tulisi noudattaa. Strategian laatimisesta ei ole annettu ohjeita.
- Helsinki ei ole hyvinvointialue, joten Helsingissä ei laadita hyvinvointialuestrategiaa.

Alueellisen itsehallinnon korostuminen johtaa käytännössä haasteisiin palvelujen yhdenvertaisessa saatavuudessa. Julkisuudessa käyty keskustelu on osoittanut, että keskustelua palvelujen yhdenvertaisesta saatavuudesta käydään lähinnä hyvinvointialueiden sisällä. Sen sijaan alueiden välillä olevista eroista käydään vähemmän keskustelua. Ainoastaan sellaisissa asioissa, joissa palvelutason tavoitetasot tai minimivaatimukset on kirjattu erillislakiin, palvelulla on edes teoreettinen mahdollisuus toteutua yhdenvertaisella tavalla kaikkialla Suomessa. Esimerkkejä tällaisista ovat mm. Vanhuspalvelulakiin (*Laki ikääntyneen väestön toimintakyvyn tukemisesta sekä iäkkäiden sosiaali- ja terveyspalveluista* 980/2012) kirjattu minimitaso henkilöstömitoitukselle ympärivuorokautisen palveluasumisen toimintayksikössä sekä *Terveydenhuoltolakiin* (1326/2010) kirjatut kiireettömän hoidon pääsyn enimmäisajat.

Palvelujen yhdenvertaiseen saatavuuteen liittyvät riskit on tuotu esiin myös Hallituksen esityksessä: "Hyvinvointialueille ehdotettu toimivalta määritellä palvelustrategiansa sekä ohjata palvelutuotantoa alueellaan voisi johtaa myös uusien erojen muodostumiseen palveluiden saatavuudessa hyvinvointialueiden välillä. Samansuuntaisesti voisi vaikuttaa myös hyvinvointialueiden koon ja voimavarojen erilaisuus. Muodostuva tilanne ei olisi täysin ongelmaton palvelujen saatavuuden yhdenvertaisuuden näkökulmasta. Uudistuksessa vahvistuva kansallinen ohjaus osaltaan pienentäisi tätä riskiä.".

Hyvinvointialueiden ohjauksen puutteet koskien erityisesti palvelujen yhdenvertaista saatavuutta on tunnistettu laajemmin. Pääministeri Petteri Orpon hallituksen ohjelma sisältää seuraavan tavoitteen: "Hyvinvointialueiden ohjausrakenteita kehitetään ja selkeytetään siten, että varmistetaan yhdenvertaiset ja laadukkaat sosiaali- ja terveyspalvelut…". Hallitusohjelmassa on korostettu ohjaukseen liittyvien neuvottelumenettelyjen kehittämistarvetta. Tarvittaessa ollaan valmiita tekemään muutoksia hyvinvointialuelakiin ja järjestämislakeihin. Strategisen ohjauksen ja hyvinvointialueiden strategiatyön kehittämiseen ei ole hallitusohjelmassa otettu kantaa.

Palvelujen yhdenvertaiseen saatavuuteen liittyvät ongelmat on todettu myös tuoreimmassa hyvinvointialueiden tilannekatsauksessa *(Hyvinvointialueiden ajankohtainen tilanne 9/2024, Valtioneuvosto)*. Ilmaisutapa on tosin hieman ristiriitainen: "Hyvinvointialueet ovat kyenneet järjestämään lakisääteiset palvelunsa riittävän yhdenvertaisesti ja väestönsä tarpeet huomioiden. Alueiden välillä on kuitenkin merkittävää vaihtelua yksittäisissä lakisääteisissä palveluissa". Tilannekatsauksen riskilistauksessa on tuotu esiin valtion ohjauksen voimattomuus: "Valtion ohjauksella ei saada riittävästi tuettua hyvinvointialueiden palveluiden nopeutettua uudistumista". Erityisenä riskinä pidetään myös väestön yhdenmukaisuuden vaarantumista: "Pirstaloitunut sosiaali- ja terveydenhuolto ei muutu riittävän nopeasti alueellisesti ja kansallisesti yhtenäisemmäksi".

Jos hyvinvointialueiden strategista ohjausta halutaan aidosti kehittää, tulisi asiassa tehdä seuraavat korjausliikkeet:

- Valtakunnallisten tavoitteiden tarkkuustasoa tulee parantaa. Tavoitteisiin tulee kirjata täsmälliset tavoitetasot alueiden tuottamille tärkeimmille sosiaali- ja terveyspalveluille. Tavoitteiden ja tavoitetasojen tulee olla sitovia.
- Hyvinvointialueille tulee laatia valtakunnallinen, kaikille alueille yhteinen aluestrategia (ml. Helsinki). Aluestrategia tukee valtakunnallisten strategisten tavoitteiden toimeenpanoa hyvinvointialueilla.

- Jokaisella hyvinvointialueella laadittaisiin jatkossakin erikseen so-
  te-palvelustrategia ja pelastustoimen palvelutasopäätös. Palvelustra-
  tegiassa ja palvelutasopäätöksessä otetaan huomioon alueen erityis-
  piirteet ja -haasteet.

Jos valtakunnalliset tavoitteet eivät ole kaikille yhteisiä ja sitovia, edellytyk-
siä palvelujen yhdenvertaiselle saatavuudelle eri osissa maata ei tosiasialli-
sesti ole olemassa. Joka alueella erikseen laadittavista aluestrategioista tu-
lee luopua, koska strategiset linjaukset sosiaali- ja terveyspalvelujen tuotan-
nossa eivät voi olla erilaisia eri puolella Suomea. Kaikilla alueilla tulisi myös
olla yhteinen arvopohja sosiaali-, terveys- ja pelastustoimen palvelujen jär-
jestämisessä. Hämmästyttävää on myös se, että aluestrategioissa jokaisel-
la alueella on erilainen visio ja missio, vaikka perustuslain mukaan julkisen
vallan on turvattava riittävät sosiaali- ja terveyspalvelut sekä edistettävä vä-
estön terveyttä [kaikkialla Suomessa].

Nykyisiä aluestrategioita tarkastelemalla voi helposti tulla siihen johto-
päätökseen, että strategioiden laatuvaihtelut ovat kohtuuttoman suuria.
Parhaimmillaankin aluestrategiat ovat tasoltaan keskinkertaisia. Ne sisäl-
tävät asioita, joita voi luonnehtia itsestäänselvyyksiksi ja joiden ohjaava vai-
kutus on siten melko vähäinen. Yleiselle tasolle tehtyjen linjausten alle on
mahdollista suunnitella melkeinpä millaisia toimenpiteitä tahansa.

Palvelustrategian tehtävänä on kuvata sosiaali- ja terveyspalvelujen järjes-
täminen hyvinvointialueella. Aluevaltuuston tärkeimpänä tehtävänä tulisi
olla palvelustrategiaan sisältyvien linjausten tekeminen. Kuten Hallituksen
esityksessä todetaan: "Palvelustrategian ensisijaisena tavoitteena olisi mää-
ritellä miten sosiaali- ja terveydenhuollon palvelut toteutetaan hyvinvoin-
tialueen alueella". Lisäksi todetaan, että "Palvelustrategian tarkoituksena
olisi tämän mukaisesti ottaa kantaa muun ohella palveluverkon toteutuk-
seen, lähipalvelujen saatavuuteen ja toteutustapaan sekä yleisesti palvelu-
jen saavutettavuuteen". Nämä asiat ovat aluetasolla todella tärkeitä, joihin
aluevaltuuston tulisi työssään keskittyä yleiselle tasolle jäävien aluestrate-
gioiden laatimisen sijaan.

En yleensä innostu julkishallinnon strategiatyössä etenkään organisaa-
tiostrategioiden kohdalla taktisen tason käyttämisestä. Sosiaali-, terveys-
ja pelastuspalvelujen järjestämiseen liittyvän strategisen johtamisen koh-
dalla tilanne on toinen ja olen valmis tekemään poikkeuksen. Mielestäni

hyvinvointialueiden strategisen ohjauksen kokonaisuus olisi mahdollista jäsentää seuraaviin tasoihin:

- Strateginen taso: valtakunnallinen ohjaus (valtakunnalliset tavoitteet ja kaikille alueille yhteinen aluestrategia)
- Taktinen taso: alueellinen ohjaus (aluevaltuuston hyväksymät sote-palvelustrategia ja pelastustoimen palvelutasopäätös)
- Operatiivinen taso: strategioiden toimeenpano hyvinvointialueiden arjessa (valtakunnallisten tavoitteiden ja kaikille yhteisen aluestrategian toimeenpano tavalla, joka tarkemmin on linjattu aluevaltuuston hyväksymissä strategia-asiakirjoissa eli sote-palvelustrategiassa ja pelastustoimen palvelutasopäätöksessä).

Vuoden 2004 tulosohjaus- ja tilivelvollisuusuudistus

Valtionhallinnon ohjauksen rakenteita uudistettiin merkittävällä tavalla 2000-luvun alussa. Tulosohjauksen uudistaminen oli käynnistetty jo 1990-luvulla tulosbudjetointia kehittämällä. Vuosituhannen alun tulosohjaus- ja tilivelvollisuusuudistus oli kokonaisvaltainen uudistus, jossa tulosohjauksen ja tilivelvollisuuden ohella kehitettiin valtionhallinnon tarkastustoimintoja. Uudistuksessa luodut toiminnan suunnittelun ja seurannan rakenteet ja prosessit vietiin kaikkine yksityiskohtineen talousarvioasetukseen (*Asetus valtion talousarviosta*). Muutokset astuivat voimaan 15.4.2004. Asetusta ryhdyttiin soveltamaan välittömästi: vuodelta 2004 laadittavat tilinpäätökset tuli laatia asetuksessa kuvatulla tavalla. Vastaavasti vuoden 2005 talouden ja toiminnan suunnittelussa noudatettiin uudistettua toimintatapaa. Asetukseen kirjattuja yksityiskohtaisia tulosohjauksen rakenteita ja prosesseja ei ole tämän jälkeen muutettu.

Tulosohjaus- ja tilivelvollisuusuudistuksessa tulosohjauksen päärakenteet kiteytettiin yhdeksi kuvaksi, joka nimettiin tulosprismaksi. Kaksiulotteisen prisman kärkeen asemoitiin yhteiskunnallinen vaikuttavuus, jonka edistäminen talousarvioasetuksen mukaisesti oli ensisijaisesti valtioneuvoston ja kunkin ministeriön tehtävänä omalla hallinnonalallaan. Virastojen ja laitosten oli tyytyminen korkeintaan sellaisten aikaansaatujen vaikutusten kuvaamiseen, joilla on yhteyttä yhteiskunnalliseen vaikuttavuuteen. Uudistuksen soveltamisessa tulkinnat olivat varsin jyrkkiä. Lain kirjainta tulkittiin elävässä elämässä siten, ettei virastoilla ja laitoksilla ole lainkaan yhteiskunnallisen vaikuttavuuden tehtävää, jolloin myöskään tavoitteita yhteiskunnalliselle vaikuttavuudelle ei tule asettaa puhumattakaan, että vaikuttavuudesta tulisi raportoida.

Tulosprisman keskiosaan, hierarkisesti yhteiskunnallisen vaikuttavuuden alapuolelle, oli sijoitettu toiminnallinen tehokkuus sekä tuotokset ja laadunhallinta. Virastojen ja laitosten tehtävänä oli toimia tuotantolaitoksina ministeriöiden alaisuudessa. Tämä ajattelu sopi hyvin yhteen pian tulosohjausuudistuksen jälkeen käynnistetyn tuottavuusohjelman kanssa. Tuottavuusohjelmassa seurattiin virastojen ja laitosten – myös ministeriöiden – aikaansaamien suoritteiden lukumääriä sekä suoritteiden tuottamiseen käytettyjä resursseja (panostiedot). Parivuositarkastelu tuotti laskentatiedot organisaation tuottavuuden kehittymisestä. Laskentatapa oli tilastotieteen näkökulmasta tarkasteltuna oikeaoppinen, mutta siihen sisältyi monia haasteita. Yksi keskeisimmistä haasteista oli tuotettujen suoritteiden lukumäärän sekä näiden tuottamiseen käytettyjen panostietojen törmäyttäminen laskennassa. Samaan kategoriaan sisältyvien suoritteiden tuottamiseen käytetyt panokset saattoivat vaihdella todella merkittävästi. Siinä missä jopa kuukausien työpanoksen vaativa suorite laskettiin tuottavuuslaskennassa yhdeksi suoritteeksi, samaan kategoriaan saatettiin sisällyttää mukaan sellainen suorite, joka vaati muutamien päivien työpanoksen. Tuottavuuslaskennassa ei kiinnitetty huomiota suoritteiden tarkoituksenmukaisuuteen tai merkittävyyteen. Suoritemäärittelyissä oli monissa virastoissa valtaisia, toiminnan luonteesta johtuvia haasteita. Laskenta kelpuutti mukaan ainoastaan lopputuotokset, jolloin esim. sidosryhmien kanssa tehtävää yhteistyötä tai suunnittelu- ja ylläpitointensiivistä työtä ei otettu huomioon laskennassa. Lisäksi laskennassa seurattiin tuottavuuden kannalta täysin epäolennaisten suoritteiden lukumäärien kehitystä (esim. tiedotteiden tai nettisivujen lukumäärä).

Tulosohjausuudistuksella oli hyvät tarkoitusperät. Suoritetuotannon, suoritteilla aikaansaatujen vaikutusten sekä yhteiskunnallisen vaikuttavuuden ketju oli pääpiirteissään oikealla tavalla kuvattu. Merkittävät haasteet liittyivät näiden eri osa-alueiden välisiin yhteyksiin ja rajapintoihin sekä hallinnonalojen välillä olleisiin erilaisiin tulkintoihin. Vuonna 2021 toteutetussa *Valtion tulosohjauksen arvioinnissa* (Salminen, Vesa et al. 2021) korostettiinkin tarvetta päivittää tulosprisma ja vaikuttavuuden käsitteistö (arviointiraportin ehdotus 3). Omien havaintojeni mukaan merkittäviä eroavaisuuksia ja puutteita oli ja on edelleen talousarvioasetuksen tulkinnassa ja tulosohjauksen käytännön toteutuksessa. Uudistuksen lanseerausvaiheessa viestitty näkemys, jonka mukaan virastot ja laitokset eivät tuottaisi yhteiskunnallista vaikuttavuutta, on yksi ongelma. Vähintään yhtä merkittävä haaste virastoille ja laitoksille oli uudistuksessa luotu toiminnan suunnittelun ja seurannan prosessi, josta tehtiin rakenteeltaan ja vaiheistukseltaan kohtuuttoman jäykkä ja hidasliikkeinen. Uudistuksen sisältämää tarkastustoiminnan tueksi tarkoitettua tulosohjauksen kirjelmöintikulttuuria voidaan pitää myös merkittävänä ongelmana. Loppujen lopuksi tämän vieläkin käytössä olevan tulosohjausmallin kantavana ajatuksena olikin se, että erilaisten dokumentaatiovaiheiden jälkeen viraston tai laitoksen voidaan todeta antaneen raportoinnissaan oikeat ja riittävät tiedot toiminnastaan. Tuloksellisuutta ja vaikuttavuutta vahvistavan ohjauksen aito kehittäminen sekä yhteiskunnalliseen vaikuttavuuteen tähtääminen jäivät puhdasoppisuuden sekä valtiovarain controller -toiminnon käynnistämisen jalkoihin.

Talousarvioasetuksessa ei sanallakaan mainita strategioita tai strategiatyötä. Kuten olen edellä julkishallinnon strategiatyön normiohjausta käsittelevässä kappaleessa tuonut esille, strategiatyöhön liittyvä normiohjauksen puute on yksi merkittävimmistä syistä strategiatyön tämänhetkiselle tasolle valtionhallinnossa. Jos ja kun ei ole normeihin perustuvaa velvoitetta tehdä strategiatyötä, siihen ei erityisemmin satsata. Siksi strategiat ja strategiatyö eivät ole merkittävästi kehittyneet tällä vuosituhannella. Jos julkishallinnon toiminnan strategisuutta halutaan vahvistaa, strategiatyölle olisi luotava normipohjaiset rakenteet ja prosessit. Samanaikaisesti nykyisin sovellettavaa tulosohjauksen prosessia tulisi keventää, jolloin ministeriöt ja virastot pystyisivät vuorovaikutuksessaan keskittymään strategisiin kysymyksiin eli yhteiskunnallisen vaikuttavuuden tavoittelemiseen ja sen aikaansaamiseen. Tässä vuorovaikutuksessa myös poikkihallinnollisuudella tulisi olla nykyistä vahvempi rooli, kuten edellä mainitussa vuonna 2021 tehdyssä arvioinnissa esitetään.

Tulosohjausuudistuksessa yksi merkittävä harha liittyi valtion budjettiin eli nk. keltaiseen kirjaan. Virastojen ja laitosten tulee hyvissä ajoin, jo alkuvuodesta, päättää tärkeimmistä seuraavan vuoden tulostavoitteistaan.

Nämä tavoitteet sisällytetään varhaisessa vaiheessa talousarvion luonnosversioon, jonka jälkeen tavoitteiden tarkentaminen tai muuttaminen on osoittautunut hankalaksi. Tulosohjausuudistuksessa eduskunnan rooli virastoja yksityiskohtaisella tasolla tulosohjaavana toimijana yliarvioitiin. Strategisuuden kehittämisen näkökulmasta myös talousarviovalmistelua tulisi prosessina uudistaa. Vastuu yksittäisten virastojen ja laitosten tuloksellisuudesta kuuluu organisaatioille itselleen sekä näitä organisaatioita tulosohjaaville ministeriöille. Eduskunnan tulisi olla talousarvioprosessissa nykyistä strategisempi toimija, jolloin se keskittyisi myöntämään voimavaroja yhteiskunnallisen vaikuttavuuden aikaansaamiseen sekä tehtävien hoitamiseen vastuualueella, joka kullekin virastolle ja laitokselle on lainsäädännössä vahvistettu. Eduskunnan ei tulisi edes näennäisesti päättää virastoille ja laitoksille toimintamenomäärärahoja myöntäessään toiminnan tai tavoiteasetannan yksityiskohdista vuositasolla. Sen sijaan akuuteissa yhteiskunnallisissa tai jopa globaalitason kriiseissä eduskunnalla on merkittävä tulosohjaava rooli budjettivaltaa käyttäessään. Tästä hyvä esimerkki on eduskunnan 2020-luvun alussa Terveyden ja hyvinvoinnin laitokselle myöntämät lisämäärärahat, jotka korvamerkittiin koronakriisin hoitamisesta aiheutuvien lisäkustannusten kattamiseen.

Tulosprismassa sen alimpana elementtinä on kuvattu henkisten voimavarojen hallinta ja kehittäminen. Tulosohjausuudistuksen jälkeen on kauniisti kerrottu (mm. Tulosohjauksen käsikirja vuodelta 2005), miten tuloksellisuuden katsotaan muodostuvan henkilöstövoimavaroja viisaasti käyttämällä, osaamista kaiken aikaa kehittämällä sekä toimintaprosesseja jatkuvasti parantaen. Tosiasiassa tulosohjausuudistusta oltiin alun perin viemässä maaliin ilman tätä tulosprisman alinta henkilöstövoimavaroihin liittyvää elementtiä. Tavoitteena oli eräänlainen puhdasoppinen kuvaus valtionhallinnosta. Siinä toiminta jakautui tuotantolaitoksiin (virastot ja laitokset) sekä toimintaa ohjaaviin ministeriöihin. Vasta henkilöstöjärjestöjen painostuksesta tulosprismaan lisättiin henkisten voimavarojen hallinta ja kehittäminen omaksi elementikseen. Lisäys oli tarpeellinen, kun muistetaan, että keskushallinnon organisaatiot ovat asiantuntijaorganisaatioita, joissa resursseista merkittävä osa käytetään henkilökunnan palkkoihin.

2010-luvun alun tulosohjausuudistus jäi piippuun

Tulosohjaus- ja tilivelvollisuusuudistuksen valuviat tulivat ilmi pian uudistuksen toteuttamisen jälkeen. Tulosprisma taipui heikosti virastoarkeen ja se oli etääntynyt todellisuudesta. Toiminnan jäsentäminen tulosprisman edellyttämällä tavalla oli monissa virastoissa erityisen haastavaa. Vaikka virastot ja laitokset tuottivat suoritteita ja julkishyödykkeitä, ne näkivät itsensä enemmän asiantuntijaorganisaatioina kuin tulosprisman hengessä valtiollisina tuotantolaitoksina. Se, että virastoilta ja laitoksilta kiellettiin yhteiskunnallinen vaikuttavuustehtävä, oli yksi merkittävimmistä uudistuksessa hämmennystä aiheuttaneista yksityiskohdista.

Tähän ongelmaan tartuttiin 2010-luvun alussa, jolloin toteutetussa tulosohjausuudistuksessa keskityttiin uudistuksen nimen mukaisesti ainoastaan tulosohjauksen kehittämiseen. Uudistuksessa ei koskettu tilivelvollisuuteen, jota toteuttavissa prosesseissa olisi niissäkin ollut – ja on edelleen – kehittämisen tarvetta. Raportoinnissa rakenteet ja sanoitukset tulevat tulosprisman maailmasta. Tilivelvollisuudessa korostetaan oikeiden ja riittävien tietojen antamista, jolloin erilaisten kirjelmöintikulttuuria noudattavien vaiheiden ja lausumien jälkeen voidaan yksissä tuumin tulla siihen tulokseen, että virasto on hoitanut tehtävänsä mallikkaasti ja että se on antanut oikeat ja riittävät tiedot toiminnastaan. Tällaisen hallinnollisen tilivelvollisuusjargonin uudistaminen ei olisi pahitteeksi.

Reilun kymmenen vuoden takaisen tulosohjausuudistuksen vaikutukset strategiatyöhön jäivät lähinnä kosmeettisiksi. Vaikka hankkeen loppuraportti (*Kohti strategisempaa, kevyempää, poikkihallinnollisempaa ja yhtenäisempää tulosohjausta*, 2012) sisältää koko joukon kehittämistoimia (yhteensä 12 ehdotusta), jotka siirrettiin uusittuun tulosohjauksen käsikirjaan (2012), uudistuksessa ei onnistuttu korjaamaan järjestelmän isoja valuvikoja. Uudistuksessa lisättiin näennäisesti tulosohjauksen strategisuutta, mutta strategiatyön eli strategian laatimiseen ja strategian toimeenpanoon liittyviä velvoitteita ei viety virastoja ja laitoksia velvoittavaan lainsäädäntöön – tässä tapauksessa talousarvioasetukseen. Keilailutermiä käyttäen 2010-luvun alun tulosohjausuudistusta voisi luonnehtia epäonnistuneeksi paikkoheitoksi. Siinä ei onnistuttu kaatamaan kaikkia niitä keiloja, jotka vuosituhannen alun tulosohjaus- ja tilivelvollisuusuudistus jätti pystyyn. Valtionhallinnon strategisen ohjauksen kehittämisen keila on edelleen pystyssä odottamassa seuraavaa paikkoheittoyritystä.

Yksi merkittävimmistä ongelmista tulosohjauksen strategisuuden kehittämisessä on ollut kehittämisen hallitusohjelmalähtöisyys. Valtioneuvoston sekä osin myös virastoja ja laitoksia ohjaavien ministeriöiden näkökulmasta katsottuna hallitusohjelmaan kirjattujen tavoitteiden toimeenpano on asetettu etusijalle. Tulosohjauksen rakenteita, prosesseja ja yhtenäisiä käytäntöjä on pyritty vahvistamaan siten, että hallitusohjelmaan kirjatut tavoitteet toteutuvat. Virastojen ja laitosten kannalta hallitusohjelman kirjaukset kattavat kuitenkin ainoastaan osan toiminnasta. Näillä organisaatioilla on paljon sellaisia tehtäviä, joita ei ole hallitusohjelmassa linjattu millään tavalla. Esimerkiksi pääministeri Petteri Orpon hallituksen ohjelmassa ei ole sanallakaan otettu kantaa radiotaajuuksiin, niiden hallinnointiin tai taajuuksien käyttöä koskeviin tulevaisuuden tavoitteisiin. Samanaikaisesti liikenne- ja viestintävirasto Traficomissa radiohallinnon tehtävät työllistävät suuren joukon asiantuntijoita. Radiotaajuudet eivät noudata valtionrajoja. Taajuuksien käytön suunnittelu on pysyvä, pitkälle tulevaisuuteen katsova, kansainvälistä yhteistyötä edellyttävä prosessi. Merkittävät päätökset radiotaajuuksien käytöstä ja allokoinneista tehdään 3-4 vuoden välein järjestettävissä maailman radiokonferensseissa (*World radiocommunication conferences WRC*). Konferenssissa tehtävät päätökset linjaavat viestinnän tulevaisuutta myös Suomessa. Yksittäiset asiat ja tavoitteet voivat siten nousta strategiselle tasolle – esimerkkitapauksessani viestintäpolitiikan kontekstissa – vaikka asiasta ei löydy kirjausta hallitusohjelmasta. Vastaavanlaisia esimerkkejä olisi helppo kaivaa esiin jokaisesta virastosta ja laitoksesta.

Tulosohjausuudistuksen onnistumisen astetta on mahdollista arvioida toisesta lähestymiskulmasta kysymällä, miten ja millainen muutos valtionhallinnossa on mahdollista toteuttaa ilman, että talousarvioasetukseen kosketaan? Tästähän loppujen lopuksi tulosohjausuudistuksessa oli kysymys. Tulosohjausta haluttiin aidosti ja vilpittömästi uudistaa, mutta halukkuutta ei löytynyt riittävästi talousarviolainsäädännön avaamiselle. Tätä lähestymistapaa alleviivaamalla uudistuksesta löytyy myös joitakin hyviä aikaansaannoksia. Silti uudistuksen kokonaisvaikutus jää väistämättä kosmeettiselle tasolle, koska uudistukset näinkin merkittävissä julkishallinnon ohjausprosesseissa tulisi viedä normitasolle, mikäli niillä halutaan olevan todellisia muutosvaikutuksia.

Tulosohjausuudistuksessa onnistumisina voidaan pitää seuraavia asioita:

- Virastojen ja laitosten tulossopimukset laaditaan nykyään nelivuoti-
  siksi eli hallituskaudelle, kun ne aiemmin laadittiin vuosittain. Vaikka
  sopimukset ovat monivuotisia, vuotuiset tavoitteet vahvistetaan vuo-
  sittain sen jälkeen, kun eduskunta on hyväksynyt seuraavan vuoden
  budjetin.
- Virastojen ja laitosten tulossopimuksia on kehitetty niin rakenteelli-
  sesti kuin sisällöllisesti. Kehitystyötä on tehty tulosohjausuudistuksen
  viitoittamassa strategisuuden kehittämisen hengessä. Asiakirjojen si-
  sällöissä on toki edelleen merkittäviä eroja hallinnonalojen välillä.
- Tulosohjausverkoston toiminnan kehittäminen on tervetullut uudis-
  tus. Pitkällä aikavälillä hallinnonalojen välisellä verkostomaisella toi-
  mintatavalla voi olla tulosohjauksen laatua ja käytännön toteutusta
  yhtenäistävä vaikutus. Verkostomainen toiminta pohjustaa poikkihal-
  linnollista strategiatyötä, jonka tarvetta on peräänkuulutettu monis-
  sa kehittämishankkeissa. Strategiatyön poikkihallinnollisuuden kehit-
  täminen ja siilojen lopullinen purkaminen edellyttää toki muutoksen
  viemistä tulosohjausta koskevaan lainsäädäntöön.
- Tulosohjauksen yhteisissä periaatteissa korostetaan sitä, että yhteis-
  kunnallinen vaikuttavuus syntyy eri toimijoiden välisen yhteistyön tu-
  loksena. Tällä periaatteellisella tasolla tehdyllä linjauksella oikaistaan
  tulosohjaus- ja tilivelvollisuusuudistuksessa lanseerattu virheellinen
  käsitys yhteiskunnallisen vaikuttavuuden muodostumisesta.
- Tulosohjausuudistuksessa kannustettiin organisaatioita ulkoisten ar-
  viointien sekä itsearviointien käyttöön. Ehdotuksen mukaan hallinno-
  nalakohtainen vastuu arviointitoiminnan koordinoinnista olisi kulla-
  kin ministeriöllä. Ehdotus on kannatettava. Valitettavasti ehdotus ei
  ole toistaiseksi johtanut merkittävään arviointitoiminnan vankistumi-
  seen osana keskusvirastojen toiminnan laadun kehittämistyötä.

Tulosohjausuudistuksessa oli myös ehdotuksia, jotka eivät kestä kriittistä
tarkastelua:

- Strategiakartta-käsitettä käytetään uusitussa tulosohjauksen käsikir-
  jassa tavoitehierarkioita kuvattaessa, jolloin kuvaus ei tuota merkittä-
  vää lisäarvoa. Tavoitteiden hierarkiaa voitaneen pitää julkishallinnossa

itsestäänselvyytenä. Strategiakartan alkuperäinen tarkoitus on osoittaa eri tavoitteiden välisiä syy-seuraussuhteita, ei tavoitehierarkiaa. Käytettäessä strategiakarttaa eri organisaatioille asetettujen tavoitteiden hierarkisessa esityksessä alkuperäisen strategiakartan tuottamaa lisäarvoa ei ole mahdollista saavuttaa.

– Tulosprisman uusi kuvaustapa ei käytännössä muuta mitään. Tulosprisma on avattu talousarvioasetuksessa ja käytännössä sen mukaan on toimittava toimintaa suunniteltaessa ja siitä raportoitaessa. Uusi kuva tulosprismasta linkittyy vahvasti haluttomuuteen avata talousarviolainsäädäntöä muutoksille. Uusi tulkinta on purkkapaikkaus, joka ei kestä aikaa. Ennemmin tai myöhemmin tulosohjaus on avattava isolle remontille, joka ulottuu strategisen johtamisen tasolle.

Strategisuuden lisääminen tulosohjauksessa – mikä käytännössä tulisi muuttumaan?

Sekä hallitusohjelmaa että virastojen ja laitosten tulosohjausta on toivottu kehitettävän strategisempaan suuntaan. Jos hallitusohjelmasta onnistutaan joskus tekemään nykyistä strategisempi, tällä uudistuksella olisi merkittävät heijastusvaikutukset virastojen ja laitosten tulosohjaukseen. Tulosohjausta 2010-luvulla uudistettaessa pyrittiin nimenomaan vahvistamaan hallitusohjelman toimeenpanoa. Strategisempi hallitusohjelma sisältäisi vähemmän yksityiskohtaisia tavoitekirjauksia ja enemmän ylätason strategisia linjauksia, jolloin virastojen suora tarttumapinta hallitusohjelman sisältöön todennäköisesti vähenisi. Käytännössä hallitusohjelman strategisuuden kehittäminen johtaisi väistämättä tarpeeseen uudistaa tulosohjauksen käytäntöjä. On mahdollista, että strategisen hallitusohjelman käyttöönotto pakottaisi jopa tarkistamaan talousarvioasetuksen sisältämiä tulosohjauksen prosesseja. Jos hallitusohjelma olisi nykyistä strategisempi, se tarjoaisi ainoastaan suuntaviivat toiminnalle, jolloin toimeenpanon yksityiskohdat siirtyisivät virastojen ja laitosten tavoiteasetantaan, käytännössä tulossopimuksiin. Mahdollisesti tämä tarkoittaisi myös Säätytalossa käytävien hallitusneuvottelujen merkittävää lyhenemistä, jolloin keskustelut toimeenpanon yksityiskohdista käytäisiin ministeriöiden, virastojen ja tärkeimpien sidosryhmien välisessä vuoropuhelussa. Nykyinen tulosohjausmalli ei tarjoa tähän valmiita ratkaisuja.

Kun puhutaan tulosohjausprosessin keventämisestä, tällä tarkoitetaan ministeriön ja keskusviraston välisen vuoropuhelun kehittämistä sekä erityisesti keskittymistä strategisiin tavoitteisiin. Tavoite on kannatettava. Samanaikaisesti tulee kuitenkin muistaa, että ministeriön ja keskusviraston välisellä rajapinnalla tapahtuva tulosohjaus ja vuorovaikutus on ainoastaan yksi tulosohjauksen tasoista. Tulosohjausta tapahtuu myös virastojen ja laitosten sisällä organisaatioiden sisäisissä johtamisrakenteissa ja -prosesseissa. Jos tavoitteena on vahvistaa strategisella tasolla tapahtuvaa tulosohjausta, samanaikaisesti äärimmäisen tärkeätä on varmistaa, että organisaatioiden johtamisjärjestelmät ovat toimivia. Suunnittelun ja seurannan prosessien tarkoituksena on varmistaa, että tulosohjaus toimii kaikilla sen eri tasoilla sekä sellaisissa asioissa, joita ei ole mahdollista tunnistaa strategisen tason asioiksi. Julkishallinnon tuloksellisuuden kannalta tällä on valtaisa merkitys. Jos ajatellaan, että organisaatio onnistuu strategisen tason tavoitteissa, mutta sillä on samanaikaisesti ongelmia puhtaasti operatiiviselle tasolle sijoittuvien asiantuntijatehtävien toimeenpanossa, kokonaisuutena organisaatio ei suoriudu erinomaisella tasolla. Tulosohjauksen kehittämisen liika hallitusohjelmalähtöisyys tai painottuminen muihin strategisiin tavoitteisiin ei johda parhaaseen mahdolliseen lopputulokseen. Tulevissa uudistuksissa on kokonaisvaltaisesti katsottava ylhäältä alas ohjausprosesseja. Lopulta vastuu kokonaisuuden toimivuudesta jää kunkin organisaation virastopäällikölle, joka tässä tehtävässään vastaa organisaation johtamisjärjestelmän toimivuudesta.

Julkishallinnon strategiatyön kehittäminen

Suomessa julkishallinnon strategiatyön merkittävin haaste on yhtenäisen rakenteen ja systematiikan puuttuminen. Olen tässä kirjassani käsitellyt toisaalla muita merkittäviä haasteita. Esimerkiksi puutteet strategiatyöhön liittyvässä osaamisessa sekä säädöspohjan puuttuminen ovat merkittäviä haasteita. Säädöspohjan puuttuminen on suoraan yhteydessä rakenteeseen ja systematiikkaan liittyvään ongelmaan. Koska kyse on julkishallinnon strategiatyöstä, sen rakenteet ja prosessit tulisi kuvata yhtenäisellä ja kaikkia julkishallinnon toimijoita velvoittavalla tavalla lainsäädännössä.

Ennen kuin voidaan edetä strategiatyön viemiseen kokonaisvaltaisesti säädöksiin, julkishallinnon strategiatyön nykytila tulisi kuvata. Sen jälkeen pitäisi muodostaa tavoitetila, jossa kuvataan strategia-asiakirjojen välinen hierarkia. Hierarkiassa eri tasojen välille tulee luoda syy-seuraussuhteet. Keskeistä on osoittaa, miten ylimmän tason strategisissa asiakirjoissa esitetyt linjaukset välittyvät strategisten asiakirjojen kokonaisuudessa alaspäin eli miten linjaukset muuttuvat käytännön toiminnaksi.

Julkishallinnon strategia-asiakirjojen kokonaisuuden kuvaaminen on vasta ensimmäinen askel strategiatyön kehittämisessä. Tarvitaan myös erinomaisen strategian laatimista käsittelevät suositukset. Näissä suosituksissa otettaisiin huomioon strategiatyön eri tasot. Selonteot, hallitusohjelmat ja valtioneuvoston periaatepäätökset operoivat yhteiskunnassamme ylimmällä tasolla. Olen tässä kirjassani käsitellyt lähinnä organisaatiostrategioita ja etenkin käytännön ohjeeni (kirjan 3. luku) liittyvät organisaatiostrategioiden tekemiseen. Ylimmällä tasolla laadittavat "valtiolliset strategia-asiakirjat" poikkeavat organisaatiostrategioista. Niissä strategiset tavoitteet eivät operoi samalla konkreettisella tasolla kuin organisaatiostrategioiden sisältämät tavoitteet. Tämä on täysin ymmärrettävää ja tulee huomioida julkishallinnon strategiatyötä käsittelevissä suosituksissa.

Strategiatyön kokonaisuus tulisi kuvata siten, että strategian laatimiselle pitää aina pyytää ja saada hyväksyntä ylemmältä tasolta. Strategioita ei voi ilmestyä kuin sieniä sateella. Hyväksymisprosessiin liittyisi strategian tarkoituksenmukaisuuden valvonta. Lisäksi tässä prosessissa ohjattaisiin strategian laatimisesta vastaava organisaatio noudattamaan yhteisiä rakenteita ja strategiatyön laatukriteerejä.

Yhteisen prosessin ja strategiatyön sisältöön liittyvien suositusten lisäksi tarvitaan strategiatyön kehittämisen tiekartta. Muutos julkishallinnon strategiatyössä toteutettaisiin säädösten uusimisen yhteydessä. Tiekartalla kuvattaisiin muutostyön aikataulu. Esimerkiksi yksittäisistä keskusvirastoista annettuja säädöksiä uusittaessa tulisi tehdä muutokset myös strategiatyötä koskeviin kohtiin, joita virastoista annetuissa säädöksissä on vaihtelevasti. Tulevaisuudessa kaikkia keskusvirastoja tulee ohjata yhtenäisesti myös säädöstasolla. Suurin haaste tulee olemaan nykyisen tulosohjausmallin uudistaminen. Tässä keskeisin yksittäinen asetus on *Asetus valtion talousarviosta*, joka sisältää yksityiskohtaisen kuvauksen tulosohjausprosessista. Huomionarvoista – ja olen tuonut tämän esille edellä omassa kappaleessaan – on kyseisen asetuksen sisältämä ajatus tulosprismasta, joka lanseerattiin vuosituhannen alussa, sekä tieto siitä, ettei asetuksesta löydy *strategia*-sanaa tai mitään muutakaan muotoilua, jolla ohjattaisiin strategiatyötä valtionhallinnossa.

Puutteet toimivat kehityksen esteenä

Julkishallinnon strategiatyön yhtenäisyyteen, prosesseihin, rakenteisiin ja sisältöihin liittyvien normien ja ohjeiden puuttumisella on huomattavat vaikutukset. Voidaan myös todeta, ettei julkishallinnon johtaminen ole erityisen strategista, jos strategisuudella tarkoitetaan laadukasta strategiatyötä ja strategioiden käyttämistä muutosjohtamisen välineinä.

Heikkolaatuisella strategiatyöllä on suora vaikutus julkishallinnon toiminnan yhteiskunnalliseen vaikuttavuuteen. Selkeämpi ja jämäkämpi strategiatyön kokonaisrakenne tehostaisi julkishallinnon toimintaa, lisäisi tuloksellisuuden ja vaikuttavuuden läpinäkyvyyttä ja lopulta johtaisi parempaan lopputulokseen koko yhteiskunnassamme.

Strategiatyön selkeyttäminen ja strategiadokumenttien välisten yhteyksien kirkastaminen saattaisi vähentää vaikutusmahdollisuuksia sekä politiikassa että virkakunnassa. Strategiatyön repaleisuus voidaan joissakin piireissä nähdä mahdollisuutena. Jos kaikki speksataan tarkasti, liikkumavara saattaa vähentyä.

Yksi merkittävä puute valtionhallinnossa liittyy talousarvioasetuksessa kuvattuun tulosohjausmalliin. Olen käsitellyt tätä asiaa edellä omassa kappaleessaan. Talousarvioasetuksen uusiminen saatetaan kokea hankalaksi ja jopa riskejä sisältäväksi savotaksi. Riskien välttämiseksi halutaan jatkaa samalla vanhalla mallilla, jonka toimimattomuus on havaittu jo vuosia sitten.

Yhtenäisten käytäntöjen ja rakenteiden puute näkyy monissa asioissa. Käsittelen seuraavissa kappaleissa strategiatyön yhtenäisyyden puutteen vaikutuksia osaamisen kehittämiseen ja rekrytointeihin. Lisäksi valaisen strategiatyön kehittymisen ja yhteishankintojen välistä yhteyttä.

Osaamisen kehittämisestä ja rekrytoinneista

Julkishallinnossa voidaan monesta eri syystä päätyä pohtimaan strategiatyössä tarvittavan asiantuntemuksen hankkimista organisaation ulkopuolelta. Kyse on käytännössä joko strategiatyössä tarvittavan resurssin tai asiantuntemuksen puutteesta – tai pahimmassa tapauksessa näistä molemmista samanaikaisesti.

Organisaatiosta ei välttämättä löydy vapaita käsipareja, jotka voitaisiin osoittaa strategiaprojektin käytännön toteutukseen (esim. projektipäälliköksi) tukemaan ylimmän johdon työskentelyä. Strategiatyön osaamisvajeet puolestaan voivat koskea esimerkiksi koko ylintä johtoa tai ne voivat liittyä strategiatyön tukeen (projektipäällikön tehtävässä tarvittava osaaminen) tai strategiaprojektin yksittäisiin sisältöihin ja vaiheisiin. Jos organisaatiosta ei löydy esimerkiksi toimintakulttuurin kehittämiseen (arvot) liittyvää osaamista, sitä hankitaan tavalla tai toisella organisaation ulkopuolelta. Joskus erityisen herkissä asioissa ulkopuoliseen konsulttiapuun turvaudutaan, jotta asian käsittely tapahtuisi mahdollisimman neutraalilta pohjalta (esim. jos organisaatiossa on tulehtunut ilmapiiri).

Strategiatyön osaamista on mahdollista hankkia organisaation ulkopuolelta omien asiantuntijoiden osaamista kehittämällä (koulutus), uusia asiantuntijoita rekrytoimalla tai asiantuntijaresursseja ostamalla (konsulttien käyttö). Julkishallinnon strategiatyössä henkilöstön oman osaamisen kehittämisen ja strategiatyön asiantuntijoiden rekrytoimisen tulisi olla ensisijaisia vaihtoehtoja. Näin toimittaessa vahvistetaan organisaation omaa kyvykkyyttä tehdä strategiatyötä myös tulevaisuudessa. Joillakin strategiatyön kapeilla osaamisalueilla (esim. skenaariotyö) on usein perusteltua käyttää ulkopuolista asiantuntija-apua. Jos kyse on erikoisosaamisesta, jota tarvitaan todella harvoin, organisaation omaa kyvykkyyttä ei kannata merkittävästi lähteä vahvistamaan. Samanaikaisesti on kuitenkin hyvä tiedostaa, että jokainen strategiaprojektissa pistemäisesti ulkopuolisin voimin toteutettu työvaihe tarjoaa mahdollisuuden osaamisen syventämiselle.

2020-luvun julkishallinnon talouskurimuksen keskellä sellaista vaihtoehtoa ei saisi olla, että strategiatyö ja siinä kehittyminen laitettaisiin sivuun ja jäätäisiin odottamaan parempia aikoja, kunnes asiaan taas palataan. Tilanne on täysin päinvastainen: nyt jos koskaan tarvitaan strategiatyötä ja sen terävöittämistä! Kun juustohöylä käy kylässä, jäljelle jäävien resurssien kohdentamista ja käyttöä on pohdittava huolella. Laadukkaasti toteutetun strategiatyön keinoin on mahdollista tuottaa ratkaisuja hankaliin kysymyksiin. Laadukas strategia toimii myös välineellisenä tukena hankalista valinnoista viestittäessä.

Strategiatyössä tarvittavan asiantuntemuksen kehittämiseen ja hankkimiseen liittyy merkittäviä käytännön haasteita. Näiden haasteiden juurisyyt ulottuvat systeemitasolle. Koska julkishallinnossa ei ole olemassa yhtenäisiä strategiatyön rakenteita, prosesseja, (hyviä) käytäntöjä tai laatukriteerejä, tarjolla olevien koulutussisältöjen arvioiminen ja vertailu on haastavaa. Samoihin haasteisiin törmätään johtajia ja strategia-asiantuntijoita rekrytoitaessa.

Johtamis- ja strategiakoulutuksissa strategiatyötä lähestytään valitettavan usein teoriapainotteisesti akateemisesta tulokulmasta. Vähemmän on tarjolla sellaisia koulutuksia, joissa strategian laatimista tarkasteltaisiin käytännönläheisesti nimenomaan julkishallinnon tulokulmasta katsottuna. Ja aivan kuten tämä strategiatyötä käsittelevä kirjani, jokainen koulutuskokonaisuus perustuu yksittäisen asiantuntijan näkemykseen strategiatyön tekemisestä. Kaikissa koulutuksissa sisältöä ei edes pyritä tuomaan suomalaisen julkishallinnon kontekstiin.

Johtajia ja strategia-asiantuntijoita rekrytoitaessa strategiatyöhön liittyvän osaamisen arvioiminen on usein pulmallista. Rekrytointikonsultilla ei ole käytännössä mitään mahdollisuuksia arvioida hakijakandidaatin esittämien strategiatyön referenssien laatua eli hakijan konkreettisia näyttöjä strategisesta johtajuudesta, ellei konsultilla ole työkokemusta julkishallinnon organisaatioiden strategiatyöstä ja tulosohjauksesta. Jos rekrytointi toteutetaan organisaation sisällä alusta loppuun, viraston oman HR-asiantuntijoiden valmiudet arvioida hakijoiden esittämien referenssien laatua ovat niin ikään rajalliset.

Yhteishankintojen strategiatyötä kehittävästä vaikutuksesta

Julkishallinnon yhteishankintayksikkö Hansel Oy:n tavoitteena on säästää yhteiskunnan varoja lisäämällä tuottavuutta koko julkishallinnon hankintatoimeen. Säästötavoite on kannatettava. Hansel Oy on liki 20 vuoden ajan kilpailuttanut johdon konsultointipalvelut. Aiemmin johdon

konsultointipalvelujen kilpailutus toteutettiin nelivuotisena puitejärjeste-
lynä. Puitejärjestelyt on sittemmin korvattu dynaamisella hankintajärjes-
telmällä (DPS), joka kattaa huomattavan pitkän ajanjakson (2024-2032).
Kriteerit täyttävillä toimittajilla on mahdollisuus liittyä johtamisen ja ke-
hittämisen konsultoinnin dynaamisen hankintajärjestelmän piiriin koko
sen voimassaolon ajan. Aiemmin puitejärjestelyt olivat suljettuja eli niihin
ei hyväksytty uusia palveluntoimittajia sen jälkeen, kun toimittajavalinnat
oli tehty.

Johtamisen ja kehittämisen konsultoinnin DPS-hankintajärjestelmässä
palvelualueilta ovat: Johtaminen, työyhteisöt ja esihenkilötyö; Strategian,
prosessien, toiminnan ja palveluiden kehittäminen; Kestävän kehityksen ja
vastuullisuuden konsultointi; Hanke- ja projektihallinta; sekä Analyytik-
ko- ja tutkimuspalvelut. Hansel Oy on arvioinut, että dynaamisen hankin-
tajärjestelmän kautta tehtävien johdon ja kehittämisen konsultoinnin han-
kintojen yhteisarvo kaudella 2024-2032 on korkeintaan 400 milj. euroa.

Johtamisen ja kehittämisen konsultoinnin palveluntoimittajilta edellyte-
tään vähintään 500 000 euron vuotuista liikevaihtoa. Lisäksi toimittajien
tulee esittää vähintään kahdeksan referenssiä yhdeltä tai useammalta han-
kintakokonaisuuden aihealueista. Referenssitoimeksiannoista kolmen on
oltava vähintään 70 000 euron suuruisia sekä viiden vähintään 40 000 eu-
ron suuruisia.

Strategiatyön kehittämisen näkökulmasta tarkasteltuna Hansel Oy:n johta-
misen ja kehittämisen konsultointia koskevaan dynaamiseen hankintajärjes-
telmään liittyy monia haasteita. Hankintajärjestelmän pääviesti on hämmen-
tävä: johtamisen ja kehittämisen konsultointi on kallista ja yksittäiset toimek-
siannot ovat minimissään useiden kymmenien tuhansien eurojen arvoisia.
Kokonaisuuteen sisältyvissä palvelualueissa on toki eroja. Esimerkiksi han-
ke- ja projektihallinnassa sekä analyytikko- ja tutkimuspalveluissa organisaa-
tion ulkopuolelta hankitulle asiantuntemukselle on selkeästi laajemmin tar-
vetta. Tällaiset palvelut helposti myös maksavat kymmeniä tuhansia euroja.
Sen sijaan useilla palvelualueilla asiantuntemusta pitäisi valmiiksi löytyä or-
ganisaation sisältä, jolloin tarvetta massiivisille konsultointitoimeksiannoille
ei pitäisi olla. Etenkin strategiatyön ja prosessien sekä kestävän kehityksen ja
vastuullisuuden kehittämisessä tulisi tähdätä siihen, että organisaatiolla olisi
riittävästi asiantuntemusta näiden kokonaisuuksien itsenäiseen hoitamiseen.

Kun referenssitoimeksianto koskee strategian kehittämistä, Hansel Oy:llä ei ole minkäänlaisia edellytyksiä arvioida referenssitoimeksiannon laatua eli palveluntoimittajan tuella julkishallinnon organisaatiolle tuotetun strategian laatua, sen toimeenpanon onnistumista tai strategiatyöhön liittyvän osaamisen kehittymistä hankinnan tehneessä organisaatiossa. Hankinnan euromääräinen suuruus on todennettavissa. Samoin toimeksiannon kohdeorganisaatio. Voidaan siis korkeintaan todeta, miten isosti strategiatyötä on tehty jossakin julkishallinnon organisaatiossa. Ei kuitenkaan ole Hansel Oy:n vika, ettei referenssien laadullinen arviointi on mahdollista. Jos ja kun julkishallinnon strategiatyötä ei ole normein ja ohjein yhtenäistetty, laadulliseen arviointiin ei ole olemassa kriteeristöä, johon nojata.

Parhaimmillaan Hansel Oy:n rooli strategiatyön kehittämisessä voisi olla todella merkittävä. Jos julkishallinnon strategiatyön normiohjausta onnistutaan joskus kehittämään ja jos normien päälle luodaan yhtenäisiä rakenteita, suosituksia ja parhaita käytäntöjä, nämä yhdessä voisivat muodostaa kriteerit strategiatyön kehittämisen yhteishankintoihin kelpuutettaville palveluntoimittajille. Näin toteutettuna julkishallinnon strategiatyön muutos tapahtuisi julkishallinnon organisaatioiden lakisääteisiä velvoitteita tarkentamalla sekä yhteishankintayksikön toimintaa ohjaten. Strategisen kehittämisen konsultointitoimeksiannoissa yhteishankintayksikkö kävisi ensin läpi julkishallinnon strategiatyön vaatimukset ja tämän jälkeen hankintayksikkö vielä erikseen arvioisi yhteishankintayksikön tarjoamien vaihtoehtoisten palveluntoimittajien antamat näytöt strategiatyön konsultoinnissa onnistumisessa.

Kun organisaatioiden oma osaaminen strategiatyössä kehittyy, tarve tehdä merkittäviä hankintoja vähenee. Uudistuksessa luodut yhtenäiset vaatimukset helpottaisivat myös yhteishankintayksikön toimintaa, jolloin palveluntoimittajilta saatu strategian kehittämisen konsultointituki paremmin ja aiempaa yhtenäisemmällä tavalla voisi vastata julkishallinnon tarpeisiin. Todennäköisesti tällainen kehitys johtaisi merkittäviin säästöihin hankintatoimessa. Ja on sanomattakin selvää, että strategiatyössä kehittyminen lisäisi julkishallinnon organisaatioiden toiminnan yhteiskunnallista vaikuttavuutta.

Asiantuntijasta strategiseksi johtajaksi

Suomessa julkishallinnon johtotehtäviin on useita erilaisia urapolkuja. Yksi tyypillisimmistä on eteneminen julkishallinnon sisällä ensin asiantuntija- tehtävistä esihenkilöksi ja tästä edelleen johtajaksi. Johtamiseen ja strate- giatyöhön liittyviä oppeja ammennetaan uran edetessä vaihtelevasti erilai- silta kursseilta, valmennuksista ja kirjallisuudesta. Ainoastaan murto-osa julkishallinnon johtajista on suorittanut yliopistotasoisen perustutkinnon, johon sisältyy pää- tai sivuaineopintoja johtamisesta ja strategiatyöstä.

Johtajia rekrytoitaessa valintakriteereissä muistetaan usein mainita ko- kemus strategisesta johtamisesta. Yhtenäisiä käytäntöjä strategisen johta- misen arvioinnille ei kuitenkaan ole olemassa. Arviointitavat vaihtelevat eri julkishallinnon organisaatioiden välillä. Lisäksi rekrytointiprosessissa avus- tavilla yrityksillä on jokaisella omat arviointikäytäntönsä.

Edellä kerrottua vasten on helppo ymmärtää, että julkishallinnon orga- nisaatioissa johtoryhmän jäsenten näkemykset strategiatyöstä poikkeavat merkittävästi toisistaan. Tyypillisesti osalla johtoryhmän jäsenistä ei ole lainkaan aikaisempaa kokemusta strategiatyöstä, mutta intoa ja itsevar- muutta saattaa löytyä sitäkin enemmän. Osalla johtoryhmän jäsenistä saat- taa olla kokemusta strategiatyöstä, mutta kokemukset ovat karttuneet eri organisaatioissa. Koska lähtötiedoissa ja -osaamisessa on merkittäviä eroja johtoryhmän jäsenten välillä, strategiaprojektin alussa yhteisen näkemyk- sen muodostaminen on välttämätöntä.

Kokemukseni mukaan vaarallisin yhdistelmä on se, jos johtajalla ei ole pienintäkään käsitystä strategiatyön perusteista, mutta hänellä on valta- vasti intoa ja itseluottamusta. Kun tällaisia johtajia laitetaan samaan johto- ryhmään useampia, työskentely muodostuu erittäin raskaaksi. Se on raskas- ta sekä koko johtoryhmälle että strategiatyöstä vastaavalle viraston asian- tuntijalle.

Kaupallisten rekrytointiyritysten tehtävänä on arvioida henkilöiden sovel- tuvuutta avoinna olevaan virkaan tai tehtävään. Rekrytointikonsultit ovat henkilöarvioinnin ammattilaisia. Kun avoinna on johtajan virka tai tehtävä, rekrytointikonsultit arvioivat henkilöä peilaten niihin ominaisuuksiin, joi- ta hyvä johtajuus edellyttää. Rekrytoinnin ammattilaiset eivät ole julkishal- linnon strategiatyön asiantuntijoita. He eivät ole päteviä arvioimaan, mil- laisella tasolla henkilö on suoriutunut strategiatyöstä. Rekrytointikonsultit voivat siten ainoastaan todeta, onko henkilö tehnyt aiemmin strategiatyötä ja miten paljon. Tämän tekemisen laatukriteerit eivät tule esille arviointiprosessissa.

Tämän kirjan yhtenä tavoitteena on tukea sellaisia asiantuntijoita, jotka urallaan etenevät esihenkilöiksi ja lopulta johtajiksi. Uran edetessä strategiatyöhön liittyvän työn määrä ja vastuut kasvavat. Asiantuntijaroolissa on mahdollista osallistua organisaation strategiaprojektiin sen koko henkilöstöä osallistavassa vaiheessa. Urapolun toisessa päässä virastopäällikkönä tai vastuualueen johtajana vastuu strategiatyöstä on merkittävä. Tällöin on ymmärrettävä, mistä strategiatyössä on kysymys ja miten siinä on mahdollista suoriutua erinomaisella tasolla. Kirjani antaa vastauksia tähän haasteeseen. Yhtä lailla tämä kirja voi toimia myös tukena henkilöarvioinnin kehittämisessä. Rekrytointikonsultit ovat huippuammattilaisia arvioimaan ihmisten *soveltuvuutta* erilaisiin tehtäviin. Sen sijaan henkilön *pätevyyden* arvioimisessa etenkin julkishallinnossa tehtävän strategiatyön osalta on vielä kehittämisen varaa.

Kenellä vastuu kehittämisestä?

Ei ole lainkaan epäselvää, miten ja missä julkishallinnon strategiatyön kehittämiseen tulisi tarttua. Eduskunta säätää lait ja lakien valmistelu tehdään ministeriöissä. Valtiovarainministeriö vastaa julkishallinnon ohjausrakenteiden kehittämisestä. Jos strategiatyön laatua halutaan kehittää, asian valmistelu tulisi käynnistää valtiovarainministeriössä. Uskon, että valtiovarainministeriöstä löytyy riittävästi motivaatiota strategisen johtamisen kehittämiseen, sillä kyse on samanaikaisesti myös läpinäkyvyyden, vaikuttavuuden ja resurssitehokkuuden kehittämisestä.

Tämän kehittämishaasteen vaikeuskerrointa nostaa asian mittaluokka sekä asiaan kytkeytyvä poliittinen päätöksenteko. Julkishallinnon strategiatyön kehittäminen kattaa koko julkisen sektorin. Julkista sektoria ohjaava lainsäädäntö on runsas ja uudistuksia pitäisi tehdä kymmeniin, ellei peräti satoihin säädöksiin. Aiemmin mainitsemani strategiatyön kehittämisen tiekartta ohjaisi tätä uudistustyötä. Ennen kuin asia voidaan viedä tiekartalle, tarvitaan poliittinen yhteisymmärrys strategiatyön jämäköittämisen tarpeesta. On mahdollista, että asian kehittäminen tyssää tähän. Esimerkiksi aluepolitiikan ja alueellisen itsehallinnon näkökulmasta katsottuna nykyiset hyvinvointialueisiin liittyvät ratkaisut ovat joidenkin mielestäni tarkoituksenmukaisia. Monille poliittisille päätöksentekijöille ja virkahenkilöille talousarviolainsäädännön avaaminen on punainen vaate. Nykyisen ohjausjärjestelmän merkittävät puutteet ja ongelmat nähdään pienempänä pahana verrattuna siihen, mitä lainsäädännön avaaminen voisi tuoda mukanaan. Kyse on siis siitä, että valinta halutaan tehdä ruton ja koleran välillä, mutta vaihtoehtona ei haluta nähdä taudeista eroon pääsemistä. Vaikka hartaasti toivon, että julkishallinnon strategiatyön kokonaisvaltainen uudistus näkisi jonakin päivänä päivänvalon, en löisi kovinkaan suurta summaa vetoa asian toteutumisen puolesta.

Asian herättelemiseksi ja sen pinnalla pitämiseksi voidaan kuitenkin tehdä erilaisia sormiharjoituksia. Suomen itsenäisyyden juhlarahasto Sitra on viime vuosien aikana profiloitunut valtiolliseksi ajatushautomoksi. Sitrassa on myös luotu organisaation toiminnan kehittämistä tukevia työvälineitä. Onko olemassa mitään estettä sille, jos Sitrassa aktivoiduttaisiin pohtimaan tarkemmin tässä kirjassa esille tuomiani haasteita? Sitran johdolla voitaisiin esimerkiksi laatia opas (suositus) *Näin teet strategiatyötä suomalaisessa julkishallinnon organisaatiossa.* Ensimmäinen askel on otettava. Pienikin askel voisi olla ratkaiseva, jotta strategiatyön kehittäminen saataisiin käyntiin.

Mitä julkishallinto voisi oppia pörssiyrityksiltä?

Arvopaperimarkkinalaissa (746/2012) on säädetty pörssiyhtiöiden tiedonantovelvollisuudesta. Minimissään pörssiyhtiöiden tulee raportoida puolen vuoden välein taloudestaan ja tuloksellisuudestaan. Puolivuotiskatsaus (osavuosikatsaus) on laadittava ensimmäiseltä vuosipuoliskolta ja koko vuodelta on laadittava tilinpäätös ja toimintakertomus. Useimmat pörssiyhtiöt laativat osavuosikatsauksen myös ensimmäiseltä ja kolmannelta kvartaalilta eli raportointia tehdään käytännössä kvartaaleittain.

Arvopaperimarkkinalaissa ei ole suoria viittauksia pörssiyhtiöissä tehtävään strategiatyöhön. Koska pörssiyhtiöissä strategiatyö on osa yhtiöiden toiminnan DNA:ta, tiedonantovelvollisuutta toteuttavissa raporteissa strategian toimeenpano nousee esille tämän tästä. Pörssiyhtiöissä strategia on se viitekehys, jota vasten toiminnan tuloksellisuutta arvioidaan.

Onnistumisista ja haasteistakin muistetaan mainita. Sijoittajien näkökulmasta strategian toimeenpanossa onnistuminen on tärkeässä roolissa. Strategia on julkilausuttu suunnitelma, jonka mukaisesti yhtiön toimintaa johdetaan ja kehitetään. On reilua kertoa sijoittajille, miten strategian toimeenpanossa on edistytty.

Vastaavalla tavalla julkishallinnossa tulisi nykyistä enemmän kiinnittää huomioita strategian toimeenpanon etenemiseen. Talousarvioasetuksen mukainen raportointi ei sisällä velvoitteita, jotka koskisivat strategian toimeenpanosta viestimistä. Keskusvirastot raportoivat toiminnallisesta tuloksellisuudestaan ja yhteiskunnallisesta vaikuttavuudestaan. Osa virastoista nostaa toimintakertomuksessaan esille myös strategian toimeenpanossa onnistumisen. Tällainen raportointi perustuu täysin virastojen omaan harkintaan, koska talousarvioasetus tai sitä toimintakertomuksen laatimisen osalta tarkentava ohje eivät tätä edellytä. Ohje sisältää ainoastaan kevyen viittauksen sellaisiin tuloksellisuustietoihin, joilla voi olla yhteyttä strategian toimeenpanoon. Strategian toimeenpanoa kokonaisuutena ei velvoiteta arvioimaan tai raportoimaan vuosittain laadittavassa toimintakertomuksessa.

Pörssiyhtiöiden sijoittajia kiinnostaa yhtiön onnistuminen strategian toimeenpanossa. Vastaavalla tavalla kansalaisten näkökulmasta olisi kiinnostavaa, miten julkishallinnon organisaatiot ovat onnistuneet strategisten tavoitteidensa toimeenpanemisessa. Julkishallinnon tuloksellisuutta koskevissa viestinnällisissä ulostuloissa soisikin näkevän nykyistä enemmän viittauksia strategisten tavoitteiden toimeenpanossa onnistumiseen. Nykytilanteessa, jossa julkishallinnon strategiat ovat laadultaan keskimäärin kovin vaatimattomia, tähän on liki mahdotonta päästä. Strategiatyötä olisi ensin kehitettävä ja yhtenäistettävä, jonka jälkeen strategioita koskevaa viestintää on mahdollista kehittää.

Mahdollisuus erottautua ja loistaa

Strategiatyön terävöittäminen tarjoaa julkishallinnon organisaatioille mahdollisuuden erottautua massasta. Jämäkkä strategiatyö huomataan organisaation ulkopuolella. Laadukas strategia ja sen systemaattinen ja tuloksellinen toimeenpano vahvistavat organisaation imagoa. Tällainen toiminta antaa myös vahvan signaalin erinomaisesta johtajuudesta. Kuva jämäkästi johdetusta organisaatiosta on tavoittelemisen arvoinen. Tällainen muutos ei tapahdu vippaskonstein, vaan strategiatyötä on aidosti vietävä eteenpäin. Strategiatyötä laadukkaasti tekevän organisaation johtajille on kysyntää. Jämäkästi tehtävällä strategiatyöllä on siten myös yksilön urakehitystä vahvistava vaikutus.

3. Näin teet strategiatyötä jämäkästi

Kirjan kolmas luku on suunnattu niille julkishallinnon johtajille ja asiantuntijoille, joilla on vahva tahtotila kehittää organisaationsa strategiatyötä sekä osaamista strategiatyössä henkilökohtaisella tasolla. Näissä organisaatioissa ei haluta jäädä odottamaan strategiatyön normiohjauksen kehittymistä, yhtenäisten käytäntöjen syntymistä tai muiden organisaation ulkopuolisten esteiden poistumista. Strategiatyön kehitysloikka halutaan ottaa välittömästi. Strategiasta halutaan tehdä aidosti muutosjohtamisen väline.

Keskityn tässä luvussa organisaatiostrategioiden laatimiseen. Esitykseni perustuu käytännön kokemuksiini julkishallinnon strategiatyöstä. Organisaatiostrategiat poikkeavat merkittävästi esimerkiksi selonteoista ja periaatepäätöksistä. Erot näkyvät sekä näiden eri strategisten asiakirjojen valmistelussa että lopputuloksessa ja toimeenpanossa. Antamistani neuvoista osa on sovellettavissa laajasti eri tasoilla tehtävässä strategiatyössä. Riippumatta siitä, mihin aiot soveltaa strategiatyön oppeja, sisältöön kannattaa suhtautua kriittisesti. Kaikki opit on pyrittävä asemoimaan omaan organisaatioon ja sen toimintaympäristöön.

Strategiatyössä on lukuisia eri asioita, joihin on otettava kantaa tai jotka on ratkaistava. Tarkoitukseni on tässä luvussa valaista kattavasti strategiatyön eri osa-alueita ja yksityiskohtia. Tärkeimmät asiat koskevat strategian sisältöä, mutta strategiatyön etenemisen kannalta on tärkeätä tehdä myös käytännön työhön liittyviä linjauksia. Strategiatyötä tulee tehdä jämäkästi. Tekemisen painopisteen tulee olla sisältökysymyksissä.

Tämän luvun alaotsikot ovat imperatiivissa (yks. 3. pers.). Huutomerkit olen jättänyt pois. Persoonapronominin valintaan liittyy yksi ainoa merkitys: strategiatyön yksityiskohdista on päätettävä. Suuressa osassa julkishallinnon organisaatioita viime kädessä virastopäällikkö vastaa tehtävistä linjauksista. Linjaukset on tehtävä myös niissä organisaatioissa, joissa päätöksenteosta vastaa johtoryhmä kokonaisuutena tai vaikkapa vaaleilla valittu luottamuselin. Jos strategiatyötä ei käytännön tasolla linjata, strategiatyö on ajelehtimista, mikä väistämättä näkyy lopputuotoksessa eli strategiassa ja sen toimeenpanossa. On ymmärrettävä, mitä käytännön valintoja on tehtävä, jotta strategiaprojektin lopputuotoksena syntyy laadukas ja toimeenpantavissa oleva strategia.

Kirjan kolmas luku jäsentää strategiatyön yksityiskohtaiselle tasolle ja toimii siten samalla strategiatyön muistilistana. Listaus on kattava, mutta se ei ole täydellinen. Kun tässä luvussa esitellyt asiat on käyty läpi ja kun ne on linjattu organisaation kannalta tarkoituksenmukaisella tavalla, on luotu erinomaiset edellytykset strategiatyössä onnistumiselle.

Varmista tahtotila

Vaikka ei ole olemassa yhtä ainoata tapaa tehdä strategiatyötä, yksi laadukkaan strategiatyön kriteeri määrittää vahvasti strategiatyössä onnistumista. Tarvitaan vahva tahtotila strategiatyön tekemiseen ja strategian toimeenpanemiseen. Organisaation ylimmän johdon tulee yhteisesti jakaa tämä tahtotila.

Jos yksikin ylimmän johdon jäsenistä ei sitoudu tähän tahtotilaan, ennusmerkit strategian toimeenpanolle ovat heikot. Strategiatyössä onnistumisen määrittelee ylimmän johdon heikoin lenkki. Yksikin johtaja, joka ei sitoudu yhteiseen tekemiseen, vesittää todennäköisesti koko strategian tekemisen ja toimeenpanon. Heikko asenne ja sitoutumisen puute tarttuvat muihin.

Vahva tahtotila strategian tekemiseen ei yksin riitä. Kapeasti ymmärrettynä vahva tahtotila voi johtaa vaaralliseen lopputulokseen: kun strategiatyötä tehdään jämäkästi mutta vaillinaisella ymmärryksellä strategiatyön perusteista, ainekset ovat olemassa samanaikaisesti sekä katastrofille että komedialle. Vahva tahtotila tuleekin ymmärtää siten, että se kattaa myös kiinnostuksen ja halun strategiatyön perusteisiin perehtymistä ja haltuunottoa kohtaan.

Virastopäällikön tehtävänä on järjestää ja johtaa keskustelu strategiatyöhön liittyvästä tahtotilasta omassa johtoryhmässään. Hänen tulee varmistaa, että tahtotila on olemassa. Tahtotila muodostetaan keskustelun kautta siten, että jokainen johtoryhmän jäsen lopulta jakaa sen.

Muodosta yhteinen ymmärrys

Ylimmän johdon yhteistä ymmärrystä strategiatyön perusteista on välttämätöntä kirkastaa ennen strategiaprojektin käynnistämistä. Keskeistä on ymmärtää, miten strategia laaditaan julkishallinnossa, miten organisaation strategia kiinnittyy ohjauskokonaisuuteen ja mikä on organisaation strateginen liikkumavara. Johtoryhmässä on hyödyllistä käydä myös keskustelut tulevan strategiaprojektin vaiheista ja tärkeimmistä välituotoksista sekä siitä, miten strategiaprojekti aiotaan resursoida. Alustavasti on myös hyvä hahmottaa tulevan strategian rakenteita ja pääelementtejä. Konkreettisesta lopputuloksesta puhuminen auttaa ymmärtämään strategiaprojektia, jonka aikana lopputulos tuotetaan. Johtoryhmän tulee keskustella hyvissä ajoin ja mahdollisimman konkreettisella tasolla myös strategian toimeenpanosta.

Jämäkkä strategiatyö – Ratkaisuja julkishallinnon strategiatyön haasteisiin -kirjan tavoitteena on tukea yhteisen ymmärryksen muodostumista. Kirja toimii muistilistana kaikista niistä asioista, joista johtoryhmässä on keskusteltava. Osa asioista on linjattava ennen strategiaprojektin aloittamista. Moniin asioista on otettava kantaa strategiaprojektin aikana tai sen jälkeen. Mitä enemmän asioita jätetään keskustelun ulkopuolelle yhteistä ymmärrystä muodostettaessa ja tulevaa tekemistä linjattaessa, sitä suuremmaksi kasvaa strategiatyössä epäonnistumisen todennäköisyys.

Tee itse ja opi tekemällä

Kun yhteinen tahtotila ja ymmärrys strategiatyöstä on muodostettu, johtoryhmän ensimmäinen konkreettinen linjaus koskee strategiatyön käytännön toteutusta kokonaisuutena. Tämä linjaus on jo saatettu muodostaa yhteistä ymmärrystä kirkastettaessa. Johtoryhmän ja viime kädessä virastopäällikön tulee ratkaista, tehdäänkö strategia täysin omin voimin vai turvaudutaanko kokonaan tai joiltain osin ulkopuoliseen asiantuntija-apuun.

Mielestäni strategiatyöstä mahdollisimman suuri osuus kannattaa tehdä organisaation omin voimin. Strategiatyön tekeminen kädet savessa on paras tapa oppia. Yhteinen oppimiskokemus lisää organisaation strategiatyön osaamispääomaa.

Strategiatyö kuuluu johtajan tehtävänkuvaan, ja tässä tehtävässä kehittymistä tukee itse tehty strategiatyö. Strategiaprojektissa on paljon eri vaiheita, joiden valmisteluvastuita on mahdollista jakaa organisaatioissa asiantuntijoille eli kaikkea ei johtajien todellakaan tarvitse tehdä itse. Valmisteluvastuiden jakaminen kehittää organisaatiossa strategiatyöhön liittyvää osaamista.

Jos koko strategiaprojekti tilataan avaimet käteen -toteutuksena organisaation ulkopuolelta, projekti ei tarjoa mahdollisuuksia oppimiselle yhtä paljon kuin itse toteutettu projekti. Jos konsultti toimii projektipäällikkönä ja jos konsultin tarjoama projektisuunnitelma otetaan kritiikittömästi ja sellaisenaan vastaan, organisaation johto on ojentanut strategiatyön avaimet konsultille eikä se enää itse istu kuskin paikalla.

Toteutustavasta riippumatta organisaation ylimmälle johdolle jää aina tärkein tehtävä: strategian sisällöstä päättäminen. Vastuu strategiaan sisällytettävistä valinnoista, linjauksista ja painotuksista sekä niiden sanoituksista kuuluu aina ylimmälle johdolle. Samoin strategian toimeenpano ja sen seuranta. Se, miten strategiaprojekti organisoidaan ja toteutetaan käytännössä, vaikuttaa myös sisältöihin. Siksi on tärkeätä, että tekeminen pidetään isosti omissa hyppysissä, eikä ratkaisun avaimia anneta organisaation ulkopuolelle.

Ulkopuolisen avun eli konsulttien käyttäminen strategiaprojektin tukena on perusteltua silloin, kun organisaatiolla ei ole strategiatyön historiaa tai kun strategiatyössä on koettu aiemmin merkittäviä epäonnistumisia. Jos rima halutaan asettaa kunnianhimoiselle tasolle, ulkopuolinen konsultti voi auttaa riman ylittämisessä toimimalla valmentavassa ja sparraavassa roolissa. Ulkopuolisen avun ei tarvitse olla massiivista, vaan sitä voidaan käyttää varmistavassa merkityksessä. Eli varmistetaan erityisesti strategiaprojektin alkumetreillä, että projektin toteutus on lähdössä oikealle uralle ja että ymmärrys strategiatyöstä on riittävällä tasolla. Konsultti voi myös pistemäisesti arvioida strategiaprojektin välituotoksia. Tällaisella toiminnalla on strategiatyön laatua varmistava vaikutus.

Ulkopuolista asiantuntemusta on mahdollista käyttää myös strategiaprojektin eri vaiheissa. Esimerkiksi toimintaympäristössä tapahtuvaa muutosta pöyhittäessä ulkopuoliset asiantuntijapuheenvuorot ovat virkistäviä. Strategiaprojektiin usein sisällytettävä arvotyö eli organisaation arvojen tuoreuttaminen tai jopa uusiminen saattaa sekin kaivata ulkopuolista fasilitaattoria, jos kokemusta arvojen työstämisestä ei löydy organisaation sisältä.

Näissä kummassakin edellä mainitussa tapauksessa kannattaa pohtia myös sitä vaihtoehtoa, että alustus- ja fasilitointivastuu annettaisiin organisaation omille asiantuntijoille. Miksi ei annettaisi oman väen loistaa silloin, kun siihen tarjoutuu loistavia mahdollisuuksia?

Strategiatyö ei ole rakettitiedettä. Se on kovaa työtä, jolle on varattava runsaasti aikaa kalenterista. Strategiatyö ei välttämättä osu mukavuusalueelle, mutta tästä huolimatta lopputulos on usein palkitseva. Enkä voi olla tässä yhteydessä toteamatta: tästähän johtajille palkkaa maksetaan. Strategiatyö kuuluu johtajan tehtävänkuvaan. Myös tämä toimikoon perusteluina sille, miksi strategia tulee tehdä mahdollisimman isosti omin voimin.

Suunnittele strategiaprojekti

Strategiatyön yhteydessä kuulee puhuttavan sekä strategiaprojekteista että strategiaprosesseista. Kun julkishallinnon organisaation strategia tehdään alusta loppuun eli laaditaan ns. puhtaalta pöydältä, kyseessä on strategiaprojekti. Kun olemassa olevaa strategiaa päivitetään sovitun toimintatavan mukaisesti, kyseessä on strategiaprosessi – puhutaan myös strategian *rullaavasta* päivitysprosessista.

En aio hypätä kohtuuttoman syvälle projektin ja prosessin määritelmä- tai käsite-eroihin. Olennaista on ymmärtää prosessin toistuva luonne. Vastaavasti projekti ymmärretään kertaluonteisena harjoituksena. Eroja on myös siinä, miten projekteja ja prosesseja johdetaan. On mielestäni päivänselvää, että julkishallinnossa strategian kokonaisvaltainen uudistamisharjoitus on projekti, jolla on alku ja loppu ja jossa vastuut ja tarvittavat resurssit on osoitettu. Kun muistaa, että prosessi on pystyttävä kuvaamaan ns. uimaratatekniikalla, on helppo ymmärtää, että strategian kokonaisvaltainen uusiminen ei voi olla muodoltaan prosessi. Strategiaprojektissa on usein samanaikaisesti käynnissä olevia projektin vaiheita, kun prosessi tyypillisesti muodostuu toisiaan seuraavista vaiheista.

Se, että strategiatyössä varsin vakiintuneesti puhutaan strategiaprosesseista, johtuu käsitykseni mukaan siitä, että strategiatyötä käsittelevä kirjallisuus painottuu yrityssektorille. Yritysten strategiatyö on luonteeltaan erilaista verrattuna julkishallinnossa tehtävään strategiatyöhön. Siinä on tunnistettavissa enemmän prosessimaisia piirteitä. Yritykset päivittävät strategiaansa huomattavan ketterästi, aina tarpeen mukaan. Julkishallinnossa strategiatyö on pistemäisempää, ei toistuvaa prosessia noudattavaa.

Julkishallinnon strategiatyön näkeminen projektina perustuu realismiin ja asioiden nykytilaan. Prosessimainen työskentely on jatkuvaa, myös työläämpää. Strategian rullaava päivitysprosessi on kevyt verrattuna siihen, että strategiatyö kokonaisuutena toteutettaisiin prosessina. Tällöin kaikki strategian tekemisen vaiheet toistuisivat säännönmukaisesti arjessa. Strategiaa ylläpidettäisiin käytännössä jatkuvasti ja strategian laatimisen päävaiheita toistettaisiin nykyisin vallalla olevaan käytäntöä tiheämmin. Prosessimainen strategiatyö on tavoiteltava asia, mutta ennen kuin siihen päästään on luotava perusta erinomaiselle strategiatyölle. Tässä ensi vaiheessa strategiatyön haltuunotto on järkevintä toteuttaa projektina.

On lopulta makuasia, kutsuuko strategian kokonaisvaltaista uudistamista projektiksi vai prosessiksi. Asiasta ei kannata tehdä kynnyskysymystä. Olennaista on se, että tekeminen jäsennetään selkeästi ja että sen johtaminen on jämäkkää. Toki strategiatyön johtamisen tavoissa on eroa, jos työ nähdään projektina tai prosessina. Jos perustetaan projekti, on toimittava laadukkaan projektityön kriteerien mukaisesti. Vastaavasti, jos strategian uudistaminen halutaan nähdä prosessina, tulee tekemisen täyttää hyvin kuvatun prosessin tunnusmerkit. Olen itse tehnyt valintani ja näen strategian laatimiseen liittyvän työn julkishallinnossa tässä ja nyt projektina. Vaikka lukijana asemoisit itsesi prosessileiriin, tämän kirjan opit ovat siinäkin tapauksessa suurelta osin hyödyllisiä ja käyttökelpoisia.

Projektien toteuttaminen on oma taiteenlajinsa. Kuten strategiatyössä, myös projektitoiminnassa tarvitaan systemaattisuutta, asioiden selkeää jäsentämistä sekä kurinalaisuutta – vain muutaman laatukriteerin mainitakseni. Projektityön perusteista on tarjolla erinomaisia koulutuksia, enkä aio tehdä tästä kirjastani projektityötä laajasti käsittelevää perusopasta. Ne opit on haettava muualta.

Olen kuvannut liitteessä 1 strategiaprojektin esimerkkiratkaisun. Jokainen organisaatio suunnittelee projektin omista lähtökohdistaan, jolloin ratkaisusta muodostuu kyseiselle organisaatiolle tarkoituksenmukainen sekä toteutukseltaan realistinen (mm. aikataulu ja resursointi).

Linjaa strategiatyön julkisuus

Ennen strategiaprojektin käynnistämistä organisaation johdossa on keskusteltava ja tehtävä linjaukset strategiatyön, projektin välituotosten sekä lopullisen strategian julkisuudesta. Pääsääntöisesti strategiatyö on koko organisaatiolle avointa työtä, johon tyypillisesti osallistetaan sekä omaa henkilöstöä että sidosryhmien edustajia. Tämä ei kuitenkaan automaattisesti tarkoita sitä, että strategiaprojektin erilaisten välituotosten tulisi sellaisenaan olla kaikkien saatavilla. Esimerkiksi osallistamisvaiheessa tuotettaviin kyselyihin kanavoituu monenlaisia tuntemuksia, joilla ei ole yhteyttä tehtävänantoon. Rikkinäisestä organisaatiokulttuurista ja huonolaatuisesta johtamisesta aiheutuvalla pahalla ololla on taipumus purkautua kaikissa organisaation sisällä tuotettavissa kyselyissä.

Julkisuuslain (*Laki viranomaisten toiminnan julkisuudesta*) kirjain on selkeä: lähtökohtaisesti kaikki strategiaprojektissa tuotettavat asiakirjat ovat viranomaisen tuottamia julkisia asiakirjoja viimeistään siinä vaiheessa, kun asian käsittely on saatu päätökseen eli kun strategia on valmistunut eikä valmistelun keskeneräisyyteen ole enää mahdollista vedota. Johdon on syytä erikseen arvioida, mitä materiaaleja on tarkoituksenmukaista julkaista projektin aikana ja mitä vasta sen päätyttyä. Kaikkea materiaalia ei kannata laittaa jakoon esim. strategiaprojektin intrasivuille, mutta niihin on annettava pääsy pyydettäessä. Kannattaa myös erikseen linjata, miten erilaiset kyselyt ja muut osallistamisen vaiheet strategiaprojektissa toteutetaan. On suositeltavaa, että osallistuminen tapahtuu anonyymisti, jolloin sellaisia aineistoja ei synny, jossa vastaajan henkilöllisyys ja vastaukset pystytään yhdistämään toisiinsa.

Turvallisuussektorilla laaditaan strategioita ja strategia-asiakirjoiksi luokiteltavia suunnitelmia, jotka kuuluvat *Julkisuuslaissa* kuvatun salassapidon piiriin. Myös tällaisten asiakirjojen valmisteluun liittyvät materiaalit ovat tyypillisesti salassa pidettäviä. Maanpuolustukseen liittyvä yksityiskohtainen suunnittelu on ymmärrettävistä syistä salassa pidettävää. Lisäksi esimerkiksi hyvinvointialueilla pelastustoimessa laadittavat palvelutasopäätökset voidaan luokitella salassa pidettäviksi asiakirjoiksi, sillä ne sisältävät yksityiskohtaista tietoa operatiivisesta pelastustoiminnasta. Pelastusasemien tarkat sijainnit, kalusto- ja miehistömäärät tai luonnehdinnat alue- tai asemakohtaisesta suorituskyvystä eivät ole julkisia tietoja. Perusteet

turvallisuussektorin asiakirjojen salaamiselle löytyvät Julkisuuslain 24 §
1 mom 8 kohdasta ("Salassa pidettäviä viranomaisen asiakirjoja ovat, jollei
erikseen toisin säädetä... 8) asiakirjat, jotka koskevat onnettomuuksiin tai
poikkeusoloihin varautumista, väestönsuojelua taikka turvallisuustutkinta-
lain (525/2011) mukaista tutkintaa, jos tiedon antaminen niistä vahingoit-
taisi tai vaarantaisi turvallisuutta tai sen kehittämistä, väestönsuojelun to-
teuttamista tai poikkeusoloihin varautumista...").

Valitse projektipäällikkö omista joukoistasi

Painotin edellä itse tekemisen merkitystä strategiatyöhön liittyvän osaami-
sen kehittymisen kannalta. Mitä enemmän tehdään itse, sitä enemmän or-
ganisaatiossa on strategiatyön osaamispääomaa, kun strategiaa toimeen-
pannaan ja kun strategiaprojekti joskus vuosien päästä jälleen toteutetaan
uudemman kerran.

Mikäli mahdollista, strategiaprojektin päällikkö tulee nimetä organisaa-
tion sisältä. Tyypillisesti julkishallinnon organisaatioissa työskentelee suun-
nittelu- ja kehittämispäällikköjä, joiden tehtävänkuvaan strategiaprojektin
vetovastuu sopii mainiosti. Näissä tehtävissä toimivat asiantuntijat ovat tot-
tuneita organisoimaan projekteja. Usein näihin rooleihin liittyy myös tulos-
ohjaustehtäviä, joten temaattisesti strategiatyö osuu varsin hyvin em. hen-
kilöiden osaamisen ytimeen. Myös lähtötiedot ja ymmärrys strategisen oh-
jauksen ja tulosohjauksen kontekstista ovat yleensä valmiiksi hyvällä tasolla.

Olen itse ollut onnekas, kun olen saanut vastata useissa julkishallinnon
organisaatioissa strategiaprojektien suunnittelusta sekä johtaa niiden käy-
tännön toteutusta. Oma henkilökohtainen strategiamatkani käynnistyi vuo-
situhannen vaihteessa. Sen jälkeen olen käytännön strategiatyön lomassa
hakenut uusia oppeja kursseilta ja valmennuksista sekä kirjallisuuteen pe-
rehtymällä. Myös vertailukehittäminen on ollut tärkeässä roolissa kehit-
tyessäni strategiatyön asiantuntijana. Omiin kokemuksiini peilaten suosit-
telen vahvasti strategiaprojektin projektipäällikön nimeämistä organisaa-
tion sisältä.

Kirkasta strategiatyön tuen tilaajaosaamista

Strategiatyön käytännön järjestelyjä pohdittaessa saatetaan tulla aidosti siihen lopputulokseen, että organisaation sisältä ei löydy strategiaprojektin toteuttamisessa tarvittavaa osaamista tai vapaita resursseja. Tällöin strategiaprojektin tuki on tilattava oman organisaation ulkopuolelta.

Asiantuntijatukea ostettaessa ensiarvoisen tärkeätä on kirkastaa asiaan liittyvää tilaajaosaamista. Strategiatyön tukea ei tulisi tilata *sikaa säkissä* -ajattelulla. Tällaisessa ajattelussa erehdytään kuvittelemaan, että kaikki strategiatyön tukea tarjoavat asiantuntijayritykset toimivat samalla tavalla. Lopputuloksena on yrityksiltä saatuja tarjouksia, joissa strategiatyön asiantuntijatuen kuvaus jää kohtuuttoman yleiselle tasolle. Tällaisten tarjousten vertailu on vaikeata, jolloin tarjouksen hinta on lopulta ratkaisevin tekijä päätöksenteossa.

Strategiatyön tuen tilauksen tulee olla kristallinkirkas ja tarkka. Organisaation johdon on täsmällisesti kerrottava tarjouspyynnössään, mitä se on tekemässä ja millaista tukea se on strategiaprojektilleen hankkimassa. Erityisesti valmistelun aikataulu ja tekemisen laajuus on kuvattava, jolloin riski projektin paisumiselle voidaan minimoida. Asiantuntijayrityksiltä tulee vaatia näkemyksellisyyttä sekä näyttöjä tehdystä julkishallinnon strategiatyöstä. Tarjotun asiantuntijapalvelun laatua arvioitaessa ratkaisevaa tulisi olla erityisesti se, miten tarjottu strategiatyön tuki asemoituu julkishallinnon kontekstiin.

Vaikka strategiaprojektin tuki jouduttaisiin hankkimaan organisaation ulkopuolelta, projektiin on aina kiinnitettävä organisaation omia asiantuntijoita. Heidän tehtävänään on ylimmän johdon tukena valvoa, että strategiaprojekti etenee tarkoituksenmukaisella tavalla. Samanaikaisesti projekti tarjoaa heille mahdollisuuden oppimiselle ja kehittymiselle.

Älä maksa liikaa strategiatyön tuesta

Strategian tekemisestä aiheutuviin kustannuksiin liittyy monia harhaluuloja. Yleisesti ajatellaan, että strategian tekeminen on massiivinen hanke, josta aiheutuu valtavat kustannukset. Osin tämä pitää paikkansa, sillä merkittävin uhraus on strategian tekemiseen käytetty aika. Valitettavan usein tämä uhraus sanoitetaan virheellisesti investoinniksi.

Kun strategian tekemiselle lähdetään laskemaan hintaa pohtimalla, miten paljon organisaation ylin johto joutuu käyttämään aikaa strategiatyöhön ja miten paljon tästä aiheutuu kustannuksia, ollaan ajattelussa pahasti hakoteillä. Ylimmän johdon tehtävät ovat johtamistehtäviä. Strategia on johtamisen väline. Näin ollen voidaan loogisesti tulla siihen loppupäätelmään, että strategiatyö on johtajan työtä. Siitä johtajille maksetaan.

Suomalaisessa julkishallinnossa johtajien virkoja täytettäessä kelpoisuusvaatimuksena on usein kokemus strategisesta johtamisesta. Tähän suhteutettuna on jokseenkin ihmeellistä, miten heikkoa on strategiatyöhön liittyvä osaaminen suomalaisissa virastoissa. Perusasioita ei hallita, mikä on suoraan nähtävissä lopputuotoksissa eli strategioissa. Myönnän yleistäväni, sillä virkistäviä poikkeuksia onneksi myös löytyy. Arjen strategiapuheissa seilataan jossain sinisen meren strategioiden tematiikoissa ja kuiskutellaan kehkeytyvistä (emergenteistä) strategioista, mutta ymmärrys suomalaisen julkishallinnon strategiatyön vaateista on korkeintaan tyydyttävällä tasolla. Suomessa johtajaksi pääsee vakuuttavalla esiintymisellä. Kun muistaa rekrytointiprosessin ratkaisevissa käänteissä vakuuttaa olevansa strateginen johtaja, homma on taputeltu. Näyttöjen perään ei kukaan kysele.

Jos strategiatyön osaaminen olisi sillä tasolla kuin millä sen pitäisi olla, strategiatyössä konsultointiliiketoiminta kutistuisi merkittävästi. Julkishallinnon organisaatiot tekisivät itse strategiansa, eikä ulkopuolisia asiantuntijoita tarvittaisi kuin pistemäisesti sparraavassa roolissa. On toki tilanteita, joissa ulkopuolinen apu on tarpeen. Joissakin organisaatioissa vapaita käsipareja ei ole riittävästi. Erityisesti strategiaprojektin käytännön toteuttamisessa organisaation johto tarvitsee tukea. Sen sijaan on hieman jopa surullista, että julkishallinnon organisaatioiden johto tarvitsee apua perusasioissa. Tarvitaan asiantuntijoita kertomaan, miten strategiatyötä tulisi tehdä tai jäsentää. On ymmärrettävää, että jokainen johtajan virkaan edennyt kohtaa joskus ensimmäisen kerran strategiaprojektin ja joutuu ensimmäisen kerran käärimään hihat. Silti on hieman erikoista, että johtajan virkaan edennyt joutuu tähän tilanteeseen ensimmäisen kerran vasta huippuviran saatuaan.

Jaa valmisteluvastuut

Strategiaprojekti jakautuu vaiheisiin, joiden valmisteluvastuut on mahdollista jakaa organisaatiossa eri asiantuntijoille. Projektipäälliköllä on aina kokonaisvastuu projektista eli siitä, että eri vaiheet etenevät sovitun aikataulun mukaisesti ja että niissä tuotetaan sovitut välituotokset.

Vaikka strategiaprojekti ei olisi massiivinen, projektipäällikkö ei välttämättä kykene suoriutumaan yksin kaikesta projektiin liittyvästä. Strategiatyössä on mahdollisuus työskennellä suoraan ylimmän johdon tukena, joten innokkaita osallistujia yleensä riittää. Työtä kannattaa jakaa, koska kyseessä on samalla oppimiskokemus.

Toimiessani strategiaprojektista vastaavana projektipäällikkönä eräässä julkishallinnon organisaatiossa minulta kysyttiin mahdollisuuksia osallistua strategiaprojektin toteutukseen. Kysymyksen esittänyt asiantuntija osallistui kollegansa kanssa johtamiskurssille, johon sisältyi kurssityön tekeminen oman organisaation strategiatyöstä. Jaoin mielelläni valmisteluvastuita, jolloin sain innokkaita ja asiantuntevia apureita ja oma kuormani keveni. Samalla nämä johtamiskurssilaiset saivat aidon tehtävän. He pääsivät vetovastuuseen strategiaprojektin toimintaympäristöä käsitelleestä vaiheesta ja tekivät tästä kurssityön. Win-win.

Asiantuntijaorganisaatiosta löytyy usein myös omasta takaa HR- ja HRD-asiantuntijoita, jotka pystyvät fasilitoimaan omassa organisaatiossa toteutettavan toimintakulttuuriin liittyvän pohdinnan ja arvojen uudistamistyön. Valmisteluvastuun antaminen näille asiantuntijoille on järkevää, koska todennäköisesti nämä asiantuntijat osallistuvat myöhemmin arvojen arkeen viemiseen liittyvien käytännön toimenpiteiden suunnitteluun ja toteutukseen.

Varmista viestinnän onnistuminen

Viestinnän on onnistuttava ennen strategiaprojektin käynnistymistä, projektin aikana ja strategian valmistuttua. Viestinnän merkitys on suuri myös strategiaa toimeenpantaessa sekä strategiaa rullaavasti päivitettäessä.

Strategiaprojektissa on oltava mukana viestinnän ammattilaisia. Heidän kanssaan on käytävä läpi strategiatyön perusteet. Perusteiden lisäksi tulee sopia pelisäännöistä. Viestinnän ammattilaiset auttavat strategiaprojektin viestintäsuunnitelman laatimisessa ja vastaavat sen päivittämisestä. Jämäkästi johdetussa strategiaprojektissa viestintää koskevat päätökset tekee strategiaprojektin päällikkö, joka tarvittaessa sopii tärkeimmistä viestittävistä asioista ja niiden yksityiskohdista virastopäällikön ja muun ylimmän johdon kanssa.

Viestinnän ammattilaisilla ei ole strategiatyössä itsenäistä roolia. He toimivat yhteistyössä strategiaprojektin päällikön ja ylimmän johdon tukena. Strategiaprojektin viestinnässä noudatetaan viestintäsuunnitelmaa, joka on strategiaprojektin suunnitelman käsittelyn yhteydessä käyty läpi organisaation johtoryhmässä. Viestintäsuunnitelmassa kuvataan viestinnän tavoitteet, keinot ja aikataulut.

Strategiaprojektin aikaisen viestinnän tavoitteet liittyvät strategian tekemiseen. Henkilöstölle on kerrottava, miksi strategia uusitaan, millä aikataululla valmistelu tapahtuu ja miten strategian tekemiseen on mahdollista osallistua. Myös tärkeimmistä välituotoksista viestitään henkilöstölle. Mahdollisuuksista osallistua strategiatyön tekemiseen on viestittävä samanaikaisesti usealla eri kanavalla. Virastopäällikön koko organisaatiolle lähettämä viesti sekä intrassa hyvissä ajoin julkaistavat uutiset riittävät kattamaan koko organisaation. Jos joku yksittäinen asiantuntija on itsenäisesti päättänyt olla lukematta sähköpostiviestejä ja intran uutisia (tällaiseenkin olen törmännyt!), henkilö on tehnyt itse valintansa. Kädestä pitäen ei asiantuntijaorganisaatiossa tarvitse ketään hakea mukaan tällaisiin yhteisiin harjoituksiin.

Kun strategia on valmistunut, asiasta viestitään sekä henkilöstölle että julkisuuteen. Mikäli mahdollista, henkilöstölle tulee järjestää strategian julkistamistilaisuus, jossa virastopäällikkö yhdessä johtoryhmänsä kanssa esittelee strategian ja perustelee tehdyt strategiset valinnat. Tässä yhteydessä on hyvä myös kertoa strategian laatimisen periaatteista. Jos ja kun strategiassa on keskitytty ainoastaan muutosjohtamiseen, eikä se kata kaikkea lakisääteistä tekemistä, asia on kerrottava henkilöstölle. Julkistamistilaisuudessa on kerrottava, miten työt jatkuvat strategian valmistumisen jälkeen. On kerrottava strategian toimeenpanosuunnitelman valmistelun etenemisestä sekä siitä, miten toimeenpanon etenemistä tullaan seuraamaan. Tärkeätä on kertoa myös, miten toimintakulttuurin kehittäminen jatkuu etenkin, jos strategian yhteydessä organisaation arvot on uusittu tai tuoreutettu.

Strategiaprojektin viestintä päättyy strategian julkistamiseen. Kun uudesta strategiasta on viestitty sekä organisaation sisällä että ulkoisesti, viestinnässä palataan arkeen. Strategian toimeenpanosta viestimisestä arjessa on erikseen keskusteltava organisaation johdossa. Toimeenpanon tueksi tarvitaan viestintää. Organisaation johdon tulee linjata, miten strategian seurannasta ja saavutetuista onnistumisista viestitään. Yksityiskohdista ei välttämättä pystytä sopimaan etukäteen, sillä toimeenpanon tuloksellisuus ratkaisee viestinnän sisällön. Päälinjat ja tahtotila tulee muodostaa. Lisäksi viestintää suunniteltaessa on pohdittava, miten strategian toimeenpanon tuloksellisuudesta raportoiminen integroidaan vakiomuotoiseen raportointiin (esim. toimintakertomus). Jos strategian toimeenpanon seurantaa koskevaa viestintää ei linjata, tarkoittaa se käytännössä strategian merkityksen mitätöimistä. On syytä muistaa, että strategian toimeenpanosta ja sen etenemisestä viestiminen edellyttää strategian toimeenpanoa. Jos strategiaa ei aktiivisesti toimeenpanna (valitettavan yleistä!), asiassa ei ole mitään viestittävää.

Strategiatyöhön liittyvä osaaminen ei ole itsestäänselvyys. Viestinnän ammattilaiset eivät ole strategiatyön ytimessä, joten perusosaaminen tulee varmistaa, kuten jo tämän kappaleen alussa totesin. Eräässä organisaatiossa viestintäpäällikkö poisti viraston sivuilla julkaistusta strategiasta yhden sivun, koska organisaation johdon hyväksymä neljän sivun mittainen strategia oli hänen mielestään liian pitkä. Poistettu sivu sisälsi organisaation strategiset tavoitteet (!). Verkkosivuille jätettiin napakka toimintaympäristön kuvaus, missio, visio ja arvot. Strategiset tavoitteet palautettiin myöhemmin verkkosivuille, kun viestintäpäällikön kanssa oli keskusteltu strategiatyön perusteista.

Viestinnän onnistumisessa kriittistä on organisaation sisäinen tilaajaosaaminen. Jos ylin johto ei ole käynyt lähete- ja linjauskeskustelua strategian ja sen toimeenpanon viestinnästä, Wiion lait inhimillisestä viestinnästä astuvat voimaan. Tällöin strategiatyöstä viestiminen epäonnistuu paitsi, ellei sitten sattuma puutu peliin. Harvemmin kuitenkaan strategisesta johtamisesta viestiminen onnistuu tuurilla. Tilaajaosaamisen puute näkyy myös esimerkiksi strategioiden visualisointien kehnossa laadussa sekä strategian toimeenpanoa ja onnistumisia käsittelevän viestinnän vähyydessä. Käsittelen strategian visualisointia laajemmin myöhemmin omassa kappaleessaan.

Mitoita ja ajoita oikein

Strategiaprojekti tulee mitoittaa oikein sekä määrällisesti että ajallisesti. Ns. strategiaövereitä tulee välttää. Jos projektiin sisällytetään liikaa tekemistä, sekä ylin johto että henkilöstö väsyvät. On myös tärkeätä, että projekti ajoitetaan oikein. Kohtuuttoman pitkäkestoinen projekti on yksi tehokkaimmista tavoista tappaa kiinnostus strategiatyötä kohtaan.

Eräässä keskusvirastossa strategiaprojekti kesti 1,5 vuotta. Strategia valmisteltiin huolellisesti. Projektissa käytiin ensin läpi juurta jaksain toimintaympäristöön liittyvät asiat, jonka jälkeen siirryttiin varsinaisen strategian sisällön työstämiseen. Sidosryhmiä ja henkilöstöä kuultiin laajasti eri vaiheissa. Projektin yhteydessä uusittiin myös organisaation arvot. Vaikka tavoitteena olisi laatia huippulaadukas strategia, puolitoista vuotta on kohtuuttoman pitkä aika keskusviraston strategiaprojektille. Puolessatoista vuodessa tulosohjauksen juna ohittaa aseman kerran projektin aikana. Junaan hypätään eli strategiset tavoitteet voidaan siirtää toimeenpanoon vasta vuoden kuluttua seuraavan vuoron osuessa kohdalle.

Omiin kokemuksiini perustuen laadukas strategia on mahdollista laatia yhden lukukauden aikana. Käytännössä strategian tulisi valmistua joko touko-kesäkuun vaihteessa tai marras-joulukuun taitteessa. Tällöin projektin aloitus olisi joko heti vuodenvaihteen jälkeen tai heti kesälomakauden päätyttyä. Kaikki tarvittavat vaiheet ehditään hyvin toteuttaa reilun neljän kuukauden aikana. En usko, että strategian laatu paranee samassa suhteessa, jos aikaa käytetään vaikkapa kolminkertaisesti. Pitkittyvässä strategiaprojektissa riskinä on, että maailma ympärillä muuttuu, eivätkä strategian lähtötiedot enää pidä paikkansa. Tiivis strategiaprojekti, jonka yhteydessä kuvataan rullaavan strategian päivitysmekanismit, on mielestäni toimivin ratkaisu.

Strategiaprojektin keston ohella on tärkeätä pohtia, mihin kohtaan vuodesta strategian valmistuminen ajoitetaan. Optimaalista olisi se, että strategisten tavoitteiden alle suunnitellut toiminnalliset tavoitteet ehdittäisiin siirtää seuraavan vuoden tulossopimuksiin ja vuosisuunnitelmiin. Keskusvirastojen osalta ohjaavien ministeriöiden käytännöt vaihtelevat. Toisilla ministeriöillä on valmiuksia ja halukkuutta neuvotella tulossopimusten sisällöistä vielä loppuvuodesta aivan valmistelun kalkkiviivoille saakka. Osa ministeriöistä haluaa hoitaa nämä ikävät velvoitteet alta pois hyvissä ajoin, jolloin tosialliset mahdollisuudet vaikuttaa tulossopimuksen sisältöön päättyvät viimeistään alkusyksystä. Käytännössä monissa julkishallinnon organisaatioissa kevät on otollisin aika strategiatyölle. Kun strategia valmistuu ennen kesälomakautta, sen toimeenpanon suunnittelu, osin myös toimeenpanon käynnistäminen, voidaan aloittaa heti lomakauden jälkeen. Ministeriöiden tulosohjausprosessit eivät saisi olla niin jähmeitä, etteikö tulossopimusten sisältöjä pystyttäisi työstämään vielä syksyn aikana.

Alue- ja kuntavaalit järjestetään keväällä. Hyvinvointialueilla ja kunnissa strategiatyö ajoittuu luontevasti heti vaalien jälkeiseen aikaan painopisteen ollessa vuoden jälkimmäisellä puoliskolla. Seuraavat alue- ja kuntavaalit järjestetään 13.4.2025. Etenkin suurissa kaupungeissa virkakunnassa on jo ennen vaaleja saatettu aloittaa päätöksentekoa tukevien pohja-aineistojen valmistelu (mm. toimintaympäristöä koskeva analyysi). Jos ja kun strategiasta päätetään syksyn aikana, sen toimeenpano on mahdollista käynnistää viimeistään seuraavan vuoden alussa.

Pidä kiinni suunnitelmasta

Strategiaprojektin omistajuus kuuluu yleensä virastopäällikölle. Strategiaprojektin ohjausryhmänä toimii tyypillisesti organisaation johtoryhmä. Kun strategiaprojektin projektisuunnitelma on valmistunut, se viedään johtoryhmään käsiteltäväksi. Johtoryhmä tekee siihen tarvittavat korjaukset ja hyväksyy projektisuunnitelman, jonka jälkeen projektin toteutus voidaan aloittaa.

Projektin etenemistä seurataan säännöllisesti johtoryhmässä, joka päättää hyväksyttyyn projektisuunnitelmaan mahdollisesti tehtävistä muutoksista. Riippumatta siitä, onko projektin vetovastuu organisaation sisällä toimivalla asiantuntijalla (tyypillisesti strategiapäällikkö, kehittämispäällikkö tai suunnittelupäällikkö) vai organisaation ulkopuolisella konsultilla, hyväksyttyä projektisuunnitelmaa on kunnioitettava. Jos näin ei menetellä, strategiaprojekti ei pysy kasassa ja projektin lopputuotoksen eli laadukkaan strategian saavuttaminen vaarantuu.

Olen kerran joutunut yllättäen tilanteeseen, jossa projekti oli mennä solmuun pahemman kerran. Projektisuunnitelma oli hyväksytty viraston johtoryhmässä ja sen mukaan oli tarkoitus edetä. Projekti oli hyvässä vauhdissa, kun yllättäen kävi ilmi, että yksi johtoryhmän jäsenistä oli pyytänyt eräältä konsulttitalolta tarjouksen merkittävän strategiaprojektiin kytkeytyvän lisäosan toteuttamisesta. Tällaisesta massiivisesta lisätyöstä ei ollut sovittu projektia suunniteltaessa eli se ei sisältynyt johtoryhmän hyväksymään projektisuunnitelmaan. Tällaista työtä ei ollut myöskään resursoitu eli sen toteuttamiseen ei ollut aikaa eikä hankintaa ollut budjetoitu. Vein asian viraston johtoryhmään. Virastopäällikkö ei puoltanut projektia sotkevan lisäosan hankkimista. Hankinta olisi käytännössä vaarantanut koko strategiaprojektin toteutuksen ja lopputuotoksen. Johtoryhmän jäsenen sooloilu ei tuottanut mitään lisäarvoa. Asian käsittely vei turhaan aikaa ja energiaa ja häiritsi sovitun projektisuunnitelman toteuttamista.

Projektisuunnitelma laaditaan huolella ja siitä käydään perusteelliset keskustelut johtoryhmässä ennen projektin aloittamista. Näin varmistetaan, että projekti on toteuttamiskelpoinen. Strategiatyön sisältöön liittyvien yksityiskohtien ohella työn resursointi on tärkeässä roolissa. Kun projekti päätetään käynnistää, sillä on oltava riittävä resursointi. Resursseilla tarkoitan ensisijaisesti aikaa. Projektipäällikön ja muiden vastuuvalmistelijoiden kalentereista tulee löytyä tilaa strategiaprojektille. Johtoryhmän jäsenten on varattava runsaasti aikaa strategiatyölle. Kalenterivaraukset kannattaa tehdä koko projektin ajalle viimeistään siinä vaiheessa, kun projektia ollaan käynnistämässä. Erityisesti strategian viimeistelyvaiheessa johtoryhmä on avainroolissa ja yhteistä aikaa tarvitaan runsaasti. Ylimmän johdon tehtävänä on strategian viimeisteleminen, eikä tätä tehtävää ole mahdollista delegoida muille.

Kunnioita yhteistä aikaa

Strategiaprojektiin käytetään runsaasti aikaa. Johtoryhmän kokousten lisäksi projektiin sisältyy yleensä koko henkilöstölle suunnattuja tilaisuuksia. Lisäksi strategiaprojektia edistetään osastoilla ja yksiköissä. Sidosryhmien edustajien ja asiakkaiden osallistaminen sitoo sekin aikaa ja energiaa.

Koronapandemia edisti merkittävällä tavalla työn tekemisen tapojen kehittymistä. Nykyään merkittävä osa kokouksista pidetään verkon yli. Vaikka työskentely etänä onnistuu mainiosti, strategiatyössä tarvitaan yhteistä läsnäoloa. Läsnäolon merkitys korostuu projektin loppua lähestyttäessä. On tärkeätä, että johtoryhmä on koolla yhdessä ja samassa tilassa, kun strategisia linjauksia työstetään.

Erilaiset osallistamisen ja kuulemisen tavat ovat sähköistyneet. Paperiset kyselylomakkeet ovat vaihtuneet sähköisiksi työskentelyalustoiksi, jotka tarjoavat enemmän mahdollisuuksia kuin suoraviivaiset kyselytyökalut. Monissa yhteyksissä myös perinteisemmät sähköiset kyselytyökalut ovat toimivia. Sähköiset välineet tehostavat ajankäyttöä ja antavat mahdollisuuden laajojen henkilöstöryhmien kuulemiselle sekä sidosryhmien ja asiakkaiden osallistamiselle. Kaikkia henkilöstön osallistamisen työvaiheita ei kannata toteuttaa sähköisin työkaluin. Myös henkilöstölle on annettava mahdollisuus kokoontua fyysisesti yhteen muutaman kerran strategiaprojektin aikana.

Kun strategiaa työstetään yhdessä, kaiken keskittymisen tulee kohdistua strategiatyöhön. Olen omaksi hämmästyksekseni saanut nähdä hyvin vaihtelevalla motivaatiotasolla toimivia johtoryhmiä. Erään kerran lähes järkytyin, kun yksi johtoryhmän jäsenistä päätti katsoa jääkiekkoa johtoryhmän strategiatyöpajassa. Suomen jääkiekkomaajoukkueen arvokisamatsi osui harmillisesti samaan iltapäivään. Innokas jääkiekkofani ei voinut vastustaa kiusausta. Sen sijaan, että hän olisi osallistunut valmisteilla olevasta strategiasta käytävään keskusteluun, huomio oli tietokoneen näytöllä pyörivässä lätkämatsissa. Olen myös nähnyt, miten yksi johtajista selaa avoimia työpaikkoja silloin, kun pitäisi keskittyä yhteiseen tärkeään tekemiseen. Kun tällaisiin tapauksiin törmää, ei enää ihmettele, miksi julkishallinnon strategiat ovat laadultaan sellaisia kuin mitä ne ovat.

Pääviestini on selkeä: silloin kun tehdään strategiatyötä, tekemiseen keskitytään täysillä. Strategiatyöpajoissa ei pureta sähköpostisumaa tai tehdä jotain muuta asiaan liittymätöntä. Jos ei pysty tähän, on kysyttävä itseltään, onko oikeissa hommissa. On todella epäkunnioittavaa käytöstä muita osallistujia ja koko organisaatiota kohtaan, jos jokin vähempiarvoisempi ja strategiatyöhön liittymätön asia vie kaiken huomion.

Perehdy kirjallisuuteen

"Lukeminen kannattaa aina", totesi edesmennyt monilahjakkuus Jörn Donner viime vuosituhannen puolella Suomalaisen kirjakerhon tv-mainoksessa. Donner oli oikeassa, ja hänen antamaansa ohjetta on syytä noudattaa myös strategiatyössä. Strategiaoppeja kannattaa ammentaa alan monipuolisesta ja runsaasta kirjallisuudesta. Tämä strategiatyötä käytännönläheisellä otteella käsittelevä kirjani on kirjoitettu palvelemaan tätä tarkoitusta. Myös teoreettisempaan strategiakirjallisuuteen kannattaa perehtyä, sillä erilaisten strategiatyöhön liittyvien teorioiden tuntemus virkistää ajattelua ja pohjustaa käytännön tekemistä.

Kun pengotaan strategiakirjallisuutta ja törmätään johonkin uuteen ja innostavaan, aivan olennaista on esittää kuuluisa kysymys: „What is in it for me?“. Perinteisesti tämä kysymys esitetään itselle ja sitä tarkastellaan yksilötasolla. Julkishallinnon johtajan tulee kysyä sama kysymys johtamaltaan organisaatiolta. Mitä tämä strategisen johtamisen viitekehys tai teoria voi tarjota meille? Mitä tämän soveltaminen tarkoittaa suomalaisessa julkishallinnossa? Onko tämän ajatusmallin tuomisessa suomalaiseen julkishallinnon organisaatioon ylipäätään mitään järkeä?

Innostuminen on lähtökohtaisesti positiivinen tunnetila. Otan esimerkiksi sinisen meren strategian, jonka kehittivät INSEAD-koulussa työskennelleet professorit W. Chan Kim ja Reneé Mauborgne. He julkaisivat tämän teorian kirjassaan *Blue Ocean Strategy* vuonna 2005. Sinisen meren strategiassa perusideana on mm. tuotekehityksen, tuoteinnovaatioiden ja prosessien tehostamisen kautta löytää vähän kilpailtuja tai kokonaan kilpailusta vapaita sinisiä meriä sen sijaan, että yritys jatkaisi toimintaansa ankarasti kilpailluilla punaisilla merillä. Kun Kim ja Mauborgne julkaisivat kirjansa, siitä kohistiin myös julkisella sektorilla.

Mitä sinisen meren strategia voi tarjota julkishallinnolle? Mitä syvemmälle hallinnossa mennään, sitä kapeammaksi muodostuu strateginen liikkumavara. Jos mietitään sinistä merta Oy Suomi Ab:n tulokulmasta, se voi tarjota ajattelun aihetta esimerkiksi hallitusneuvotteluihin tai toimialakohtaisiin strategisiin linjauksiin ja politiikkapapereihin. Globaaleilla markkinoilla meillä on mahdollisuuksia erottautua. Suomi voi olla yrityksille ja huippuammattilaisille kiinnostava maa. Suomi voi myös erottautua matkailumarkkinoilla tarjoamalla jotain sellaista, mitä muilla ei ole tarjota. Sinisen meren strategia voi siten toimia koko yhteiskunnan tasolla, mutta sillä on vähemmän annettavaa yksittäiselle julkishallinnon organisaatiolle, jonka strateginen liikkumavara on rajallinen.

Kun puhutaan julkishallinnon organisaatioista, sinisen meren strategian sijaan kannattaa puhua erilaistumisesta. Tällöin esimerkiksi kuntapäättäjät voivat strategiatyötä tehdessään miettiä, mikä tekee kunnasta kilpailukyvyltään paremman naapurikuntaan verrattuna. Miten houkutellaan kuntaan lisää lapsiperheitä ja työikäistä väestöä? Sinisen meren strategia voi tarjota tähän ajatteluun sopivan sytykkeen: mitä teemme eri tavalla kuin muut menestyäksemme?

Toinen esimerkkini strategiatyön akateemisesta maailmasta on tasapainotettu tuloskortti (Balanced Scorecard), joka näki päivänvalon vuonna 1992. Robert S. Kaplan ja David Norton esittelivät tämän strategiatyön viitekehyksen *Harward Business Review* -lehdessä julkaistussa artikkelissaan. Vuosituhannen vaihteessa tuloskortti rantautui isosti suomalaiseen julkishallintoon. Sain itsekin mahdollisuuden hypätä tuloskortin käytössä syvään päähän ja kehittyä tuloskorttiasiantuntijaksi. Tuloskortin taakse piiloutui kerrassaan nerokas ajatus: tuloskortti auttaa tunnistamaan eri tuotannontekijät ja niiden väliset yhteydet. Nämä yhdessä johtavat suurempaan tuloksellisuuteen, käytännössä vaikuttavuuteen julkishallinnon puolella.

Tuloskortin nerokkuuden taakse piiloutuu sen haastavuus käytännön työssä. Tuloskortti vaatii poikkeuksellisen vahvaa sitoutumista ja systemaattista toimintatapaa. Vaikka tuloskortti on välineenä toimiva, se on samalla erittäin työläs. Suosittelen lämpimästi tuloskortin käyttöä strategian viitekehyksenä, mutta samaan hengenvetoon totean, että päätös tuloskortin käyttöönotosta tulee tehdä harkiten. Kannattaakin tehdä ensimmäinen strategia mahdollisimman yksinkertaista rakennetta noudattaen ja sisältökysymyksiin keskittyen. Kun näin on saatu aikaan laadukas strategia, on mahdollista pohtia vaikeuskertoimen nostamista.

Strategiatyöhön liittyvä kirjallisuus, joka pohjautuu akateemiseen tutkimukseen, on kiehtovaa ja mukaansa tempaavaa. Otan vielä esimerkiksi emergentin eli kehkeytyvän strategian. Ajatuksen emergentistä strategiasta on esittänyt kanadalainen Henry Mintzberg. Emergentin strategian perusidea on siinä, että strategia voi nousta organisaatiosta ja kehkeytyä joustavasti tilanteiden mukaan. Emergenttiä strategiaa voidaan pitää – jos hieman yleistetään – eräänlaisena vastakohtana suunnitellulle strategialle.

Emergentti strategia on kiehtova teoria strategiatutkimuksen saralla. Kuten tämän kappaleen alussa totesin, lukeminen kannattaa aina. Kun lukee strategiakirjallisuutta, tarvitaan kriittistä arviointia ja omaa ajattelua. Kaikki strategisen johtamisen tutkimuksen teoriat eivät sellaisenaan sovi suomalaiseen julkishallintoon. Haluaisin olla kärpäsenä katossa, kun suomalaisen

keskusviraston päällikkö selventää ministeriön kanssa käytävissä tulosoh-
jausneuvotteluissa, että on meillä strategia, mutta se on emergoitunut, em-
mekä ole tehneet siihen päivityksiä.

Osallistu koulutuksiin

Sanotaan, että vaarallisimmat hetket organisaatiossa koetaan, kun pomo
palaa johtamiskurssilta. Pomon pää on silloin täynnä uusia "ismejä" ja "sab-
luunoita", joita vauhdilla ja kritiikittömästi ryhdytään soveltamaan ja otta-
maan käyttöön omassa organisaatiossa.

Strategiatyötä käsitellään käytännössä kaikilla johtamis- ja esihenkilö-
kursseilla. Omiin kurssikokemuksiini peilaten uskallan sanoa, että kurssisi-
sällöt vain harvoin asettuvat tälle käytännön tekemisen tasolle, jota olen täs-
sä kirjassani painottanut. Strategiatyötä koskevat luennot painottuvat teo-
rioiden ja työvälineiden esittelyyn. Akateemisilla koulutussisällöllä on oma
vankka jalansijansa osana strategiatyön kehittämisen kokonaisuutta. Se ei
kuitenkaan riitä. Tarvitaan konkretiaa, joka koskee strategiatyön käytän-
nön tekemistä. Usein johtamiskursseilla laadittavissa kurssi- ja lopputöissä
päästään käsiksi konkretiaan, kun kurssilaiset laativat kirjallisen kuvauk-
sen oman organisaationsa strategiatyöstä ja sen kehittämistarpeista. Kurs-
sityöstä saatu palaute auttaa ajatusten jäsentämisessä. Monesti tämä on joh-
tamis- ja esihenkilökoulutusten tuottama konkreettisin hyöty.

Julkishallinnossa tehtävästä strategiatyöstä on verraten vähän tarjolla tä-
hän nimenomaisesti keskittyvää koulutusta. Vähäinen koulutustarjonta ei
kiinnity yhtenäisiin rakenteisiin, prosesseihin tai käytäntöihin, koska sellai-
sia ei ole olemassa. Lopputuloksena on se, että koulutusten sisältö vaihtelee.
Yhtenäisiä oppeja ei ole tarjolla. Ongelman juurisyy on esitelty kirjan toises-
sa luvussa. Eli samat esteet, jotka estävät julkishallinnon strategiatyön kehit-
tymistä isossa kuvassa, heijastuvat myös strategiatyön koulutustarjontaan.

Strategiatyössä tarvitaan projektiosaamista. Projektikoulutuksessa tarjon-
taa on riittävästi. Useat kaupalliset toimijat tarjoavat muutaman kurssipäivän
mittaisia projektityön perusteiden koulutuksia. Jos strategiaprojektin veto-
vastuuseen nimetyllä asiantuntijalla ei ole riittävää osaamista projektityöstä,
sitä on syytä vankistaa ennen projektin suunnittelun aloittamista. Muutaman
päivän mittainen panostus opiskeluun maksaa itsensä varmuudella takaisin.

Älä hanki tietojärjestelmää

Kun julkishallinnossa pohditaan jonkin merkittävän haasteen ratkaisemista, ensimmäisten ehdotusten joukossa kuullaan lähes poikkeuksetta seuraavansisältöinen asiantuntijapuheenvuoro: "Tarvitsemme tähän tietojärjestelmän". Ja voi että – kyllä niitä tietojärjestelmiä sitten riittääkin joka lähtöön!

Se, että tietojärjestelmä mainitaan ensimmäisenä ratkaisuvaihtoehtojen joukossa, ei kerro tietojärjestelmäratkaisujen ylivoimaisuudesta. Tietojärjestelmän mainitseminen kertoo useimmiten siitä, ettei ehdotuksen tekijällä ole mitään aavistusta siitä, miten asia tulisi ratkaista. On helpointa ehdottaa, että "ATK hoitaa hommat". Tosin nykyään ATK:n sijaan ehdotetaan yhä useammin AI:ta. Toimivien ratkaisujen löytäminen on valitettavasti hivenen vaikeampaa.

Kerran olin tilanteessa, jossa tehtävänä oli kehittää organisaation johdon raportointia palvelemaan strategian toimeenpanon seurantaa. Arvostettu ja kyseisessä organisaatiossa pitkään työskennellyt johtaja esitti omana mielipiteenään, ettei meidän tarvitse tehdä mitään. Haaste voitaisiin hänen mukaansa ratkaista laittamalla tekoäly louhimaan organisaation massiivisia tietojärjestelmiä, jolloin saisimme tekoälyn tuottamat valmiit raportit. Helposti ja vaivattomasti. Yllättäen raportoinnin kehittäminen loppui kuin seinään. Tiettävästi kyseisessä virastossa johdon raportointia ei ole saatu kuntoon tähänkään päivään mennessä.

Minulla ei ole mitään tietojärjestelmiä vastaan. Usein ne tarjoavat suurta apua ja sujuvoittavat asioiden hoitamista. Sen sijaan sellaisessa kehittämishaasteessa, jossa ollaan lähtökuopissa, pitää ensin pystyä analysoimaan haastetta monelta eri kantilta. Joskus tietojärjestelmä on oikea ratkaisu. Joidenkin haasteiden kohdalla kynä ja ruutupaperi (tai perinteiset toimistosovellukset) tarjoavat riittävän välineistön myös tekoälyn aikakaudella.

Julkishallinnon strategiatyössä strategian ja sen toimeenpanon vieminen tätä tarkoitusta varten kehitettyyn järjestelmään on houkutteleva ajatus. Ratkaisu voi olla "johdon työpöytä", joka aamuisin tuo silmille tiedot strategian toimeenpanon etenemisestä. Parhaimmillaan tiedot voidaan tuoda kännykkään. Ja jos halutaan, seurantatiedot voidaan vaivattomasti jakaa sähköisesti koko organisaatiolle.

Kuulostaa sekä houkuttelevalta että helpolta. Strategian sähköistämisessä on kuitenkin kaksi keskeistä haastetta, jotka liittyvät rakenteellisuuteen ja toimeenpanon seurantaan.

Rakenteellisuuteen liittyvät vaatimukset koskevat yleisesti tietojärjestelmiä ja niiden toimivuutta. Jotta strategiatyölle dedikoitu tietojärjestelmä saadaan toimimaan, se on ensin pystyttävä määrittelemään. Eli tarvitaan kuvaus tietojärjestelmän rakenteista ja toiminnallisuuksista. Tietojärjestelmän rakenteet voidaan kuvata, kun on ensin tehty tarkka kuvaus siitä, miten tieto jäsennetään. Nämä vaatimukset koskevat myös strategian toimeenpanon tueksi hankittavaa tietojärjestelmää. Jos strategiatyön tueksi hankittu tietojärjestelmä halutaan saada toimimaan, strategia on oltava rakenteellisesti suoraviivainen ja hierarkinen. Olen monissa eri yhteyksissä todennut, että strategia pitää saada ensin toimimaan paperilla, vasta sen jälkeen kannattaa pohtia kehittyneempiä ratkaisuja. Valitettavasti kaikkialla ei ole löytynyt ymmärrystä tälle näkemykselle. Kiima tietojärjestelmäratkaisuja kohtaan on usein niin suurta, että tunteet saavat vallan ja järjen käyttö jää taka-alalle.

Julkishallinnon strategiat ovat tyypillisesti rakenteeltaan epäselviä. Strategiaan on pudotettu erilaisia sisältöelementtejä ja -kokonaisuuksia. Rakenne näyttää sattumanvaraiselta, usein jopa sotkuiselta. Epäselvää on se, mitkä strategian sisältöelementeistä siirretään toimeenpanosuunnitelmaan ja siten aktiiviseen toimeenpanoon ja seurantaan. Strategian eri elementtien välinen suhde toisiinsa on myös usein epäselvä. Ei ole mitenkään harvinaista, että strategian toimeenpano jää kesken. Jos strategiaa ei jämäkästi ja systemaattisesti toimeenpanna, tietojärjestelmälle ei ole mitään tarvetta. Mikään tietojärjestelmä ei täytä organisaatiossa olevaa johtamisvajetta. Johdon tahtotila koskien strategiatyötä yleisellä tasolla sekä suhtautuminen strategian toimeenpanoon ratkaisevat sen, kannattaako strategiaa sähköistää.

Asian voi kääntää myös päälaelleen: entä jos tietojärjestelmä tuo ryhtiä strategian toimeenpanoon? En lähtisi kokeilemaan tätä ilman, että ylimmän johdon keskuudessa on käyty perusteelliset keskustelut, mitä tietojärjestelmän hankkiminen vaatii käytännössä. Keskeistä on silloin keskustella siitä, mitä se vaatii johtoryhmän jäseniltä. Parhaimmillaan tietojärjestelmä voi olla iso apu strategian toimeenpanossa. Pahimmillaan siitä tulee riippakivi, joka vuosien ajan nakertaa organisaation energiaa ilman, että se tuottaisi juuri mitään hyötyä. ”Kerran hankittu, ikuisesti käytössä” on julkishallinnon tapa suhtautua tietojärjestelmiin. Julkishallinnossa on erittäin hankalaa tehdä päätöstä jostain järjestelmästä luopumisesta, koska tällainen päätös tarkoittaisi aiemmin tehdyn virheen myöntämistä. Ja virheitä ei tunnetusti saa tehdä. On parempi olla tekemättä mitään. Silloin ei tehdä myöskään virheitä (sic!).

Mainitsemani toinen sähköistämiseen liittyvä haaste liittyy toimeenpanon seurannan käytännön järjestämiseen. Monien tietojärjestelmien kohdalla vahvuutena esitetään, että strategian toimeenpanon seurantaa voidaan suorittaa ajasta ja paikasta riippumatta – modernisti "on-line". On jopa olemassa kännykkäsovelluksia, joihin voidaan rakentaa strategian toimeenpanon seuranta näennäisen reaaliaikaisena.

Jos seurantatietoa saadaan harvakseltaan, raskaan tietojärjestelmän käyttämisessä ei ole mitään itua. Esimerkiksi vaikuttavuustason tietoa saadaan tyypillisesti kerran vuodessa tai jopa harvemmin. Tällaisessa tapauksessa ajantasaisen seurantatiedon tuomisessa vaikkapa kännykkäsovellukseen ei ole mitään järkeä. Voi sitä ilon ja riemun aamua, kun voi huomata viisarin värähtäneen. Vuoden päästä sitten taas uudestaan!

Usein seuranta on mahdollista organisoida riittävän tehokkaasti tavanomaisia toimistosovelluksia käyttäen. Jos strategisia tavoitteita sekä niiden alle ryhmiteltyjä toiminnallisia tavoitteita on maltillinen määrä, tavoitteet, mittarit ja seurantatiedot voidaan viedä taulukoituun esitykseen esim. Word-sovelluksessa. On makuasia, jos Wordin sijaan haluaa käyttää Exceliä. Taulukkolaskentaohjelmaa ei tosin ole suunniteltu tekstinkäsittelyyn, mutta numeerisen seurantatiedon käsittelyssä sitä voidaan mainiosti hyödyntää.

Julkishallinnon palvelutuotannon (esim. sote-sektori) prosesseissa tuotetaan tietoa, jota on mahdollista seurata jopa päivä- tai tuntitasolla. Tällöin seurantatiedon vieminen sähköiseen ympäristöön voi olla perusteltua. Ratkaisevaa on se, miten nämä päivittäin tuotettavat tiedot saadaan siirtymään järjestelmästä toiseen.

Seurannan järjestämisessä ensiarvoisen tärkeätä on sopia tietojen päivityssyklistä. Ideaalitilanteessa tiedot siirretään suoraan tietojärjestelmästä toiseen. Usein tarvitaan käsityötä, jolloin tiedot pitää käydä naputtelemassa raportointityökaluun. Määräaikojen noudattaminen on välttämätöntä, jotta johdon raportoinnin tuottaminen onnistuu sovitun aikataulun mukaisesti. Power BI:n käytön yleistyessä näyttävien raporttien tuottaminen on tullut aikaisempaa helpommaksi. Usein kuitenkin BI-raporttien tiedot

syötetään manuaalisesti, jolloin ihmisestä muodostuu tämän raportointi-
prosessin heikoin lenkki.

Palaan tämän alakappaleen otsikkoon: Älä hanki tietojärjestelmää. Olen
muotoillut otsikointiin sisältyvän ohjeen ehdottomaksi, jotta tietojärjestel-
mien käyttöön liittyvät haasteet tulevat kaikille selväksi. Kun haasteet on
selätetty eli kun organisaatiossa on opittu tekemään strategiatyötä laaduk-
kaalla tavalla, mitään esteitä tietojärjestelmätuen hankkimiselle ei enää ole.
Ensin on laitettava osaaminen, rakenteet ja tekeminen kuntoon, sen jälkeen
on mahdollista edetä strategiatyössä haastavampiin toteutustapoihin.

Valitse oikeat välineet

Yksi suurimmista strategiatyöhön liittyvistä väärinkäsityksistä koskee stra-
tegiatyössä käytettäviä työkaluja. Strategiatyö nähdään valitettavan usein
temppuratana, jossa erilaisten välineiden ja sabluunoiden käyttö on välttä-
mätöntä. Jos organisaaton ylimmässä johdossa ei ole strategiatyöhön liitty-
vää tilaajaosaamista, konsultit pääsevät määrittelemään, miten strategia-
työtä tehdään.

On täysin ymmärrettävää, että strategiatyöhön avuksi tilattu ulkopuoli-
nen asiantuntija tuo mukanaan erilaisia välineitä ja työkaluja. Täysin päin-
vastainen lähestymistapa antaisi vaikutelman *takki auki* -asenteesta. Usein
konsulttien tarjoamat välineet palvelevat hyvin strategian valmistelua. Ti-
laajaosaamisen puute saattaa näkyä siinä, että strategiaprojekti mitoitetaan
isosti, työpajoja järjestetään valtava määrä ja erilaisia työkaluja käytetään
runsaasti. Strategiaprojektin aikana käytettyjen työkalujen lukumäärä ei
suoraan korreloi lopputuotoksen laadun kanssa.

Kun puhutaan strategiatyön välineistä, on syytä ymmärtää, että tarjolla on
runsaasti erilaisia työkaluja. On päivänselvää, että työkaluja tarvitaan. Työ-
kaluja on käytettävä harkiten ja valikoidusti. En ryhdy tässä kirjassani luet-
telemaan tyhjentävästi strategiatyön eri välineitä. Suosittelen perehtymään
Tero Vuorisen ja Tuomas Huikkolan tästä aiheesta laatimaan teokseen *Stra-
tegiakirja – 25 työkalua* (Alma Talent 2023). Kirja ei ole tyhjentävä esitys
kaikista mahdollisista välineistä, mutta se antaa kattavan kuvan erilaisis-
ta, voisi sanoa jopa perinteisistä strategiatyökaluista. Kirjassa ei ole esitel-
ty moderneja osallistamisen välineitä, eikä siinä asian tuoreudesta johtuen

ole laajemmin käsitelty, miten tekoälyä voidaan hyödyntää strategiatyössä. Mutta kaiken kaikkiaan teos antaa hyvän käsityksen erilaisista työkaluista ja sitä voi suositella perusopuksena vakavasti strategiatyöhön suhtautuville johtajille ja asiantuntijoille.

Vuorisen ja Huikkolan kirjassa työkalut on jaettu erilaisiin luokkiin niiden käyttötarkoituksen mukaan. Välineiden käyttötarkoituksen tunnistaminen on äärimmäisen tärkeätä. Ennen kuin jokin strategiatyökalu otetaan käyttöön, on ymmärrettävä, mitä sen käytöllä haetaan ja mitä sen käyttö tuottaa lopputuotoksena. Suurin osa strategiatyökaluista on suunniteltu palvelemaan strategiatyössä tapahtuvaa ajattelua eli ne on laadittu tuottamaan ja jäsentämään tietoa strategian laatimisen tueksi. Esimerkiksi yksinkertaisista työkaluista SWOT ja PESTEL tuottavat vakioidulla rakenteella tietoa organisaation nykytilasta ja toimintaympäristöstä. Välineet eivät toki itse tuota mitään, vaan niiden avulla ohjataan keskustelua ja tuotetaan materiaalia strategiapohdintojen tueksi. Näiden työkalujen tuotoksia ei sellaisenaan siirretä strategiaan – tällaisiakin ratkaisuja toki nähdään – vaan työkalun avulla tuotetut materiaalit auttavat lopullisen strategian kirjoittamisessa. Suurin osa työkaluista toimii tällä tavalla eli niiden avulla tuotetaan ja jalostetaan tietoa strategiaprojektin aikana.

Pauli Juuti ja Mikko Luoma luonnehtivat kirjassaan *Strateginen johtaminen – Miten vastata kompleksisen ja postmodernin ajan haasteisiin?* (Otava 2009) erilaisten strategiatyökalujen tarjontaa sekamelskaksi. He tuovat esiin johtajien kokeman tuskan strategiatyökalujen maailmassa. Juutin ja Luoman tekemien havaintojen mukaan strategiatyökalujen käyttö on konservatiivista, jolloin kerran käyttöön otetuista työkaluista ei hevin luovuta. Vastaavasti halukkuutta uusien työkalujen käytölle ei ole. Juuti ja Luoma esittävät myös tekemiinsä selvityksiin pohjautuen, että tyypillisesti suomalaiset organisaatiot käyttävät strategiatyössään 6-8 eri strategiatyökalua.

Ainoastaan harvat työkalut näkyvät lopputuotoksessa eli valmiissa strategiassa. Tasapainotettu tuloskortti *(Balanced Scorecard)* ja siitä jatkojalostettu strategiakartta ovat tässä suhteessa virkistäviä poikkeuksia. Tuloskortti on suunniteltu strategian rakenteeksi. Tuloskorttifilosofian mukaan strategia muodostuu neljästä eri osa-alueesta. Strategiakartta puolestaan on strategian visualisointi, jonka tavoitteena on osoittaa eri osa-alueille sijoittuvien strategisten tavoitteiden väliset syy-seuraussuhteet.

Esimerkiksi työpajoja järjestettäessä työkalujen valinnalla on merkitystä. Strategiaprojektin osallistavissa työvaiheissa tuotokset on saatava talteen sähköisessä muodossa, jolloin tuotosten jatkokäsittely on vaivatonta. Työpajoissa ensisijainen haaste on asian jäsentäminen osallistujille esitettäviksi kysymyksiksi ja tehtäviksi. Vasta toissijainen haaste on se, millä välineellä työpaja toteutetaan. Aina siis edetään sisältö edellä. Tärkeintä on kirvoittaa keskustelua ja saada kirjattua ylös osallistujien näkemykset. 2020-luvulla tarjolla on monia erilaisia välineitä yksinkertaisista kyselytyökaluista toiminnoiltaan monipuolisiin ryhmätyöalustoihin (esim. Webropol, Howspace ja Miro). Usein organisaatioilla on jo valmiiksi jokin työkalu käytössään, jolloin strategiatyössä käytettävästä työkalusta ei tarvitse erikseen maksaa.

Suosittelen kriittisyyttä välineiden käyttöä kohtaan. Työkaluja tarvitaan ja ne tulee valita strategiaprojektin jokaisessa vaiheessa ko. vaiheelle asetettujen tavoitteiden mukaisesti. Ensin ei siis valita välineitä, vaan ensin käydään huolella läpi se, mitä ollaan tekemässä. Jokaiseen strategiaprojektin vaiheeseen löytyy varmuudella sopivat välineet. Olennaista ei ole käytettävien työkalujen lukumäärä, vaan niiden käyttötarkoitus. Kun edetään työskentelyn tavoitteet edellä, työkalujen lopullinen lukumäärä muodostuu tarkoituksenmukaiseksi.

Hyödynnä tulevaisuusskenaarioita ja megatrendianalyyseja

Strategiaprojekti on tapana aloittaa organisaation ulkopuolisen maailman tarkastelulla. Yksikään organisaatio ei toimi tyhjiössä, joten megatrendien ja toimialaan vaikuttavien muutosajurien tarkastelu on välttämätöntä. Monissa organisaatioissa katseet käännetään myös kauas tulevaisuuteen rakentamalla vaihtoehtoisia tulevaisuuden skenaarioita.

Strategiaprojektin yhteydessä tehtävän toimintaympäristöanalyysin tarkoituksena on kiinnittää organisaatio ympäröivään yhteiskuntaan ja käynnissä oleviin muutosvoimiin. Ajantasainen kuva toimintaympäristöstä muodostaa strategiaprojektin perustan, jonka päälle on mahdollista rakentaa strategian kova ydin eli strategiset tavoitteet ja niitä toimeenpaneva suunnitelma.

Asiantuntijaorganisaatiossa toimintaympäristöstä käytäviin keskusteluihin kannattaa haastaa mukaan koko organisaatio. Tämä strategiaprojektin aloitusvaihe toimii mainiona orientaatiokierroksena, jolla on parhaimmillaan asiantuntijaorganisaation yhtenäisyyttä ja toimintakulttuuria vahvistava vaikutus. Globaaleista megatrendeistä ja toimialan muutosajureista käytävä keskustelu on antoisaa ja mielenkiintoista. Keskustelussa saattaa nousta esiin yllättäviäkin näkemyksiä, joita organisaation johdon on syytä kuunnella herkällä korvalla.

Toimintaympäristön analyysivaihe on pidettävä kompaktina. Keskustelu ympäröivästä maailmasta vie helposti mukanaan. On tarpeetonta venyttää kohtuuttoman pitkäksi tätä strategiaprojektin vaihetta. Erinomainen lopputulos saavutetaan verraten lyhyessä ajassa, kun yhteisissä tilaisuuksissa pidettävät alustukset valmistellaan huolella ja kun analyysin yhteenvedon tuottaminen annetaan tiiviin työnyrkin tehtäväksi.

Toimintaympäristön tarkastelussa on mahdollista hyödyntää olemassa olevia pohdintoja. Pyörää ei tarvitse keksiä itse uudelleen. Valtioneuvoston eduskunnalle neljän vuoden välein antama laaja tulevaisuusselonteko sekä Sitrassa vuosittain laadittava katsaus megatrendeistä ovat todella laadukkaita ja huolella valmisteltuja. On täysin tarpeetonta tehdä tätä samaa työtä uudelleen yksittäisessä virastossa tai laitoksessa. Megatrenditasolla ulkomaailma näyttäytyy täsmälleen samanlaisena, katsotaan sitä sitten viraston A tai viraston B ulko-ovelta. Omassa analyysityössä aikaa ja energiaa kannattaa suunnata toimialakohtaisten muutosajurien käsittelyyn. Keskeistä on tarkastella sitä, miten näkymät tulevaisuudesta, globaalit megatrendit ja yhteiskunnan muutosvoimat vaikuttavat omaan toimialaan sekä organisaation arkeen ja tulevaisuuteen. Näillä pohdinnoilla on suora yhteys strategisiin valintoihin.

Erillisten organisaatiokohtaisten vaihtoehtoisten skenaarioiden työstämisen tarve riippuu monesta eri asiasta. Julkishallinnon organisaatioiden kohdalla strateginen liikkumavara on ratkaisevin tekijä. Mikäli hallinnonalaan ja sen organisoitumiseen tai viraston tehtäväkenttään kohdistuu merkittäviä muutosvoimia, vaihtoehtoisten skenaarioiden rakentaminen on perusteltua.

Megatrendejä ja tulevaisuusskenaarioita ei tule sekoittaa keskenään. Megatrendit ovat juuri nyt vaikuttavia suuria kehityskulkuja ja -voimia. Tulevaisuusskenaariot sen sijaan katsovat nimensä mukaisesti tulevaisuuteen. Megatrendit ja toimialan muutosajurit toimivat tulevaisuusskenaarioiden rakennusaineina. Skenaariot perustuvat asiantuntijoiden esittämiin näkemyksiin erilaisista kehityskuluista. Näissä vaihtoehtoisissa kehityskuluissa megatrendien ja muutosajurien voimasuhteet ja vaikutukset vaihtelevat, jolloin lopputulokseksi saadaan erilaisia näkymiä tulevaisuuteen.

Tulevaisuuden ennustaminen on tunnetusti vaikeaa, mutta asiantuntijaorganisaatiossa on mahdollista luoda uskottavia vaihtoehtoisia tulevaisuuksia. Osa pohdinnoista saattaa osua oikeaan. On myös täysin mahdollista, että tulevaisuus yllättää, eikä yksikään skenaario toteudu sellaisenaan.

Jos organisaatiossa oma osaaminen ei tunnu riittävän tulevaisuustyön fasilitointiin, työssä on mahdollista hakea tukea skenaariotyöhön erikoistuneilta konsulttiyrityksiltä. Mikäli tällaiseen ratkaisuun päädytään, konsultointitoimeksianto tulee mitoittaa oikein ja tilaajaorganisaation kannalta tarkoituksenmukaisella tavalla.

Zeger Van Der Wal painottaa 2000-luvun julkista johtamista käsittelevässä kirjassaan (*The 21st Century Public Manager*, 2017) ennustamisen ja skenaariotyön haasteita. Hän väittää, ettei kaikilla julkishallinnon johtajilla ole sen paremmin aikaa kuin kiinnostustakaan kehittyä ennustamisen ja skenaariotyön asiantuntijoiksi. Vaikka Van Der Wal tarjoaakin kirjassaan erilaisia välineitä ja ratkaisumalleja käytännön työhön, hän samanaikaisesti painottaa asiantuntijuuden merkitystä tulevaisuustyön tekemisessä. Siksi pidänkin suositeltavana, että julkishallinnon organisaatio ensimmäinen kerran isosti tulevaisuustyötä käynnistäessään tukeutuisi alan asiantuntijoihin. Uusintakierroksilla työ on mahdollista tehdä itsenäisemmin, kun ensimmäisellä kierroksella on otettu haltuun tähän työhön liittyvä perusosaaminen.

Toimintaympäristöanalyysiä ei ole tapana sisällyttää koko laajuudessaan strategiaan. Näin meneteltiin vielä 2000-luvun alussa, jolloin strategiat saattoivat kasvaa jopa yli 100 sivun mittaisiksi. Nykyään etenkin organisaatiostrategiat pyritään pitämään kompakteina. Lopulliseen strategiaan nostetaan ainoastaan organisaation kannalta merkittävimmät megatrendit ja toimialan muutosajurit. Oletusarvona on, että strategiaprojektin yhteydessä on käsitelty toimintaympäristöä ja laadittu toimintaympäristöanalyysi. Tätä ei tarvitse erikseen ja yksityiskohtaisella tasolla todistella strategiadokumentissa. Koko yhteiskuntaa koskevat laajat strategia-asiakirjat muodostavat poikkeuksen. Mitä korkeammalle noustaan strategioiden hierarkiassa (esim. selonteot), sitä enemmän strategia sisältää myös ympäröivän yhteiskunnan ja globaalin toimintaympäristön analyysiä ja kuvausta.

Elämä saattaa yllättää, jolloin jopa globaalit megatrendit heilahtavat ja toimialan muutosajurit muuttuvat. Olemme saaneet kokea tämän 2020-luvulla. Tällöin olennaista on strategiaprojektin ketteryys eli valmius ottaa strategian ajantasaisuus tarkasteluun. Hyvin johdetussa organisaatiossa on etukäteen kuvattu se prosessi, jonka mukaisesti strategian ajantasaisuus avataan tarkastelulle toimintaympäristön olennaisesti muuttuessa. Rullaavan strategiaprosessin menetelmillä on mahdollista puuttua pienempiin muutostarpeisiin. Kun toimintaympäristössä tapahtuu tuntuvia muutoksia, organisaation ylimmässä johdossa on keskusteltava, pitääkö strategia avata kokonaisvaltaiselle uudistamiselle vai riittävätkö rullaavan päivitysprosessin mukaisesti tehdyt tarkistukset strategian ajantasaistamiseksi.

Perkaa huolella ylätason strategiat

Mitä syvemmälle edetään julkishallinnon hierarkiassa, sitä todennäköisemmin ja runsaammin on olemassa kyseistä organisaatiota ohjaavia ylemmän tasoisia strategia-asiakirjoja. Tällaiset strategiat ovat esimerkiksi kansainvälisiä julkilausumia tai muita strategisia asiakirjoja (esim. YK, EU, Nato), eduskunnan selontekoja, valtioneuvoston periaatepäätöksiä, ministeriön johdolla laadittuja hallinnonalan strategioita, temaattisia poikkihallinnollisia strategioita jne. Strategioita tai strategisiksi asiakirjoiksi luonnehdittavia asiakirjoja on runsaasti. Organisaatiostrategiaa laadittaessa on tunnistettava kaikesta tästä runsaudenpulasta sellaiset asiakirjat, joilla on edes teoreettinen ohjaava vaikutus omaan organisaatioon. Myös hallitusohjelma on käytävä läpi tiheällä kammalla.

Organisaatiostrategiaa laadittaessa ylemmän tason strategioiden perkaamista ei saa sivuuttaa. Vaikka tällaisten strategioiden ohjaava merkitys tuntuu vähäiseltä, ne on käytävä läpi. Kaiken tämän valtaisan strategiamateriaalin keskellä on pystyttävä tunnistamaan omaa toimintaa ohjaavat strategiat. Niiden sisältöjä ei sellaisenaan voi eikä kannata siirtää organisaatiostrategiaan. Ylätason strategiat ovat yleensä yllätyksettömiä, ja niissä tavoitemuotoilut on kirjoitettu lavealla pensselillä. Niillä on oma tarkoituksensa, koska ne statement-tyyppisesti hakkaavat kiveen kansallisen tahtotilan eri toimialoilla. Esimerkiksi keskusvirastot omassa toiminnassaan pystyvät harvoin toimimaan siten, että ne toiminnallaan olisivat poikkiteloin kansallisten linjausten kanssa. Ylätason strategiat voivat kuitenkin sisältää myös konkreettisia kirjauksia, sillä ne ovat harvoin tasalaatuisia. Tällaiset selkeät kirjaukset tulee poimia talteen eri strategioista. Organisaation ylimmän johdon tehtävänä on strategian kirjoitusvaiheessa arvioida, mistä linjauksista on otettava koppia organisaation strategiassa ja millä tavalla.

Ylätason strategioiden perkaamisessa työtä on mahdollista tehostaa tekoälyn avulla. Kun ohjaavat strategia-asiakirjat on tunnistettu, tekoälysovelluksia käyttämällä suurestakin asiakirjamassasta on mahdollista laatia laadukkaita tiivistelmiä. Tekoälyn tuotoksia on tarkasteltava kriittisesti. Käsittelen myöhemmin omassa kappaleessaan tekoälyn hyödyntämistä strategiatyössä.

Tee päätös strategiakaudesta

Strategia voidaan laatia siten, että se kiinnitetään ajallisesti tavoitevuoteen. Tällöin puhutaan strategiakaudesta, joka alkaa välittömästi strategian valmistuttua ja joka päättyy tavoitteeksi asetettuun vuoteen – esimerkiksi "Viraston A strategia 2025–2030". Vaihtoehtoisesti strategian aikahorisontti voidaan jättää avoimeksi, jolloin strategia on toistaiseksi voimassa heti sen valmistuttua.

Tarkkaan rajatun strategiakauden käyttäminen on usein perusteltua. Esimerkiksi hallitusohjelma laaditaan neljäksi vuodeksi, koska valtioneuvoston toimikausi on korkeintaan neljä vuotta. Merkittävien muutosten tekemiseen neljä vuotta on varsin lyhyt aika, mutta näin on käytännössä toimittava eduskuntavaalien rytmityksen takia. Hallitusohjelmat voitaisiin kiinnittää kauemmas tulevaisuuteen, mutta hallituspohjan uusiutuminen poliittisten voimasuhteiden mahdollisesti muuttuessa neljän vuoden välein joka tapauksessa vesittää osittain tai kokonaan aikaisemmissa hallitusohjelmissa esitetyt tavoitteet.

Vaikka hallitusohjelma toimeenpannaan hallituksen nelivuotisen toimikauden aikana, ohjelman toimenpiteillä tavoitellaan yhteiskunnallista vaikuttavuutta, joka ulottuu pitkälle hallituksen toimikauden jälkeiseen aikaan. Suuret laivat kääntyvät hitaasti, joten ohjausliikkeiden vaikutukset näkyvät viipeellä. Tylsä juttu hallitusohjelmaan liittyvässä strategiatyössä on se, että vallan vaihduttua seuraava hallitus voi tehdä ohjausliikkeen täysin päinvastaiseen suuntaan.

Hyvinvointialueiden aluestrategiat on mahdollista laatia siten, että ne ulottuvat seuraavien aluevaalien yli pitkälle tulevaisuuteen. Laissa on säädetty velvoite, jonka mukaan strategia on tarkistettava vähintään kerran aluevaltuuston toimikauden aikana. Lakiin ei sisälly velvoitetta tehdä muutoksia edellisellä aluevaltuustokaudella laadittuun aluestrategiaan. Hallituksen esityksessä *Laiksi hyvinvointialueesta* on todettu, että "jokaisen valtuuston tulee kuitenkin ottaa kantaa muun muassa strategian ajankohtaisuuteen, ohjausvoimaan ja tavoitteisiin". Vastaavanlainen linjaus koskee myös kuntastrategioita, sillä *Kuntalain* 37 § mukaan kuntastrategia on tarkistettava vähintään kerran valtuustokauden aikana.

Valtion keskusvirastoissa strategiatyötä tehdään tyypillisesti silloin, kun uusi virastopäällikkö on aloittanut tehtävässään tai kun virastopäälliköllä alkaa uusi viisivuotinen toimikausi. Strategioita uusitaan harvemmin keskellä virastopäällikön toimikautta. Ainoastaan todella merkittävät toimintaympäristössä tapahtuvat muutokset voivat käytännössä johtaa strategian kokonaisvaltaiseen uusimiseen pikaisella aikataululla.

Strategiakausien osalta käytännöt vaihtelevat keskushallinnossa. Osassa virastoja strategia jätetään ajallisesti avoimeksi. Osa virastoista asettaa strategialleen tavoiteaikataulun.

Mitä korkeammalle strategia-asiakirjojen hierarkiassa tullaan, sitä kauemmas strategiat katsovat. Selonteoilla ja periaatepäätöksillä osoitetaan tavoiteltavaa kehitystä pidemmällä aikavälillä. Esimerkiksi turvallisuussektorilla pyritään osoittamaan kehitystä – osin myös pysyvyyttä – kauaskantoisesti. Myös muilla sektoreilla tehtävät strategiat, joista poliittiset päätöksentekijät vastaavat, ulottuvat kauas tulevaisuuteen.

Organisaatiostrategioiden toimeenpanon kannalta on oikeastaan lähes yhdentekevää, onko strategian aikahorisontti rajattu päättymään johonkin tiettyyn vuoteen vai jätetäänkö strategia ajallisesti avoimeksi. Joka tapauksessa strategian toimeenpano tulee käynnistää välittömästi strategian valmistuttua. Tuloksia on saatava aikaan niin pian kuin mahdollista. Toimenpiteet on aikataulutettava. Niiden vaikutukset voivat näkyä suhteellisen nopeasti. Sen sijaan yhteiskunnallisen vaikuttavuuden – siis sen tavoitteen, jota kaikki julkishallinnon organisaatiot tavoittelevat – syntymiseen kuluu useimmiten vuosia.

Yhtä olennaista kuin keskustelu strategian aikaulottuvuudesta on keskustelu yksittäisten strategisten tavoitteiden sekä niiden alle sijoittuvien toiminnallisten tavoitteiden ja toimenpiteiden toteutusaikataulusta. Kaikkien strategiaan sisältyvien strategisten tavoitteiden toimeenpano tulee käynnistää välittömästi strategian valmistumisen jälkeen. Strategisten tavoitteiden alaisuuteen sijoitettavien toiminnallisten tavoitteiden ja toimenpiteiden toteuttaminen sen sijaan voidaan porrastaa. Kaikkia toimenpiteitä ei ole välttämättä mahdollista toteuttaa samanaikaisesti, mutta organisaatiolla tulee olla selkeä suunnitelma, missä järjestyksessä strategista tavoitetta todeksi tekevät toimenpiteet toteutetaan. Kyse on eräänlaisesta tiekartasta, jonka avulla kuvataan, miten strategiset tavoitteet tehdään todeksi. Strategian toimeenpanosuunnitelmaan ei pidä sisällyttää sellaisia toimenpiteitä, jotka jäävät ajassa kellumaan. Kaikki tekeminen on aikataulutettava ja vastuutettava, sillä muussa tapauksessa toimenpiteen kokonaan tekemättä jäämisen riski kasvaa suureksi.

Ymmärrä vision merkitys

Strategiat sisältävät tyypillisesti vision, jota on monissa yhteyksissä ilkikurisesti luonnehdittu "herrojen huaveeksi". Luonnehdinta osuu hyvin maaliinsa, sillä eräänlaisesta haavekuvasta on todellakin kysymys. Visio on haavekuva, joka aiotaan tehdä todeksi. Visio on usein yliampuva, jopa kohtuuttoman kunnianhimoinen. Sellainen sen tuleekin olla, sillä visio, johon ei sisälly minkäänlaista haastetta tai kunnianhimoa, on strategiaan tehtynä kirjauksena täysin tarpeeton.

Koska julkishallinnon organisaatioiden tehtävänä on tuottaa yhteiskunnallista vaikuttavuutta, visiossa tulee kunnianhimoisella tavalla kuvata yhteiskunnallisen vaikuttavuuden tavoitetilaa. Monilla organisaatioilla on erikseen sekä toimialavisio että ns. organisaatiovisio. Organisaatiovisio on kuvaus organisaation tulevaisuuden tilasta. "Olemme arvostettu toimija" -tyyppisiin organisaatiovisioihin törmää tämän tästä. Mutta mitä arvoa on tällaisella visiolla? Kertooko arvostuksen tavoittelu siitä, ettei organisaatiota strategian laatimishetkellä arvosteta? Onko organisaation olemassaolo uhattuna? Julki lausutun organisaatiovision merkityksen voi kyseenalaistaa, sillä julkishallinnon organisaatio ei olemassa itseään varten, vaan sillä on tärkeä yhteiskunnallinen tehtävä. Visiomuotoilussa tulisikin keskittyä vain ja ainoastaan yhteiskunnallisen vaikuttavuuden kuvaamiseen napakalla tavalla. Jos organisaatio kertoo visiossaan esimerkiksi toimivansa kustannustehokkaasti ja tuottavasti, on vision merkitys ymmärretty väärin. Yhteyttä laissa organisaatiolle säädettyyn yhteiskunnalliseen vaikuttamistehtävään ei tällöin muodostu.

Visiota voi luonnehtia myös sloganiksi, julistukseksi (statement) tai mainoslauseeksi. Sen merkitys strategian toimeenpanon kannalta ei kuitenkaan ole merkityksetön. Kun missiossa kuvataan kiteytetysti organisaation toiminta-ajatus, visiossa kuvataan tulevaisuuden asiaintila yhteiskunnassamme sillä rajatulla tontilla, jonka hoitamisesta on annettu vastuu ko. organisaatiolle.

Hyvä visiomuotoilu on napakka ja osuu vaikuttavuustehtävän ytimeen. Vision muotoilua tulee työstää, mutta siihen ei kannata käyttää liikaa aikaa. Strategian varsinaiset sisältökysymykset käsitellään strategisissa tavoitteissa, joiden laatu on suoraan yhteydessä strategisen johtamisen laatuun.

Visiolla on kuitenkin oma merkityksensä ja sen toteutumista myös seurataan. Toimialalla tapahtuvaa kehitystä kuvaavat indikaattorit linkittyvät suoraan visioon. Hyväkään indikaattorisetti ei suoraan kerro, onko visio sellaisenaan toteutunut. Indikaattorit vaativat tulkintaa. Ne auttavat ymmärtämään, onko kehitys ollut toivotun suuntaista eli onko organisaatio liikkunut kohti esittämäänsä visiota. Käsittelen indikaattorisetin laatimista myöhemmin omassa kappaleessaan.

Älä jumiudu missioon

Monet strategiatyön lainalaisuudet, käytännöt ja rakenteet ovat universaaleja. Strategiatyötä on mahdollista tehdä samoilla periaatteilla ja yhteisiä työkaluja hyödyntäen riippumatta siitä, ollaanko laatimassa yrityksen, julkishallinnon organisaation tai kolmannen sektorin organisaation strategiaa. Missio, jota myös toiminta-ajatukseksi ja olemassaolon tarkoitukseksi kutsutaan, muodostaa kuitenkin poikkeuksen.

Kun julkishallinnon organisaatio on uusimassa strategiaansa, aikaa saatetaan käyttää valtavasti toiminta-ajatukseen liittyvään pohdintaan. Aivan turhaan, sillä julkishallinnossa missio on annettu eikä sitä tarvitse itse keksiä.

Vision ja mission työstäminen on yritysmaailman strategiatyössä keskeisessä roolissa. Yritys voi suunnata toimintaansa uusille liike-elämän osa-alueille. Mikäli näin päätetään, kuvaukset uusista tavoiteltavista aluevaltauksista näkyvät myös visiossa ja missiossa. Julkishallinnossa organisaatioilla ei ole tällaista strategista liikkumavaraa. Julkishallinnon organisaatioiden missio on kuvattu lainsäädännössä. Käytännössä lainsäätäjä eli eduskunta on päättänyt julkishallinnon organisaatioiden olemassaolon tarkoituksesta.

Esimerkiksi kuntien kohdalla *Kuntalain* ensimmäisen pykälän kirjaus sopii sellaisenaan strategiaan sisällytettäväksi missioksi, kun kunta-sanan korvaa ao. kunnan nimellä: "Kunta edistää asukkaidensa hyvinvointia ja alueensa elinvoimaa sekä järjestää asukkailleen palvelut taloudellisesti, sosiaalisesti ja ympäristöllisesti kestävällä tavalla".

Hyvinvointialueiden ja keskusvirastojen missiot on niin ikään annettu lainsäädännössä, mutta lakiteksti sopii harvemmin sellaisenaan toiminta-ajatusta kuvaavaksi muotoiluksi. Pientä jumppaa saatetaan siis tarvita, jotta missio saadaan napakkaan ja viestittävään muotoon. Mitään epäselvyyttä ei näidenkään organisaatioiden kohdalla pitäisi olla siitä, mikä on organisaation toiminta-ajatus.

Hyvinvointialueilla on jokaisella muotoilultaan omanlaisensa toiminta-ajatus. Sosiaali- ja terveyspalvelujen järjestämiseen ja rahoittamiseen liittyvien merkittävien haasteiden keskellä tätä voidaan pitää varsin pienenä ongelmana. Toiminta-ajatukset eivät ole ristiriidassa lakiin kirjatun mission kanssa. Olisi kuitenkin mielestäni ryhdikkäämpää, jos hyvinvointialueille olisi annettu sanatarkasti yhtäläinen missio kaikkialla Suomessa.

Kun julkishallinnon strategiatyössä kuullaan ja kuunnellaan eli ns. osallistetaan henkilöstöä ja tärkeimpien sidosryhmien edustajia, näkemyksiä organisaation missiosta ei tarvitse kysellä. Mikäli toiminta-ajatusta jostain syystä halutaan uudistaa, keskustelut tästä käydään organisaation ylimmän johdon keskuudessa. Muutos voi olla kosmeettinen eli viestinnällinen tai se voi olla toiminta-ajatusta merkittävällä tavalla uudistava. Jos organisaation roolia tai tehtäviä ollaan uudistamassa erityisen voimakkaalla tavalla, keskustelut keskusvirastojen toiminta-ajatuksesta käydään tulosohjaavan ministeriön kanssa. Ministeriö voi tarvittaessa ryhtyä uudistamaan kyseisestä organisaatiosta annettua lainsäädäntöä, jolloin uusittu toiminta-ajatus tulee kirjatuksi virastosta annettuun lakiin.

Jos julkishallinnon organisaatio ei pysy sille laissa säädetyn toiminta-ajatuksen raameissa, tilanne muodostuu ongelmalliseksi. Puurot ja vellit menevät sekaisin. Näin kävi joitakin vuosia sitten eräässä valtion keskusvirastossa. Pienen kriisiytymisen ja virastopäällikön vaihdoksen jälkeen näistäkin haasteista selvittiin, ja toiminta ja sen rakenteet palautettiin palvelemaan sitä tehtävää, jonka eduskunta on kyseiselle organisaatiolle säätänyt.

On täysin kestämätön ajatus, jos julkishallinnon organisaatiot omatoimisesti laajentavat tehtäväkenttäänsä ja rooliansa. Julkishallinnon organisaatioiden toiminta-ajatuksesta, roolista ja uusista tehtävistä päättää aina lainsäätäjä. Mikäli pienempiä muutoksia tehdään tai uusia tehtäviä annetaan, tulosohjaava ministeriö päättää muutoksista. Myös näissä tapauksissa uusien tehtävien ja roolitusten tulee olla linjassa laissa säädetyn perustehtävän kanssa.

Pidä se yksinkertaisena

"Tein tämän pidemmäksi, koska minulla ei ollut aikaa tehdä siitä lyhyempää", kirjoitti ranskalainen tieteilijä Blaise Pascal vuonna 1657 julkaistussa teoksessaan *Les Provinciales*, joka sisälsi 18 kirjeen muotoon laadittua kirjoitusta. "Minulla ei ollut aikaa kirjoittaa lyhyttä kirjettä, joten kirjoitin pitkän sen sijaan", väitetään puolestaan yhdysvaltalaisen kirjailijan Mark Twainin kirjoittaneen. Roomassa ensimmäisellä vuosisadalla ennen ajanlaskun alkua vaikuttaneen Ciceron kerrotaan niin ikään esittäneen samansisältöisiä pohdintoja.

Näissä kaikissa lausahduksissa piilee merkittävä viisaus, jolla on suora yhteys strategiatyöhön: pitkän ja sisällöltään runsaan strategian tekeminen on helppoa kuin heinänteko. Runsas strategia syntyy helposti, koska strategiaprojektin aikana erilaista materiaalia kertyy runsaasti. Usein strategiaprojektiin osallistuvilla on myös monenlaisia toiveita sisällön suhteen. Ei ole mitenkään harvinaista, että kaikki tai lähes kaikki saavat sormenjälkensä näkyviin. Strategia paisuu kuin pullataikina ja siitä tulee käytännössä täysin käyttökelvoton. Näin käy etenkin, jos strategian valmistelua ei johdeta jämäkästi ja jos organisaation ylin johto on kykenemätön tekemään valintoja ja rajaamaan pois strategiaan kuulumattomia sisältöjä.

Erityisesti julkishallinnon organisaatiostrategioihin kaadetaan kohtuuttoman paljon erilaisia elementtejä ja sisältöjä. Aitojen valintojen tekeminen on osoittautunut haastavaksi. Varsin usein törmää virheellisiin näkemyksiin liittyen siihen, että asiantuntijaorganisaation jokaisen asiantuntijan pitäisi löytää itsensä organisaation strategisista tavoitteista. Jotkut ovat jopa sitä mieltä, että kaikkien sisäisissä tukipalveluissa työskentelevien tulisi löytää itsensä organisaation strategiasta.

Strategian yhteydessä julkaistaan tyypillisesti myös organisaation arvot. Arvot koskevat organisaation kaikkia työntekijöitä riippumatta siitä, työskentelevätkö he aallonharjalla olevien substanssikysymysten parissa tai vaikkapa HR- tai IT-tukitehtävissä. Sen sijaan julkishallinnon organisaation strategiset tavoitteet eivät yleensä kata koko organisaatiota, koska kaikki tehtävät ja toiminnot eivät ole samanaikaisesti muutosjohtamisen kohteena lakisääteisiä tehtäviä toteuttavassa organisaatiossa. Arvot koskettavat kaikkia ja ovat yhdistävä tekijä organisaatiossa. Myös arvotyö on muutosjohtamista, kun valittuja arvoja aktiivisin toimin juurrutetaan osaksi organisaation DNA:ta, jota myös toimintakulttuuriksi kutsutaan.

Jos strategia laaditaan siten, että jokainen työntekijä voi löytää itsensä strategisista tavoitteista, strategia voi mennä (ainakin) kahdella eri tavalla pieleen. Ensinnäkin riskinä on se, että strategisten tavoitteiden määrä paisuu kohtuuttoman suureksi. Jos organisaatiolla on vaikkapa 20-30 strategista tavoitetta, voidaan aivan aiheesta kysyä, mitä valintoja on tehty. Strategisten tavoitteiden kohtuuttoman suuri määrä johtaa helposti siihen, että ainoastaan häviävän pieni osa tavoitteista saavutetaan. Kun lähes kaikessa yritetään samanaikaisesti saada aikaan muutosta, tulos jää lopulta laihaksi. Toiseksi, jos strategisten tavoitteiden kattavuus organisaatiossa halutaan varmistaa, lopputulos saattaa olla nippu mitäänsanomattomia strategisia tavoitteita, jotka eivät täytä tavoiteasetannan SMART-kriteeristön ainuttakaan vaatimusta. Ympäripyöreät ja koko maailmaa syleilevät strategiset tavoitteet ovat hankalia toimeenpanon kannalta. Niiden alle on mahdollista loihtia melkeinpä mitä tahansa toimintaa, jolloin strategisten tavoitteiden ohjaava voima jää mitättömäksi.

Jos strategiasta löytyy jokin kirjaus tai tavoitetila, asian toimeenpanon etenemistä on myös seurattava. Vakiintuneista sisällöistä visio on usein haastavin seurattava. Visiossa on oltava kunnianhimoa ja sen tulee kohdistua yhteiskunnalliseen vaikuttavuuteen, ei organisaation asemaan tulevaisuudessa. Kukaan ei ole kiinnostunut siitä, onko organisaatio arvostettu toimija kymmenen vuoden kuluttua. Teot puhuvat. Kiinnostavaa sen sijaan on se, millaista yhteiskunnallista vaikuttavuutta julkishallinnon organisaatio tuottaa nyt ja tulevaisuudessa.

Myös arvojen toteutumisen seuranta voi olla haastavaa. Arvotyössä minimivaatimuksena on se, että strategian valmistuttua arvojen prosessointia eli yhteistä keskustelua toimintakulttuurista ja sen kehittämisestä jatketaan. Arvojen parissa tehtävä työ ei pääty koskaan.

Strategiasta viestiminen on haastavaa, jos strategia on kohtuuttoman runsas ja jos sen pääviestit tämän runsauden takia hukkuvat massaan. Strategiassa on selkeästi pystyttävä kiteyttämään, mitkä ovat organisaation strategiset tavoitteet. Jos strategia on kovin runsas ja rosoinen, lukijalle saattaa jäädä epäselväksi, mitä strategialla lopulta tavoitellaan. Olen käsitellyt strategisten tavoitteiden laatuominaisuuksia toisaalla tässä kirjassa.

Haastavinta on tehdä aitoja valintoja, jättää jotain sanomatta ja kiteyttää. Materiaalin runsaus on harvoin ongelma. 2000-luvun alussa julkishallinnon strategiat olivat tyypillisesti vähintään yli 100-sivuisia pumaskoja. Mitä paksumpi julkaisu, sitä parempana ja syväluotaavampana strategiaa pidettiin. Sellaista vaihtoehtoa ei ollut edes olemassa, että strategia olisi saatu mahtumaan yhdelle sivulle. Laajoista strategioista tehtiin tiivistelmiä, jotka nekin olivat laajoja verrattuna nykypäivän strategioihin. Tiivistelmistä taitettiin esite, jota jaettiin vieraille ja sidosryhmien edustajille. Muuta käyttöä strategialla ei usein ollut.

Yksi tärkeimmistä strategiatyöhön liittyvistä ohjeistani on: *Pidä se yksinkertaisena* (PSY). Tämä ohje on suora kopio englanninkielisestä KISS-ohjeesta eli *Keep it simple and straightforward* tai *Keep it short and simple*. Eli karsitaan kaikki turhat elementit pois. Lähtökohtana tulisi olla se, että strategian kaikella sisällöllä on merkitystä. Kaikkea strategiaan kirjattua johdetaan, toimeenpannaan ja seurataan. Strategiaan ei sisällytetä taustoittavia materiaaleja ja korulauseita. Kaikki strategiaprojektin aikana tuotettu materiaali pysyy varmasti hyvässä tallessa ja siihen on mahdollista palata, mikäli tarvetta ilmenee. Strategiaan sisällytetään ainoastaan perusteellisen pohdinnan ja seulan läpäisseet tuotokset. Tärkein strategian sisältökokonaisuus on strategiset tavoitteet, joiden toimeenpano ja toimeenpanon seuranta käynnistetään välittömästi strategian valmistuttua.

Strategiatyötä voisi verrata ravintolan johtamiseen. *Kuppilat kuntoon, Gordon Ramsay!* -tv-sarjassa julkkiskokki kiertää laittamassa kuntoon ravintoloita, joiden loiston päivät ovat jääneet kauas taakse – jos niitä koskaan on ollutkaan. Perusasiat laitetaan Ramsayn johdolla nopeasti kuntoon: ravintoloista tehdään viihtyisiä ja siistejä ja palvelun laatuun kiinnitetään erityistä huomiota. Joka ikisessä ohjelman jaksossa suurimman muutoksen kokee ravintolan ruokalista. Kohtuuttoman runsas, rönsyilevä ja epämääräinen menu uudistetaan perin pohjin karsimalla tarjontaa ja uudistamalla sen sisältöä. Kehitystyön lopputuloksena on ravintola, jonka tavoitteena on toteuttaa uudistetun, niukan menun sisältämät ruokalajit parhaalla mahdollisella laatutasolla. Vastaavalla tavalla kaikkien organisaatioiden tulisi strategioissaan keskittyä kohtuulliseen määrään samanaikaisesti toteutettavia strategisia tavoitteita. Perusasiat on lisäksi laitettava kuntoon eli organisaatiossa tulee olla riittävä osaaminen, toimiva johtamisjärjestelmä sekä myönteinen ja kannustava toimintakulttuuri.

Strategian pitäminen yksinkertaisena ja lyhyenä on valtava haaste. Organisaation ylimmän johdon tehtävänä on johtaa organisaatiota. Johtamiseen sisältyy valintoja. Toimintaympäristö on jatkuvassa muutoksen tilassa. Strategia on muutosjohtamisen väline, ja johtajien tehtävänä on päättää muutoksen suunnasta. On oltava realistinen, sillä kaikkea ei voi muuttaa kerralla. On siis tehtävä valintoja ja nämä valinnat kirjataan strategiaan. Simple as that!

Suhtaudu kriittisesti alastrategioihin

Vauhtisokeus strategiatyössä tai puutteet johtamisjärjestelmässä voivat johtaa siihen, että organisaatiossa laaditaan kritiikittömästi erilaisia ala- tai osastrategioita. Päästrategian alaisuuteen asemoitujen erillisstrategioiden runsaus voi johtua strategiatyön parissa syntyvästä valtavasta innostumisesta, joka johtaa vauhtisokeuteen ja täydentävien alastrategioiden laatimiseen. Varsin yleistä on myös se, ettei organisaatiossa ole koskaan pohdittu ja linjattu alastrategioiden asemaa ja merkitystä organisaation johtamisjärjestelmässä, jolloin johtajat saavat liian helposti virastopäälliköltä luvan laatia erillisstrategian omalta vastuualueeltaan. Strategioita ilmestyy kuin sieniä sateella.

Julkishallinnon organisaatioissa on laadittu monenlaisia näennäisesti päästrategian alaisuuteen sijoittuvia alastrategioita. Tällaisia ovat esimerkiksi asiakasstrategia, hankintastrategia, henkilöstöstrategia, omistajastrategia, osaamisen kehittämisen strategia, palvelustrategia, rekrytointistrategia, sidosryhmästrategia, tiedolla johtamisen strategia, tietostrategia, tietotekniikkastrategia, toimitilastrategia, viestintästrategia jne. Alastrategioihin liittyy monenlaisia laatuvaatimuksia ja haasteita, joita käyn tässä tarkemmin läpi.

Johtamisjärjestelmän kuvauksessa tulee vahvistaa organisaation strategisen johtamisen rakenteet. Kuvauksessa kerrotaan, mitä alastrategioita päästrategian alaisuuteen sijoittuu. Jos päädytään siihen, ettei alastrategioita laadita, myös tämä todetaan johtamisjärjestelmän kuvauksessa.

Alastrategioille tulee antaa yhtenäiset sisältövaatimukset. Esimerkiksi erillisen vision ja mission tarpeellisuutta alastrategioissa on syytä tarkastella kriittisesti. Alastrategiasta on löydyttävä vähintään yksi strateginen tavoite. Koska alastrategia laaditaan kapealta toiminta-alueelta, strategisten tavoitteiden määrä tulee karsia minimiin. On keskityttävä päätavoitteeseen. Alastrategiat eivät sisällä omia arvojaan, koska organisaation yhteiset arvot läpileikkaavat kaiken toiminnan.

Yleinen alastrategioihin liittyvä ongelma on strategisuuden puute. Strategista tavoitetta ei joko ole asetettu tai strategisuus on ymmärretty väärin. Usein alastrategiat ovat luonteeltaan enemmän operatiivisia toimintasuunnitelmia kuin strategioita. Tällaisille suunnitelmille on varmasti tarvetta. Kannattaa vakavasti harkita, otsikoidaanko laadittu suunnitelma strategiaksi vai sopiiko asiakirjan otsikoinniksi paremmin toimintasuunnitelma tai -käsikirja. Esimerkiksi viestintästrategioissa strategiseksi tavoitteeksi on saatettu asettaa tiettyjen välineiden käyttö viestinnän sisältöön liittyvien tavoitteiden sijaan. Jos organisaatio päättää esimerkiksi lopettaa viestipalvelu X:n käytön, kyse on operatiivisesta valinnasta, ei strategisesta valinnasta. Organisaatiossa on kenties tultu siihen johtopäätökseen, ettei kyseisen välineen käyttö tue strategisten tavoitteiden toteutumista.

Alastrategioiden työstäminen saatetaan helposti ylimitoittaa. Projektit muodostuvat massiivisiksi resurssisyöpöiksi. Tekeminen organisoidaan kuin oltaisiin laatimassa koko organisaation strategiaa. Henkilöstöä ja joissakin tapauksissa sidosryhmiä osallistetaan isosti. Kaikki tämä vie aikaa ja resursseja enemmän kuin on kohtuullista.

Merkittävin alastrategioiden käyttämiseen liittyvä haaste on se, ettei päästrategian ja alastrategioiden muodostamaa kokonaisuutta nähdä yhtenä kokonaisuutena. Vaikka päästrategian toimeenpanon johtaminen olisi jämäkkää, alastrategiat jäävät liian usein kytkemättä johtamisen kokonaisuuteen. Kun strategian toimeenpanoa seurataan, samaan pöytään olisi tuotava näytöt myös kaikkien alastrategioiden toimeenpanon etenemisestä. Jos alastrategioiden toimeenpanoa ei tuoda ylimmän johdon yhteisen seurannan piiriin, niiden arvon strategioina voi kyseenalaistaa.

Alastrategian tarpeellisuuden happotestinä on mahdollista käyttää strategisuuteen liittyvää pohdintaa. Tällöin kysytään, onko alastrategiassa käytetty *strateginen*-sanaa merkityksessä *tärkeä* vai löytyykö alastrategian strategisista linjauksista selkeä yhteys päästrategiassa esitettyihin strategisiin tavoitteisiin. Jos yhteyttä pää- ja alastrategian välille ei pystytä muodostamaan, alastrategian laatimiselle on olemassa heikot perusteet.

Olisin erittäin varovainen sallimaan alastrategioiden laatimisen julkishallinnon organisaatioissa. Jos alastrategiat sallitaan, päästrategian ja sen alle sijoittuvien alastrategioiden muodostamaa kokonaisuutta on johdettava systemaattisesti. Alastrategioissa esitetyt linjaukset on vietävä myös toimintasuunnitelmaan. Jämäkästi johdettu strategiakokonaisuus voi tukea organisaation toimintaa ja tuloksellisuutta. Jos alastrategiat jäävät elämään omaa elämäänsä, ne eivät voi parhaalla mahdollisella tavalla tukea organisaation yhteiskunnallisen vaikuttavuuden muodostumista.

Parhaillaan monissa organisaatioissa pohditaan, miten tekoälyyn tulisi suhtautua. Tässä keskustelussa saatetaan esille nostaa tekoälystrategian laatimisen tärkeys. Tekoälystrategian laatimisessa haasteeksi voi osoittautua strategian ajantasaisuuden varmistaminen. Tekoälyä koskevat konkreettiset tavoitteet vanhenevat lyhyessä ajassa, jolloin strategiaa on päivitettävä tämän tästä. Lisäksi on muistettava, että tekoäly on väline, joka auttaa varsinaisten strategisten tavoitteiden toimeenpanossa. On tarkkaan pohdittava, asemoituuko tekoäly välineenä organisaation strategisten tavoitteiden tasolle vai näitä tavoitteita toteuttavaan toimeenpanosuunnitelmaan yksittäisinä toimenpiteinä. Tekoälystrategia toimii mainiona esimerkkinä, koska tärkeitä linjauksia tehtäessä strategia ei ole ainoa mahdollinen johtamisen väline. Tekoälyn kohdalla haltuunotto kannattaisi mielestäni tehdä tekoälyn käytön eettisten linjausten määrittelyllä, ei erillisellä tekoälystrategialla. Lisäksi tarvitaan konkreettinen toimintasuunnitelma, joka sisältää tavoitteiksi muotoillut toimet, joilla tekoälyyn liittyvää osaamista sekä tekoälyn hyödyntämistä aiotaan organisaatiossa vahvistaa.

Ymmärrä arvotyön merkitys

Arvot ovat osa organisaatioiden eetosta eli olemusta. Arvot kuvaavat tavoitetilaa, millaiseksi organisaation toimintakulttuurin halutaan kehittyvän ja millaisena organisaatio halutaan erityisesti ulkopuolelta nähtävän. Arvot muuttuvat todeksi, jos niiden mukaan toimitaan arjessa ja jos niiden eteen tehdään töitä. Tehtyjen päätösten ja linjausten on oltava linjassa arvojen kanssa.

Arvot on tapana työstää strategiaprojektin yhteydessä. Kyseessä on vakiintunut tapa. Mutta mihin organisaatio tarvitsee arvoja? Oikea vastaus ei ole se, että näin on tapana tehdä tai että näin tekevät muutkin. Organisaatiolla on arvot ja ne sisällytetään osaksi strategiaa, koska organisaation johto uskoo vankkumattomasti siihen, että yhteinen ja oikeanlainen arvopohja tukee ja vahvistaa organisaation toimintakulttuuria tavalla, joka parantaa organisaation toiminnan tuloksellisuutta ja vaikuttavuutta. Arvojen mukainen toiminta voitelee organisaation koneistoa.

Arvojen kimppuun ei hyökätä suin päin. Ennen kuin arvojen työstäminen käynnistetään laajasti koko organisaatiossa, ylimmän johdon on hyvä käydä perusteellinen ja kriittinen keskustelu arvotyön merkityksestä. Miksi organisaatiollamme on oltava arvot? Miten vaalimme ja vahvistamme arvoja arjessa? Kun johto on kirkastanut arvojen merkityksen itselleen, se pystyy yhtenä rintamana ja vakuuttavalla tavalla viestimään arvotyöstä ja sen merkityksestä koko henkilöstölle.

Osallistavassa strategiatyössä henkilöstölle annetaan mahdollisuus osallistua keskusteluun mm. strategisista tavoitteista sekä organisaatiolle vahvistettavista arvoista. Osallistamisen tavoitteena on hyödyntää laajasti organisaation eri tasoilla ja osissa olevaa asiantuntemusta. Arvojen kohdalla kyse on myös toimintakulttuurin vahvistamisesta ja sitouttamisesta. Ylin johto päättää lopulta strategisista valinnoista. Arvojen osalta johdon kannattaa kuitenkin herkällä korvalla kuunnella henkilöstöä, koska keskustelut paljastavat sen, millaisen arvopohjan henkilöstö näkee parhaalla mahdollisella tavalla edistävän organisaation tuloksellisuutta. Tätä näkemystä ei kannata sivuuttaa.

Arvoja työstettäessä on lupa puhua vaikeistakin asioista. Jos organisaatiossa on salliva keskustelukulttuuri, arvoista ja toimintakulttuurista käytävällä keskustelulla on parhaimmillaan ilmaa puhdistava ja asioita eteenpäin vievä vaikutus. Joissakin organisaatioissa vaikeista asioista ja epäkohdista puhumiseen liittyy riskejä, mikä toimii tulppana keskustelussa. Jos erilaisia näkemyksiä ja kritiikkiä ei sallita, keskustelu arvoista jää pinnalliseksi. Yhteiset arvot saadaan lopulta paperille, mutta ovatko näin työstetyt arvot sellaisia, joihin kaikki sitoutuvat? Sitoutuminen voi jäädä vajaaksi myös, jos johtoryhmä keskuudessaan päättää arvoista ilman, että niistä on avoimesti keskusteltu koko henkilöstön kanssa. Varmin tapa mitätöidä arvotyö on se, että johtoryhmä työstää arvot suljettujen ovien takana ja että arvojen julkistamisen jälkeen niiden juurtumista organisaatioon ei edistetä millään tavalla. Ulospäin hyvältä ja salonkikelpoiselta näyttävän arvopohjan taustalta löytyy valitettavan usein merkittäviä toimintakulttuuriin liittyviä haasteita.

Arvojen mukainen toiminta tukee organisaatioiden tuloksellisuutta. Sellaisessa organisaatiossa on kiva työskennellä, jossa kirjoitetut arvot näkyvät myös arjessa. Jos toiminta on arvojen mukaista, myös asiakkaat ja sidosryhmien edustajat huomaavat sen. Todelliseen testiin arvot joutuvat, kun organisaatio kohtaa yllättäviä haasteita. Esimerkiksi juuri nyt valtion keskusvirastoihin kohdistuvat säästöpaineet aiheuttavat valtavaa huolta virastoissa ja laitoksissa. Myös hyvinvointialueilla joudutaan tosissaan venyttämään euroja. Jos tällaisissa tilanteissa päädytään muutosneuvotteluihin ja lopulta irtisanomisiin, arvojensa mukaisesti toimiva organisaatio selviää todennäköisesti myös näistä kriiseistä. Toki sillä oletuksella, että arvot on valittu siten, että niiden mukaisesti voidaan toimia ryhdikkäästi ja kanssaihmisiä arvostaen myös hankalissa tilanteissa. Yleensä avoimuus ja reiluus kantavat pitkälle, vaikka ne eivät olisikaan organisaation kirjoitettuja arvoja. Jos kirjoitetut arvot ovat julistuksenomaista höttöä vailla kosketusta todelliseen toimintakulttuuriin, ollaan väistämättä ongelmissa.

Arvojen tuominen arkeen ei ole ydinfysiikkaa. Kyse on sekä prosessista, jonka aikana arvot valitaan, että keskustelusta, joka tuodaan pysyvästi osaksi organisaation arkea. Jos arvoista ja niihin liittyvistä hankalista tilanteista ei ole mahdollista avoimesti keskustella, organisaatiolla on ongelma. Joskus voi olla hyvä, jos arvoista käytävään keskusteluun tilataan fasilitaattori organisaation ulkopuolelta. Monilla yrityksillä on vuosien tai jopa vuosikymmenten kokemus organisaatioiden arvojen ja toimintakulttuurin parissa työskentelemisestä. Kyse ei ole lopulta vaikeiden temppuratojen toteuttamisesta, vaan rauhallisesti ja asiantuntevasti fasilitoiduista keskusteluista, joissa on salliva ote ja joihin käytetään riittävästi aikaa.

Sellaista vaihtoehtoa ei ole aidosti olemassa, että 2020-luvun asiantuntijaorganisaatiolla ei olisi arvoja. Koska arvot on käytännössä oltava, niiden laatimiseen tai tuoreuttamiseen kannattaa suhtautua vakavasti. Myös arvoista keskustelemiseen ja arvojen juurruttamiseen osaksi toimintakulttuuria kannattaa panostaa. Tätä kaikkea ei pidä tehdä muodon vuoksi vaan siksi, koska arvopohjalla ja toimintakulttuurilla on merkitystä tuloksellisuuden kannalta. Jos arvotyöhön ei olla sitoutuneita, se paistaa läpi kilometrien päähän. Lopulta kyse on ihmisten kanssa toimimisesta sekä siitä, halutaanko aidosti käydä keskustelua työn tekemisen tavoista ja tuloksellisuudesta koko henkilöstön kanssa.

Ymmärrä oikein osallistamisen tarkoitus

2020-luvulla strategiatyötä tehdään henkilöstöä ja sidosryhmiä osallistaen. Toisin oli 2000-luvun alussa, jolloin monet julkishallinnon strategiat syntyivät johtoryhmän suljettujen ovien takana tai erillisessä työryhmävetoisessa valmistelussa. Sidosryhmien edustajiin saatettiin olla yhteydessä, mutta omalta henkilöstöltä harvemmin kysyttiin mitään. Strategia oli yksinomaan johdon asia.

Vastuu strategian laatimisesta ja sen toimeenpanosta kuuluu organisaation ylimmälle johdolle. Vaikka osallistavat menetelmät ovat yleistyneet, mitään pakkoa sidosryhmien, asiakkaiden tai henkilöstön osallistamiselle ei edelleenkään ole. Johtoryhmä voi halutessaan laatia strategian täysin omin voimin. Halutessaan virastopäällikkö voi ns. päällikkövirastoissa laatia strategian ja nuijia sen pöytään vaikkapa yksinään. Eri asia on sitten se, miten järkevää on ohittaa ja jyrätä oma johtoryhmä strategiatyössä.

Kun puhutaan osallistamisesta strategiatyöhön, aivan alkuun on välttämätöntä pysähtyä tarkastelemaan, mitä osallistaminen on ja mitä se ei ole. Olennaista on ymmärtää, mitä osallistamisella tavoitellaan. Valitettavan usein perusymmärrys osallistamisesta ja sen tarkoituksesta on hukassa.

Strategiatyöhön osallistamisen ensisijainen tarkoitus on tukea strategian valmistelua siten, että lopputuotoksesta tulee mahdollisimman laadukas. Laadukkaalla strategialla tarkoitan sitä, että organisaatio on tulkinnut oikein ympärillä olevaa maailmaa (megatrendit) ja toimialan sisällä tapahtuvaa kehitystä (toimialan muutosajurit) ja että lopullisten strategisten tavoitteiden taustalla on vankka tietopohja, jonka perusteella voidaan tehdä aitoja valintoja. Osallistamisella tuetaan siis sitä, että strategiasta tulee laadukas.

Osallistava työskentelytapa tuottaa asiantuntijuuteen perustuvia vaihtoehtoisia näkemyksiä organisaation kaikilta eri tasoilta. Osallistava työskentelytapa tehostaa kokonaiskuvan muodostamista ja vaihtoehtojen laatimista. On täysin mahdollista, että osallistavalla työskentelyotteella pystytään tuottamaan sellaisia näkemyksiä ja sanoituksia, joita johtoryhmätyöskentelyssä ei pystytä tuottamaan. Voi käydä myös niin, että laadukaskaan osallistaminen ei tuota mitään sellaista, mitä johtoryhmä ei itse pystyisi tuottamaan.

Usein näkee väitettävän, että osallistamalla henkilöstöä strategiatyöhön lisätään samalla henkilöstön sitoutumista strategiaan ja sen toimeenpanoon. Kaunis ajatus, mutta monissa organisaatioissa se on kaukainen haavekuva. Tällä en tarkoita sitä, etteikö sitouttamisen tulisi olla tavoite strategiatyössä.

Kun henkilöstöä kutsutaan työpajoihin tai kun henkilöstölle lähetetään kutsuja erilaisiin verkon yli tapahtuviin tiedonkeruisiin, tyypillinen osallistumisprosentti omien kokemusteni valossa julkishallinnon organisaatioissa on noin 25-30 %. Henkilöstölle tulee antaa mahdollisuus osallistua ja tästä mahdollisuudesta on viestittävä riittävästi. Ketään ei kuitenkaan pidä pakottaa osallistumaan. Monista eri syistä johtuen osallistumisprosentti voi jäädä verraten alhaiseksi. Tilanteen voi kääntää voitoksi ajattelemalla, että kaikki mukaan ilmoittautuneet ovat mukana vapaaehtoisesti ja omasta kiinnostuksestaan. Heikko usko strategiatyön onnistumiseen tai muut kiireet ovat tyypillisimmät syyt, miksi strategiatyön osallistavaan vaiheeseen ei lähdetä mukaan. Olen varma, että onnistumiset strategiatyössä johtavat pitkällä aikavälillä osallistumisaktiivisuuden kasvuun. Kun on näyttöjä siitä, että strategia oikeasti toimeenpannaan ja että strategialla on merkitystä, halu kantaa kortensa kekoon kasvaa.

Arvosta ja välitä

Moderni strategia tehdään inhimillisellä otteella henkilöstöä osallistaen. Koko organisaation yhdessä tekemä strategia lisää tämän ajattelun mukaisesti yhteistä ymmärrystä ja sitouttaa henkilöstöä strategian toimeenpanoon. Kirjassaan *Inhimillinen strategia* (2022, Alma Insights) Paula

Kilpinen on ansiokkaalla tavalla kuvannut inhimillistä strategiatyötä. Voin lämpimästi suositella kirjaan tutustumista.

Inhimillinen strategiatyö on kaunis ajatus ja tavoitteena kannatettava. Kokemusteni perusteella uskallan kuitenkin väittää, että inhimillisen strategian toteuttamiseen suomalaisessa julkishallinnossa sisältyy huomattavia vaikeuskertoimia.

Organisaatio ei milloinkaan lähde strategiatyöhön puhtaalta pöydältä. Toimintakulttuuri ja aikaisemmin tehty strategiatyö luovat perustan. Jos strategiatyössä ei ole aiemmin onnistuttu tai jos strategiatyötä ei ole tehty henkilöstöä arvostavalla otteella, asiantilan muuttaminen ei hetkessä onnistu. Todellisuudessa henkilöstön sitouttamista strategiaan voidaan monissa suomalaisissa julkishallinnon organisaatioissa pitää jopa illuusiona ja toiveajatteluna.

Asiantuntijaorganisaatioissa henkilöstön osallistamisella strategiatyöhön on kaksi pääasiallista tavoitetta: lopputuotoksen eli strategian laadun varmistaminen sekä strategian toimeenpanoon sitouttaminen. Asiantuntijoita osallistamalla ja kuulemalla organisaation johto kerää asiantuntijuuteen perustuvia tietoja ja näkemyksiä, jotka mahdollistavat laadukkaan toimintaympäristöanalyysin laatimisen. Asiantuntijat voivat esittää myös vaihtoehtoisia näkemyksiä siitä, miten organisaation tulisi reagoida toimintaympäristössä tapahtuviin muutoksiin ja organisaatioon kohdistuviin odotuksiin. Onnistunut strategiaprojektin aikana käytävä dialogi voi parhaimmillaan lisätä henkilöstön sitoutumista strategian toimeenpanoon.

Henkilöstön osallistaminen ei tarkoita sitä, että henkilöstö päättäisi strategian sisällöstä eli strategisista valinnoista. Esimerkiksi valtion keskusvirastoissa ylin johto on aina vastuussa strategisten linjausten tekemisestä. Kyse ei siten ole huutoäänestyksestä tai demokraattisesta prosessista. Ylin johto, keskusvirastoissa käytännössä virastopäällikkö, päättää strategian lopullisesta sisällöstä. Tämä on kaikkien tiedossa, eikä asiassa pitäisi olla mitään epäselvää. Virastopäällikön suorat alaiset eli viraston johtoryhmä toimii strategiatyössä virastopäällikön tukena. Koko johtoryhmän sitoutuminen strategian toimeenpanoon on strategian toimeenpanon kriittinen menestystekijä. Jos johtajat eivät sitoudu virastopäällikön vahvistamiin strategisiin linjauksiin, on turha odottaa, että johtajien alaisuudessa työskentelevät asiantuntijat sitoutuisivat strategian toimeenpanoon.

Olen saanut strategiaprojektin vetovastuun organisaatioissa, joissa edellisen strategian laatiminen on jäänyt kesken tai se on ollut sisällöltään totaalisen epäonnistunut tai sen toimeenpanoa ei ole koskaan käynnistetty. Strategian toimeenpanon rakenteet, systematiikka ja seuranta ovat loistaneet näissä organisaatioissa poissaolollaan. Ylintä johtoa ei ole yksinkertaisesti kiinnostanut strategian käyttäminen johtamisen välineenä. On menty sieltä yli missä aita on matalin – tai sieltä missä aitaa ei ole lainkaan. Joissakin organisaatioissa strategiatyössä on epäonnistuttu jopa useita kertoja peräkkäin. On päivänselvää, että tällaisissa organisaatioissa asiantuntijat suhtautuvat erittäin skeptisesti uuteen strategiaprojektiin. "Ei tämä ennenkään ole johtanut mihinkään", on yleinen ajatus asiantuntijoiden keskuudessa. Aikaisemmat epäonnistumiset vaikuttavat myös siihen, miten aktiivisesti asiantuntijat osallistuvat strategiaprojektin aikana järjestettäviin työpajoihin ja kyselyihin. Asiantuntija kokee työnsä ja aikansa arvokkaaksi, ja jos strategiatyö ei ole aiemmin johtanut mihinkään, siihen ei haluta uhrata kallisarvoista aikaa.

Uusi strategiaprojekti on aina uusi mahdollisuus organisaatiolle ja sen johdolle. Jämäkästi johdettu strategiaprojekti yhdessä jämäkästi johdetun strategian toimeenpanon kanssa alleviivaavat strategian merkitystä organisaatiolle. Asiantuntijoiden sitoutuminen strategiatyöhön kasvaa ajan myötä, kun huomataan, että strategia on aidosti johtamisen väline. Onnistumisen kannalta olennaista on strategisten tavoitteiden systemaattinen seuranta ja strategian toimeenpanosta viestiminen. Jos strategian toimeenpano jää piippuun, on turha kuvitella, että seuraavan strategiaprojektin käynnistyessä henkilöstö osallistuisi innolla uuden strategian työstämiseen ja sitoutuisi sen toimeenpanoon.

Sellaiset organisaatiot, jotka pystyvät luomaan strategiatyöhön onnistumisen kulttuurin, pystyvät todennäköisesti tehokkaammin sitouttamaan henkilöstöä strategiaprojektiin osallistumiseen ja strategian toimeenpanoon. Samanaikaisesti on ymmärrettävä, että strategian lopputulos eli tehdyt strategiset valinnat eivät aina miellytä kaikkia organisaation asiantuntijoita. Strategia on muutosjohtamisen väline, eikä muutos ole kaikkien kohdalla aina odotettu ja tervetullut. Julkishallinnon organisaation strategia ei välttämättä kosketa kaikkia organisaation työntekijöitä. Kaikkeen toimintaan ei kohdistu muutostarpeita, jolloin näihin toimintoihin ei kohdistu strategisia, muutosta kuvaavia tavoitteita. Myös tämä voi vaikuttaa henkilöstöltä saatuun palautteeseen ja sitoutumisen asteeseen.

Strategiatyössä tulee tavoitella inhimillistä otetta. Inhimillisyys tarkoittaa arvostamista ja välittämistä. Kun osallistetaan, silloin osallistetaan aidosti. Kun henkilöstöä kuullaan, on kuunneltava. Mitään ei saa tehdä muodon vuoksi tai siksi, koska näin menetellään muissakin organisaatioissa. Jos strategiatyötä pystytään tekemään aidosti inhimillisellä otteella, on sillä organisaation toimintakulttuuria korjaava vaikutus. Muutokset parempaan eivät tapahdu hetkessä, mutta ne tapahtuvat. Siksi inhimillisyyttä on korostettava strategiatyössä. Pitkässä juoksussa inhimillisellä otteella on todennäköisesti merkittävät vaikutukset organisaation tuloksellisuudelle sekä tuotetulle yhteiskunnalliselle vaikuttavuudelle.

Älä ylimitoita osallistamista

Strategiatyössä henkilöstön sekä sidosryhmien edustajien ja asiakkaiden osallistamisella tuetaan laadukkaan strategian valmistelua. Osallistamisella voi olla parhaimmillaan myös sitouttava vaikutus. Nämä perusasiat on syytä pitää mielessä, kun suunnitellaan osallistamisen toteuttamista käytännössä.

Ei ole mitenkään harvinaista, että osallistaminen ylimitoitetaan. Tuloksena on ns. strategiaöverit ja osallistumisähky. Kutsuja monenlaisiin tilaisuuksiin, kyselyihin ja verkkoalustoille sinkoilee tämän tästä. Tekeminen puuroutuu, ja henkilöstön on lopulta vaikea hahmottaa, mihin strategiaprojektin nimissä lähetetyt kutsut liittyvät. Liiallinen viestintä tappaa motivaation osallistua. Jos viestit eivät ole kirkkaita ja tehtävänannot ytimekkäitä, myös kiireisiltä sidosryhmien edustajilta saattavat vastaukset jäädä saamatta.

Strategiatyössä verkon yli tapahtuva osallistuminen sekä kehittyneet sähköiset osallistamisen työkalut voidaan nähdä sekä mahdollisuutena ehkä uhkana. Koronapandemia muutti pysyvästi tapaamme tehdä työtä. Ilman pandemiaa suomalaisessa julkishallinnossa tuskin olisi mahdollista tehdä etätyötä nykyisessä laajuudessa. Pandemia vauhditti pakon edessä myös monien osallistamiseen liittyvien teknologioiden ja sovellusten kehitystä ja käyttöä.

Strategiatyössä osallistaminen suunnitellaan ja toteutetaan strategiaprojektin tavoitteet ja sisältö edellä. Ensin on ratkaistava, missä projektin eri vaiheissa osallistetaan, keitä osallistetaan, millä tavalla osallistetaan ja mitä tällä osallistamisella tavoitellaan. Lisäksi on tehtävä selkeä jako viestinnän ja osallistamisen välille. Strategiaprojektin kaikissa eri vaiheissa ei tarvita osallistamista. Laadukkaan viestinnän tehtävänä on varmistaa, että henkilöstöllä on ajantasainen tieto strategiaprojektin etenemisestä ja osallistumisen mahdollisuuksista.

Jos henkilöstöä ja sidosryhmien edustajia halutaan aidosti osallistaa ja jos vahvasti uskotaan siihen, että osallistavalla työskentelyotteella lisätään sitoutumista strategiaan ja sen toimeenpanoon, ihmiset on kohdattava kasvotusten. Koronapandemian jälkeisessä ajassa on käyty vilkasta keskustelua konttoreille palaamisesta. Strategiaprojektissa tapahtuva osallistaminen on erinomainen syy läsnätapaamisten järjestämiselle. Kasvottomien Teams-hahmojen keskustelut eivät voi johtaa syvällisiin pohdintoihin ja uusiin ajatuksiin. Tarvitaan kohtaamisia.

Yhteisöllisyyden vahvistumisen kannalta pidän lähes välttämättömänä, että mm. strategiaprojektin aloituspalaveri (kick-off) pidetään läsnäkokouksena. Koko henkilöstö saa harvemmin kutsuja tilaisuuksiin, joissa organisaation ylin johto on läsnä. Vielä harvinaisempaa on se, että tällaisissa tilaisuuksissa käsiteltäisiin tiukkoja substanssikysymyksiä ja että niihin olisi lupa ottaa kantaa. Kutsu strategiaprojektin aloituspalaveriin on mieluisa ja varsin monet haluavat osallistua tällaiseen tilaisuuteen.

Toisin kuin verkon yli etänä järjestettävässä kokouksessa, läsnätilaisuutena järjestetyssä aloituspalaverissa on mahdollista saavuttaa aito keskusteluyhteys ylimmän johdon ja asiantuntijoiden välillä. Kun keskustelulle varataan riittävästi aikaa, henkilöstön edustajilla on mahdollisuus esittää näkemyksiä käynnistyvän strategiatyön tiimoilta. Kokemukseni mukaan puheenvuoroja käytetään ahkerasti. Puheenvuorojen pitäjät on helppo tunnistaa organisaatioon sitoutuneiksi henkilöiksi, jotka kokevat vahvasti, että strategiatyöllä on merkitystä. Isossa joukossa on toki aina myös vastarannan kiiskejä, jotka jopa omaan asiattomaan tyyliinsä saattavat arvostella johtamista tai sitä tapaa, jolla strategiaprojekti on päätetty toteuttaa. Vaikka tällaiset puheenvuorot saattavat ärsyttää, saatu palaute on otettava vastaan. Erityisesti herkällä korvalla on kuunneltava substanssikysymyksiin ja johtamiseen kohdistuvaa kritiikkiä. Sen sijaan strategiaprojektin toteutustapa ei ole huutoäänestyskysymys. Huolella valmisteltua projektia ei kevyin perustein enää muuteta.

Vaikka fyysiset kohtaamiset ovat tärkeitä, niiden tarjontaa ei tule ylimitoittaa. Monissa organisaatioissa tehdään se virhe, että strategiatyön ympärille järjestetään massiivinen ja lähes loputon vyörytys erilaisia keskustelutilaisuuksia. Strategiaprojekti on saatava maaliin järkevässä ajassa. Siksi osallistamisvaiheessa läsnätilaisuuksina toteutettavaa osallistamista tulee täydentää tehokkailla tiedonkeruumenetelmillä. Kun organisaatio on viritetty strategiatyön taajuudelle, näkemyksiä on mahdollista kartoittaa esimerkiksi kyselytyökaluja käyttämällä. Sähköiset tiedonkeruumenetelmät tarjoavat mahdollisuuden osallistua myös niille, jotka työkiireiden vuoksi eivät ole pystyneet osallistumaan läsnätilaisuuksiin.

Strategiaprojektissa henkilöstölle suunnatut kyselyt kannattaa pilkkoa osiin projektin vaiheiden mukaan. Koko henkilöstö on mahdollista tavoittaa intranetin ja sähköpostin avulla, joten tieto kyselyistä tavoittaa helposti koko henkilöstön. Vastausprosenttien suhteen on syytä olla realisti: oman kokemukseni perusteella väitän, että jos kolmannes keskisuuren tai suuren keskusviraston henkilöstöstä vastaa kyselyyn, osallistumisaktiivisuutta voidaan pitää hyvänä.

Sidosryhmien edustajien osallistaminen on usein osoittautunut haastavaksi. Kyselynäytteen (jakelulista) muodostaminen on työlästä. Paras lopputulos saavutetaan, kun organisaation johtoryhmän jäsenet listaavat tärkeimmät kontaktinsa. Yleinen harhakäsitys on, että osallistumiskutsu tulee lähettää sadoille sidosryhmien edustajille. Johtajat saavat tämän tästä, jopa viikoittain, kutsuja strategiatyöhön liittyviin kyselyihin. Määrän sijaan suosittelen panostamaan laatuun.

Sähköisen kyselyn sijaan sidosryhmien edustajien näkemyksiä on mahdollista kartoittaa kasvotusten tapahtuvissa tapaamisissa. Eräässä keskusvirastossa virastopäällikkö antoi johtoryhmänsä jäsenille tehtäväksi tavata sidosryhmien edustajia kasvotusten ja tehdä vapaamuotoisen haastattelun. Tapaamista varten laadittiin listaus niistä asioista, joita toivottiin kaikkien haastateltavien kanssa käsiteltävän. Muilta osin haastattelijoiden käsiä ei sidottu. Tästä toimintatavasta saadut kokemukset olivat hyviä. Tapaamiset kiireisten johtajien kanssa järjestyivät verraten helposti. Henkilökohtainen tapaaminen koettiin myönteisenä asiana. Tapaamiset tuottivat laadullisesti arvioiden hyvää aineistoa strategiatyöhön. Tapaamiset tarjosivat mahdollisuuden käydä läpi myös muita ajankohtaisia asioita.

Kun eräässä verraten pienessä suomalaisessa julkishallinnon

organisaatiossa uusittiin viestintästrategiaa, linkki haastattelututkimukseen lähetettiin yli tuhannelle organisaation ulkopuoliselle henkilölle. Vastauksia saatiin runsaasti, mutta epäselväksi jäi, mitä lisäarvoa yli tuhannen henkilön jakelulista antoi verrattuna vaikkapa sadan henkilön jakelulistaan.

Kyselytutkimusten jakelulistoja laadittaessa suositeltavaa on keskittyä laatuun. On tärkeätä, että jakelulistalle kelpuutetaan ainoastaan sellaisia henkilöitä, jotka tuntevat organisaation ja/tai toimialan riittävän hyvin. Kannattaa etukäteen päättää, miten suurelle joukolle kyselytutkimus lähetetään. Kun sovittu määrä osoitetietoja on koossa, kyselyn voi laittaa eteenpäin. Kysely tulee aina lähettää virastopäällikön nimissä, jolloin viesti saa mahdollisimman suuren huomioarvon. Viestin otsikko ja saatesanat on muotoiltava huolella ja napakasti.

Sidosryhmille ja asiakkaille lähetettävät kyselyt tulee laatia ja mitoittaa oikein. Niissä on keskityttävä ainoastaan tärkeimpiin kysymyksiin. Kysymyspatteriston laajuus on kääntäen verrannollinen vastausmäärän odotusarvoon. Jos patteristo on kohtuuttoman raskas, on todennäköistä, että vastausprosentti jää alhaiseksi. Kysymysten asetteluun pätevät yleiset kyselyihin liittyvät lainalaisuudet. Strategiatyössä sellaiset kysymykset, joissa vastaus annetaan numeerisessa muodossa (esim. Likert-asteikko) ovat merkitykseltään vähäisiä. Tarkoin valikoidut kysymykset, joihin vastataan sanallisesti, tuottavat laadukkaan aineiston. Moderneilla työkaluilla (mm. tekoäly) on mahdollista laatia laadukkaita yhteenvetoja laajoistakin vastausaineistoista. Yhtäkään kysymystä ei pidä kyselyvälineessä tehdä pakolliseksi. Kyselyyn kutsun saaneen henkilön tehtävänä on itse arvioida, mihin asioihin hänellä on annettavaa.

Erityisesti kuntademokratiassa on käytössä erilaisia kansalaisille suunnattuja palveluja, joihin valmistelussa oleva asia voidaan laittaa kommentoinnille. Tällaisia sähköisiä palveluja on mahdollista hyödyntää myös strategiatyössä. Ne antavat ainakin näennäisen mahdollisuuden osallistumiselle. Tosiasiassa ainoastaan aktiivisimmat kansalaiset sekä erilaiset paikallisjärjestöt tarttuvat tarjottuihin kommentointimahdollisuuksiin.

Kuntademokratiassa strategiatyöhön osallistamisessa valtuuston jäsenten merkitys on suuri. Koska kunnan- ja kaupunginvaltuutetut ovat vaaleilla valittuja kuntalaisten edustajia, kuntalaisten ääni saadaan tällä tavalla kuuluviin. Kuntastrategian laatimisprojektin yhteydessä voidaan järjestää myös avoimia kuulemis- ja keskustelutilaisuuksia. Tällöin on hyvä muistaa, että ainoastaan aktiivisimmat kuntalaiset osallistuvat tällaisiin tilaisuuksiin. Tilaisuuksilla on toki oma arvonsa. Valtuuston aktiivista osallistumista voidaan kuitenkin pitää riittävänä, koska kuntademokratian näkökulmasta edustuksellisuus saadaan näin hyvin toteutumaan.

Keskity kysymyksenasetteluun

Henkilöstön ja sidosryhmien edustajien osallistamisessa suurin haaste liittyy sisältöihin. Riippumatta osallistamisen teknisestä toteutustavasta ja laajuudesta, keskeisin asia on se, mihin kysymyksiin halutaan saada vastaus.

Osallistamisen kautta haetaan vastauksia kysymyksiin, jotka liittyvät toimintaympäristöön ja tulevaisuudennäkymiin sekä strategisiin valintoihin ja organisaation arvoihin. Toimintaympäristön analyysi on tärkeä osa strategiatyötä, koska sen avulla organisaatiossa ymmärretään paremmin, millainen on lähtötilanne tulevalle strategiakaudelle. Toimintaympäristöön liittyvät kysymykset voivat aidosti tuoda johdon tietoon myös sellaisia asioita, joiden kanssa he eivät ole päivittäin olleet tekemisissä. Tärkeätä on myös saada tietoa siitä, miten toimintaympäristön muutostekijät painottuvat vastaajien keskuudessa.

Koska strategiassa on kysymys valinnoista, painotuksista ja poisvalinnoista, suosittelen laatimaan mahdollisimman suoria kysymyksiä tärkeistä asioista. Suorat ja selkeät kysymykset tuottavat arvokkaita vastauksia. Mitä tärkeämmästä asiasta on kysymys, sitä enemmän organisaation asiantuntijat ja sidosryhmien edustajat ovat motivoituneita vastaamaan kysymykseen.

Olen listannut alle joukon esimerkkikysymyksiä, joita kokemukseni mukaan kannattaa kysyä sekä sidosryhmien edustajilta että omalta henkilöstöltä:

Toimintaympäristö:
- Millaisia muutosvoimia virastomme toimialaan kohdistuu?
- Miten nämä muutosvoimat vaikuttavat organisaatiomme toimintaan?
- Olemmeko onnistuneet reagoimaan tapahtumassa olevaan muutokseen?
- Miltä osin olemme epäonnistuneet muutokseen varautumisessa?
- Mitä muuta haluat sanoa toimintaympäristöstämme? (avoin vastaus)

Strategiset tavoitteet:
- Missä asioissa ja miten meidän tulisi mielestäsi muuttua?
- Mitä tulisi painottaa organisaatiomme toiminnassa tulevaisuudessa?
- Mitä nykyisestä tekemisestämme meidän pitäisi jättää tulevaisuudessa vähemmälle huomiolle?
- Missä asioissa meidän tulisi olla nykyistä parempia?
- Mitä kokonaan uusia tehtäviä meidän tulisi ottaa hoitaaksemme?
- Miten muuten haluat evästää organisaation johtoa strategisten tavoitteiden työstämisessä ja valintojen tekemisessä? (avoin vastaus)

Kysymyksiä laadittaessa on tärkeätä tiedostaa, että kysymyksenasettelulla on suora yhteys saataviin vastauksiin. Kysymyksillä on vastausmateriaalia rajaava vaikutus, ja tätä luonnollisesti myös tavoitellaan. On äärimmäisen tärkeätä, että osallistavassa vaiheessa tarjotaan mahdollisuus avoimiin vastauksiin. Avoin kysymys voi olla niinkin yksinkertoinen kuin ”Mitä muuta tärkeätä sinulla on mielessäsi?” tai ”Millaisia terveisiä haluat lähettää organisaation johdolle?”.

Kysymysten määrä tulee pitää kohtuullisena. Edellä esitetyt kysymykset ovat haastavia, ja on mahdollista, että osa vastaajista kokee, ettei heillä ole tähän erityistä annettavaa. Varsin usein strategiatyön yhteydessä toteutettavat kyselyt tuottavat vastauksia, jotka eivät millään tavalla linkity esitettyihin kysymyksiin. Vuosikausien aikana kertyneellä kuonalla on tapana kanavoitua kaikkiin mahdollisiin paikkoihin. Myös strategiatyön kannalta asiattomat vastaukset kannattaa käydä huolella läpi, koska ne kertovat toimintakulttuurista. Usein ne kertovat myös asioista, joita ei ole aikanaan hoidettu kunnialla maaliin ja jotka ovat jääneet hiertämään.

Organisaation arvoja uudistettaessa henkilöstön näkemyksiä on mahdollista kartoittaa monin eri keinoin. On toivottavaa, että toimintakulttuurista pystyttäisiin keskustelemaan läsnätilaisuuksissa henkilöstön kesken kasvotusten. Jos organisaatio on henkisesti takalukossa, läsnätilaisuuksiin osallistumisen kynnys voi olla joillekin korkea. Keskustelutilaisuuksia kannattaa pohjustaa kyselyillä, joilla kätevästi kerätään pohja-aineistot ja joiden avulla läsnätilaisuuksien ohjelma on mahdollista suunnitella. Toimintakulttuuriin ja arvoihin liittyvät kysymykset eivät milloinkaan suoraan pyri selvittämään, mitkä olisivat organisaatiolle sopivat arvot. Kysymysten tavoitteena on selvittää, mitä ihmiset arvostavat, mitkä asiat toimintakulttuurissa vaikuttavat työssä suoriutumiseen ja missä on mahdollisesti kehittämisen varaa. Kyselyssä, jossa tavoitteena on toimintakulttuurin kehittäminen ja jonka tarkoitus on toimia tukena arvojen uusimisessa, voidaan henkilöstölle esittää esimerkiksi seuraavia kysymyksiä:

- Mikä on työssäsi tärkeintä?
- Millainen on toimiva työyhteisö?
- Mitä arvostat työkavereissasi?
- Millaisia myönteisiä asioita on toimintakulttuurissamme?
- Millaisia kehittämistarpeita tunnistat toimintakulttuurissamme?
- Mitkä asiat auttavat sinua jaksamaan työssäsi?
- Avoin palautteesi koskien toimintakulttuuriamme

Kysymyksiin tulee tarjota mahdollisuus vastata pitkästi. Vastaajalle tulee antaa mahdollisuus valita, mihin kysymyksiin hän haluaa vastata. Vastauksia ei siten tule kyselytyökalussa merkitä pakollisiksi. Arvotyössä käytettävään kyselyyn ei kannata sisällyttää kysymyksiä, joihin vastaus annetaan numeerisena. Tällaisilla tiedoilla ei ole mitään käyttöarvoa. Kyse on laadullisesta kyselystä, jonka tavoitteena on tuottaa materiaalia arvoista käytävään keskusteluun ja arvoehdokkaiden työstämiseen.

Eräässä organisaatiossa tuotettiin henkilöstön osallistamisvaiheessa kerätystä materiaalista arvoehdokkaat, joista henkilöstö pääsi valitsemaan organisaation uudet arvot. Arvoehdokkaat työstettiin tunnistamalla kyselyissä saadusta palautteesta sekä keskustelujen sisällöistä eniten esille nousevat teemat. Nämä teemat muotoiltiin arvoiksi, joille laadittiin muutaman virkkeen mittaiset napakat kuvaukset. Tämän jälkeen henkilöstölle annettiin verkkoäänestyksessä tehtäväksi äänestää organisaation uusista arvoista. Tässä vaiheessa valmistelua kysymyksenasettelu oli selkeä. Henkilöstöltä eniten kannatusta saaneet arvot valittiin organisaation uusiksi arvoiksi. Toteutustapa arvioitiin toimivaksi, ja työstä selvittiin mainiosti ilman organisaation ulkopuolista apua.

Päätä strategisista tavoitteista

Strategia ei ole strategia, jos siinä ei ole strategisia tavoitteita. Strategiset tavoitteet kuvaavat mahdollisimman tarkasti tehtyjä valintoja, linjauksia ja painotuksia. Strategiset tavoitteet osoittavat muutosjohtamisen suunnan.

Ne muodostavat perustan strategian toimeenpanosuunnitelman laatimiselle.

Strategian viimeistely- tai yhteenvetovaiheessa organisaation ylimmän johdon tehtävänä on päättää strategian sisällöstä. Tyypillisesti strategia sisältää vision, mission, strategiset tavoitteet ja arvot. Johto tekee lopullisen päätöksen näistä sisällöistä. Kuten edellä totesin, päätös organisaation arvoista voidaan antaa myös henkilöstön tehtäväksi, millä voi olla toimintakulttuurin kehittämiseen sitouttava vaikutus.

Strategisten tavoitteiden laadulla on suora yhteys organisaation muutosjohtamiseen. Ennen kuin strategisia tavoitteita on mahdollista muotoilla, on valittava muutosjohtamisen kohteet. Julkishallinnon organisaatioissa yksi tyypillisimmistä virheistä on ajatella, että jokaisen työntekijän tulee löytää itsensä strategisista tavoitteista. Strategisia tavoitteita tulisikin ajatella muutosjohtamisen näkökulmasta. Mitkä ovat niitä asioita, joissa meidän on nyt johdettava muutosta? Millaista muutosta tavoittelemme? Miten muutos toteutetaan, jotta saisimme nykyistä enemmän aikaan yhteiskunnallista vaikuttavuutta?

Jos organisaation strategia laaditaan siten, että jokainen työntekijä voi löytää itsensä strategisista tavoitteista, lopputuloksena on pitkä ja ympäripyöreä strategia. Tällaisessa strategiassa luetellaan organisaation lakisääteiset tehtävät sekä niihin liittyvät tavoitteet. Strategian valtaavat sellaiset tehtävät, joiden toteuttamiseen ei siinä hetkessä liity erityisiä muutospaineita. Jos ajatellaan suuria julkishallinnon organisaatioita, niiden sisällä on tyypillisesti enemmän sellaisia toimintoja, joihin ei kohdistu merkittäviä muutospaineita kuin niitä tehtäviä, joita on muutosjohdettava tulevaisuuteen.

Poikkileikkaavat tavoitteet muodostavat poikkeuksen. Esimerkiksi digitalisaation edistämiseen tai tekoälyn hyödyntämiseen liittyvien tavoitteiden kattavuus voi olla suuri. Tällaiset tavoitteet eivät ole tehtävälähtöisiä, vaan niissä korostuvat uusien ratkaisujen tai toimintatapojen kehittäminen ja implementointi koko organisaatiossa.

Julkishallinnon organisaatiot laativat vuosittain toimintasuunnitelman, joka organisaation sisällä tarkentuu toimialojen, osastojen, yksiköiden ja tiimien toimintasuunnitelmiksi. Strategiset tavoitteet siirretään niiden organisaatioyksiköiden suunnitelmiin, jotka vastaavat näiden tavoitteiden toimeenpanosta. Lisäksi suunnitelmiin kirjataan muut tavoitteet, jotka liittyvät lakisääteisten tehtävien toimeenpanoon tai toiminnan kehittämiseen. Strategia ohjaa suunnittelua organisaation kaikilla tasoilla, mutta vain silloin, kun tavoite sisällöllisesti liittyy kyseisen organisaatioyksikön toimintaan.

Strategisista tavoitteista päättäminen ja niiden muotoilu kuuluu organisaation ylimmälle johdolle. Strategiaprojektin aikana käydyt osallistamisvaiheen keskustelut ja mm. kyselyiden avulla tuotetut materiaalit toimivat pohja-aineistona, kun lopullista strategiaa ryhdytään työstämään. Johtoryhmän jäsenten on kaikkien syytä käydä huolella läpi tarjolla oleva aineisto. Omien asiantuntijoiden ja sidosryhmien edustajien näkemykset voivat tarjota uusia näkökulmia ja sanoituksia tuttuun tehtäväkokonaisuuteen. Strategisten tavoitteiden valinta ja niiden tarkka muotoilu on haastavaa, ja projektin aikana tuotetusta materiaalista on usein mahdollista löytää hyviä ideoita ja aihioita.

Johtoryhmälle on hyvä varata viimeistelyvaiheeseen vähintään viisi istuntoa. Käytännön kokemukset ovat osoittaneet, että sisältöluonnoksen kuljettaminen kokouksesta toiseen johtaa laadukkaaseen lopputulokseen. Strategialuonnos muhii ja kypsyy. Strategialuonnoksen ensimmäinen versio on tuskin koskaan julkaisu- ja toimeenpanokelpoinen. Strategian sisältöä voidaan viedä eteenpäin välitehtävillä, joissa jokainen johtoryhmän jäsen esimerkiksi tuottaa seuraavaan kokoukseen ehdotuksia strategisiksi tavoitteiksi. Näin johtoryhmän jokainen jäsen pääsee ehdottamaan valintoja. Prosessin tuloksena muodostuu pitkähkö lista, jota yhdessä karsitaan. Jäljelle jää aihioita linjauksiksi, jotka jalostetaan yhdessä lopullisiksi strategisiksi tavoitteiksi. Viimeistelyvaiheessa vaihe vaiheelta syntyvää tuotosta on tarkasteltava kriittisesti. Erityisen tärkeää on arvioida, ovatko kaikki tärkeimmät linjaukset mukana ja onko jotain mahdollisesti unohdettu. Jokainen johtoryhmän jäsen tarkastelee asioita hieman eri näkökulmasta. Varsin usein käykin niin, että tarkistuskierrosten aikana keskusteluun nostetaan vielä uusia linjausehdotuksia.

Muodosta tilannekuva

Tilannekuva-sanan käyttö on viime vuosina yleistynyt erityisesti julkishallinnon organisaatioissa. Tilannekuvalla voidaan tarkoittaa melkein mitä tahansa. Tilannekuvaa jostain tehtävä- tai asiakokonaisuudesta voidaan ylläpitää 24/7 tätä tarkoitusta varten rakennetussa tilannehuoneessa. Tyypillisesti tällaista toimintaa harjoitetaan turvallisuussektorin organisaatioissa. Toista ääripäätä edustaa tilannekuva-sanan löysähkö käyttö, jolloin tilannekuvalla tarkoitetaan perinteistä raporttia tai katsausta.

Olennaista ei ole se, miten tilannekuva määritellään käsitetasolla. Tilannekuvan toteutustavat voivat vaihdella käyttötarkoituksensa mukaisesti. Tärkeätä on tilannekuvan ajantasaisuus ja laaditun tilannekuvan tuottama lisäarvo siinä asiayhteydessä ja päätöksenteossa, jota varten se on laadittu. Tilannekuvan tehtävänä on tuottaa ajantasaista tietoa päätöksenteon tueksi.

Tilannekuvalle on paikkansa myös strategiaprojektissa. Toimintaympäristöstä laadittu katsaus on tilannekuva ympäröivästä maailmasta ja siellä käynnissä olevista muutosvoimista. Tällaiset tilannekuvat otsikoidaan tyypillisesti toimintaympäristökatsauksiksi.

Tilannekuva on mahdollista laatia myös organisaation nykytilasta. Tilausta tällaiselle tilannekuvalle on, kun toimintaympäristöä on pöyhitty ja kun strategian sisältöjen luonnostelussa on edetty riittävän pitkälle. Viimeistään siinä vaiheessa, kun vaihtoehtoiset strategiset tavoitteet on lyöty pöytään, on sopiva hetki laatia organisaation tilannekuva. Tilannekuva voidaan laatia myös henkilöstöä osallistavassa vaiheessa, jolloin henkilöstöltä – erityisesti keskijohdolta – kerätään näkemyksiä organisaation kyvykkyyksistä.

Tilannekuva kertoo organisaation kyvykkyydestä vastata strategiassa asetettaviin tavoitteisiin. Laadukkaan tilannekuvan pohjalta on mahdollista käydä keskustelua siitä, pystyykö organisaatio toimeenpanemaan kaikki strategiaan ehdolla olevat kunnianhimoiset tavoitteet.

Organisaation strategian valmistelua tukevan tilannekuvan valmistelu tehdään aina ennen kuin strategian lopullisista linjauksista päätetään. Tilannekuvalla voi olla strategian tavoitteiden lukumäärää karsiva vaikutus. Tilannekuva saattaa myös vaikuttaa yksittäisten strategisten tavoitteiden muotoiluun, asetettaviin tavoitetasoihin tai strategisten tavoitteiden alle sijoittuvien toiminnallisten tavoitteiden sisältöön, lukumäärään ja toteutusaikatauluun. Tilannekuva toimii strategisten tavoitteiden ja strategian toimeenpanon välisenä siltaajana. Tilannekuvalle on käyttöä myös silloin, kun arvioidaan strategian muita vaikutuksia organisaation toimintaan.

Panosta strategisten tavoitteiden laatuun

Strategiset tavoitteet muodostavat strategian ydinsisällön. Strategian muiden sisältöelementtien merkitys on strategisia tavoitteita vähäisempi. Strategisten tavoitteiden laatu antaa suuntaviivat strategian toimeenpanolle. Heikkolaatuiset strategiset tavoitteet mitätöivät koko strategian. Ilman laadukkaita ja ajatuksella muotoiltuja strategisia tavoitteita strategian toimeenpanolle ei ole olemassa edellytyksiä. Jos strategiset tavoitteet jäävät yleiselle tasolle, strategian ohjaava voima ja välineellinen arvo on vähäinen ja sen merkitys kutistuu.

Strategiset tavoitteet nimetään usein myös strategisiksi päämääriksi tai strategisiksi painopisteiksi. Otsikoinnit voivat vaihdella, mutta olennaista on se, että strategia sisältää täsmällisesti kuvattuja valintoja, linjauksia ja poisvalintoja. Strategiset päämäärät, tavoitteet tai painotukset kertovat siitä, mihin suuntaan toimintaa ollaan johtamassa.

Petri Virtanen ja Jari Stenvall ovat julkishallinnon johtamista käsittelevässä kirjassaan (*Julkinen johtaminen*, 2010) erottaneet strategisen päämäärän ja strategisen tavoitteen toisistaan. Tässä ajattelussa strateginen päämäärä on strategista tavoitetta ylempi tavoite, joka kuvaa tavoiteltua yhteiskunnallista vaikuttavuutta. Strateginen tavoite on puolestaan konkreettisempi tavoite, johon organisaatiolla on tosiasialliset mahdollisuudet toiminnallaan yksin vaikuttaa. Strategia on mahdollista jäsentää Virtasen ja Stenvallin esittämällä hienojakoisemmalla tavalla. Tällöin strategiset päämäärät lähentelevät visiotason kuvausta, mutta ne eivät ole vision tavoin yhtä yliampuvia tai kohtuuttoman kunnianhimoisia. Strategisten päämäärien tulee tässäkin tapauksessa kuvata toivottua konkreettista ja todennettavissa olevaa kehitystä. Strategian tavoitteiden jäsentäminen strategisiin päämääriin sekä niiden alle sijoittuviin strategisiin tavoitteisiin voi olla perusteltua etenkin suurissa organisaatioissa, joilla on laaja tehtäväkenttä. Mikäli näin menetellään, tärkeätä on pitää huolta strategian selkeästä rakenteesta ja logiikasta.

Strategisessa johtamisessa on aina kysymys muutosjohtamisesta. Harvassa ovat ne organisaatiot, joita voidaan johtaa täysin stabiilissa toimintaympäristössä ja joiden toimintaan ei kohdistu muutos- ja kehittämispaineita. Kaikkien organisaatioiden sekä yksityisellä sektorilla että julkishallinnossa on toimittava muuttuvassa toimintaympäristössä. Jatkuva muutos on pysyvä olotila. Strateginen liikkumavara on suurempi yksityisellä sektorilla. Julkisella sektorilla organisaatioiden liikkumavara on yleensä pieni. Rajoitettu strateginen liikkumavara ei tarkoita sitä, etteikö julkishallinnossa olisi erilaisia vaihtoehtoisia toimintatapoja.

Kuten yleisesti tiedetään, suurin osa strategioista epäonnistuu. Strategiaprojektissa on lukuisia vaiheita, joissa epäonnistumisen siemen on mahdollista kylvää. Yksi yleisimmistä epäonnistumisen paikoista liittyy strategisiin tavoitteisiin. Jos strategisten tavoitteiden muotoilussa epäonnistutaan, strategian toimeenpanolta putoaa pohja.

Strategisten tavoitteiden laatimiseen liittyvä haaste voidaan jakaa kahteen osaan: strategiset valinnat (sisältöhaaste) sekä tehtyjen valintojen laadukas muotoilu strategisiksi tavoitteiksi (muotoiluhaaste). En käsittele tässä kirjassani laajemmin sisältöhaasteita, koska jokainen organisaatio on ainutlaatuisessa tilanteessa. Organisaation johdon tehtävänä on tehdä valinnat eli päättää strategisten tavoitteiden sisällöistä.

Strategisten tavoitteiden muotoilemisessa välineenä kannattaa käyttää ns. SMART-kriteeristöä, jota voidaan pitää tärkeimpänä strategiatyön työkaluna. Tämä akronyymi edustaa seuraavia tavoiteasetannan laatuvaatimuksia: Specific (*tarkka, erityinen*), Measurable (*mitattava*), Achievable (*saavutettavissa, toteutettavissa*), Relevant (*relevantti, olennainen*) ja Time-Bound (*aikaan sidottu*). Jos strateginen tavoite sisältää kaikki nämä ulottuvuudet, riittävät eväät tehdyn valinnan toimeenpanolle ovat olemassa. Koska strategia on myös viestinnän väline, laadukas strateginen tavoite kertoo sekä organisaation henkilöstölle että sidosryhmille ja asiakkaille, mihin suuntaan organisaatiota ollaan johtamassa.

Suomessa julkishallinnon organisaatioiden strategiset tavoitteet ovat laadullisesti pääsääntöisesti korkeintaan tyydyttävällä tasolla. Kirjaukset jäävät tyypillisesti verraten yleiselle tasolle. Tässä muutamia poimintoja strategisista tavoitteista. Kaikki nämä tavoitteet on poimittu suomalaisten julkishallinnon organisaatioiden strategioista: *Kehitymme ja kehitämme, Kehitämme ja uudistamme toimintaamme jatkuvasti, Kehitämme osaamistamme aktiivisesti sekä Palveleva asiantuntijuus.*

Todettakoon vielä erikseen, että kaikkien edellä lueteltujen tavoitekirjausten on mainittu olevan strategisia tavoitteita eikä niitä ole tarkennettu strategia-asiakirjassa. Tavoitemuotoilut eivät esimerkkitapauksissa kerro, mitä tosiasiallisesti tavoitellaan. Strategisina tavoitteina tällaiset muotoilut ovat arvottomia. Nämä strategisiksi tavoitteiksi nimetyt muotoilut eivät sisällä strategisia valintoja eikä niiden tarkkuustaso ole riittävä.

Esimerkiksi henkilöstön osaamisen kehittäminen on itsestäänselvyys. Se ei ole strateginen valinta. Strateginen valinta voisi sen sijaan olla se, jos joku organisaatio kirjaisi strategiseksi tavoitteekseen "Emme kehitä henkilöstömme osaamista". Se olisi täysin poikkeuksellista, jopa järjetöntä. Kysymys ei kuitenkaan ole siitä, etteikö henkilöstön kehittämisestä voisi tehdä strategista tavoitetta. Tavoitteen muotoilemisessa onnistumisen edellytyksenä on strategisen tavoitteen laadun kehittäminen. On kerrottava, miten henkilöstön osaamista aiotaan kehittää. Tavoitteen kehittäminen SMART-kriteeristön viitoittamalla tavalla voi tehdä henkilöstön kehittämisestä salonkikelpoisen strategisen tavoitteen.

Strategiset tavoitteet saavat lopullisen muotonsa johtoryhmän käsittelyssä, eikä tässä vaiheessa enää osallisteta henkilöstöä tai sidosryhmiä. Strategiset tavoitteet kertovat suoraan, miten vakavissaan organisaation johto on ollut strategiaa laatiessaan. "Kehitymme ja kehitämme"-tyyliset tavoitteet paljastavat, ettei strategiaa ole tehty johtamisen välineeksi. Strategia on laadittu, koska niin on tapana tehdä. Sellaisilla strategisilla tavoitteilla, jotka eivät sisällä konkretiaa ja todellista tavoiteasetantaa, ei ole toimintaa ohjaavaa vaikutusta.

Strategisten tavoitteiden laadukas muotoilu ei riitä. Ne muodostavat perusedellytykset ja kivijalan strategian toimeenpanolle. Strategiset tavoitteet tarvitsevat lihaa luiden ympärille. Strategian toimeenpanosuunnitelmassa kuvataan toiminnalliset tavoitteet ja konkreettiset toimenpiteet, joiden avulla strategia tehdään todeksi.

Hyödynnä tekoälyä

Tekoäly muuttaa tietotyötä ennennäkemättömällä tavalla. Varmaa on se, että muutos tapahtuu. Hämärän peitossa sen sijaan on, mitä kaikkea tulee tapahtumaan. Tiedämme, että muutos tulee olemaan valtaisa. Elämme mielenkiintoisia aikoja.

En sukella tässä syvemmälle tekoälyn työkaluihin tai tekniikoihin, koska katsaukseni tulisi vanhenemaan muutamassa kuukaudessa tai jopa muutamissa viikoissa. En myöskään yksityiskohtaisella tasolla kuvaa, mitä tekoäly on nyt, sillä lähitulevaisuudessa se voi olla jotain aivan muuta – ja todennäköisesti paljon enemmän. Tärkeintä on ymmärtää, että tekoäly tekee tuloaan ja että siitä tulee olemaan suunnatonta iloa ja apua asiantuntijatyössä.

Tekoälyä kannattaa hyödyntää myös strategiatyössä. Tekoälyn hyödyntämisessä tulee ottaa huomioon seuraavat kaksi tosiasiaa: 1. Tekoäly auttaa meitä laatimaan laadukkaampia strategioita, 2. Tekoäly ei tule täysin korvaamaan strategiatyössä ja organisaation johtamisessa tarvittavaa asiantuntemusta.

Tekoälyä on mahdollista hyödyntää strategiatyön kaikissa vaiheissa. Kun pengomme organisaation toimintaympäristöä tai laadimme vaihtoehtoisia skenaarioita, tekoälyn avulla on mahdollista tuottaa kustannustehokkaasti laadukkaita raportteja. Tekoälyn avulla on mahdollista laatia yhteenvetoja laajoista tekstimassoista. Organisaation toimintaa ohjaavista ylemmän tason strategioista voidaan tekoälyn avulla tuottaa tiiviitä katsauksia. Ennen tekoälyaikaa tällaisten katsausten laatimiseen on saattanut kulua useita viikkoja.

Strategiatyötä tehdään jatkossakin organisaation omaa henkilöstöä ja sidosryhmien edustajia osallistaen. Erilaisilla osallistamisen välineillä kerätyn materiaalin käsittelyssä tekoälyn käyttäminen tukee strategiatyötä, sillä tekoäly osaa poimia ne asiat, jotka painottuvat vastauksissa. Tekoäly tekee kaiken nopeasti. On syytä olettaa, että tekoälyn avulla tuotettujen yhteenvetojen laatu kehittyy huimaa vauhtia.

Tekoälystä on apua myös strategisten tavoitteiden muotoilemisessa. Jo tälläkin hetkellä tekoäly tunnistaa heikkolaatuisen strategisen tavoitteen. Mihin kaikkeen se pystyykään tulevaisuudessa! Esitin tekoälylle (ChatGPT) seuraavan kysymyksen: Onko ”Kehitämme henkilöstömme osaamista” hyvä strateginen tavoite? Sain tekoälyltä vastaukseksi:

”Kehitämme henkilöstömme osaamista” on hyvä tavoite, mutta sellaisenaan se on melko yleinen ja epämääräinen strategiseksi tavoitteeksi. Hyvä strateginen tavoite on konkreettinen, mitattavissa oleva ja ajan kanssa saavutettavissa. Jotta tämä tavoite olisi tehokkaampi, se voisi hyötyä tarkennuksesta, joka tekee siitä konkreettisemman ja sidotun organisaation laajempiin päämääriin. Esimerkiksi strateginen tavoite voisi olla muotoiltu näin: - „Kehitämme henkilöstömme osaamista tarjoamalla 20 tuntia koulutusta vuodessa per työntekijä keskeisillä osaamisalueilla, jotka tukevat yrityksen kasvustrategiaa.“ Tämä versio antaa selkeät mittarit, ajan ja yhteyden organisaation strategiaan,

Tekoälyn antama vastaus ei ole täydellinen, mutta se osoittaa mihin väline jo tänä päivänä kykenee. Laajoihin kielimalleihin perustuvat tekoälysovellukset oppivat laajoista tekstimassoista tekstin rakenteita ja merkityksiä. Tekoäly antaa loogisia vastauksia. Juuri tätä logiikkaa tarvitaan strategiatyössä.

Kun tekoälyä pyytää laatimaan SMART-kriteerit täyttävän strategisen tavoitteen, se tekee työtä käskettyä. Promptia eli kehotetta tarkentamalla ja riittävästi toistoja tekemällä vastaukseksi saadaan organisaation tarpeisiin sopiva tavoite. Tekoäly ei tietenkään pysty suoraan kertomaan, mikä on kyseiselle organisaatiolle sopiva tavoitetaso ja missä ajassa tavoite on realistista toimeenpanna organisaatiossa käytettävissä olevilla resursseilla. Tekoälyä strategisten tavoitteiden muotoilussa hyödyntävän organisaation ylimmän johdon tehtäväksi jää tavoitteen laadun arviointi ja tavoitemuotoilun viimeisteleminen.

Tekoälyä on mahdollista käyttää myös vaihtoehtoisten strategisten tavoitteiden tuottamisessa. Kyse on tällöin sekä sisällöistä että muotoiluista. On täysin mahdollista, että tekoäly tuottaa sellaisia vastauksia, joita johdon aivoriihessä ei olisi pystytty tuottamaan. Yhtä mahdollista on se, ettei tekoäly pysty näkemään kaikkia vaihtoehtoja. Tekoälyn tuottamaa vaihtoehtoisten strategisten tavoitteiden listausta voidaan käyttää strategian luonnosversiona, jota asiantuntijavoimin työstetään eteenpäin. Tekoäly auttaa myös erilaisten välivaiheiden kehittämisessä, kun strategialuonnosta kuljetetaan ylimmän johdon työpajoissa kohti maalia eli strategian julkistusta.

Tekoäly ei poista asiantuntijuuden ja johtamisen vaateita. Kaikkiin tekoälyn tuotoksiin on suhtauduttava kriittisesti. Tekoäly ei tee lopullisia päätöksiä, vaan niistä vastaa virkavastuulla toimiva julkishallinnon organisaation ylin johto.

Kehityksen hurja vauhti haastaa strategiatyön. Tekoälyn kehitystä voisi verrata tietokoneen ostamiseen tilanteessa, jossa kehitys laukkaa vauhdilla eteenpäin: Kannattaako tietokone ostaa nyt, kun tiedämme, että vuoden kuluttua markkinoilta saa huomattavasti suorituskykyisemmän tietokoneen? Strategiatyössä ei voi jäädä odottamaan tekoälyn kehittymistä. Strategia laaditaan silloin, kun sen laatiminen on ajankohtaista. Strategiatyössä hyödynnetään sillä hetkellä parhaita mahdollisia välineitä, myös tekoälyä. Vuoden kuluttua tekoäly antaa todennäköisesti parempia vastauksia ja strategiasta tulisi silloin vieläkin parempi. Strategiaa ei kuitenkaan voi hioa ja muuttaa jatkuvasti, vaan on tyydyttävä sillä hetkellä parhaaseen mahdolliseen käsitykseen toiminnan linjaustarpeista. Muussa tapauksessa strategiatyössä ei milloinkaan edetä toimeenpanovaiheeseen.

Edellä esitettyjen hyödyntämismahdollisuuksien lisäksi odotan tekoälyltä etenkin tukea strategisten tavoitteiden syy-seuraussuhteiden työstämiseen. Parhaimmillaan tekoälyn avulla strategiasta saadaan koherentti, jolloin ajattelussa lähestytään Kaplanin ja Nortonin rakentaman strategiakartan ajatusmallia (tästä tarkemmin alakappaleessa "Käytä strategiakarttaa ja visualisoi"). Organisaation yhteiskunnallinen vaikuttavuus syntyy monien eri tuotannontekijöiden vaikutuksesta. Tekoäly auttaa tunnistamaan eri tuotannontekijöiden väliset yhteydet. Omat odotukseni ovat korkealla myös sen suhteen, että tekoälysovellusten avulla voimme jo lähitulevaisuudessa laatia korkealaatuisia strategiakarttoja. Tekoäly mullistaa suurella todennäköisyydellä strategian visualisoinnin ja vie sen aivan uudelle tasolle.

Jos tekoälyä käyttää apuna strategian sisältöjen työstämisessä tai strategiakartan hahmottamisessa, asiaan ei liity eettisiä ongelmia. Kyse on sisältöjen jumppaamisesta ja erilaisten vaihtoehtojen näkemisestä. Tekoäly ei tällöin istu kuskin paikalla strategiatyössä. Kaikki tekoälyn tuottamat tulokset arvioidaan kriittisesti, eikä tekoäly korvaa johtajaa. Tekoälyn keinoin ei myöskään korvata aiemmin kuvaamiani henkilöstön sekä tärkeimpien sidosryhmien edustajien ja asiakkaiden osallistamista strategiatyöhön. Mielestäni tekoälyn käyttö strategiatyössä on riskitöntä, kun ymmärretään oikein, missä strategiaprojektin vaiheissa sitä on mahdollista käyttää.

Annostele oikein ja priorisoi

Strategisten tavoitteiden määrä tulee mitoittaa oikein. Strategiatyön tiimellyksessä saattaa iskeä vauhtisokeus. Strategiaan kaadetaan kohtuuton määrä strategisia tavoitteita. Vaikka tavoitemuotoilut olisivat laadukkaita, kaikki tavoitteet saattavat muodostaa kohtuuttoman suuren kokonaisuuden.

Strategisten tavoitteiden sopiva lukumäärä on täysin riippuvainen organisaation resursseista, rakenteista ja kyvykkyyksistä. Mitään yhtä ja ainoata ohjeellista suositusta määrälle ei ole mahdollista antaa. Myös lähtötilanne vaikuttaa tavoitteiden määrään. Mikäli organisaatio on strategisessa tavoitteessa kuvatussa asiassa lähtökuopissa, tavoitteen saavuttaminen vaatii suurempaa panostusta. Jos kyse on hyvällä kehitysuralla olevasta asiasta, tavoite voidaan saavuttaa astetta pienemmällä resursoinnilla.

Sopivaa strategisten tavoitteiden lukumäärää pohdittaessa tärkeätä on strategisten tavoitteiden kriittisyyden arviointi. Mitkä ovat organisaatiolle äärimmäisen tärkeitä (ns. *must-win battles*), joiden toimeenpanossa ei ole varaa epäonnistua? Strategisten tavoitteiden järkevällä määrällä varmistetaan kriittisten tavoitteiden toteutuminen. Käytännössä ”pakkovoittoihin” liittyvä pohdinta johtaa siihen, että strategian luonnosteluvaiheessa laadittu pitkä lista strategisista tavoitteista kutistuu verraten lyhyeksi listaksi. Lopullinen strategisten tavoitteiden määrä on organisaation johdon viesti henkilöstölle ja sidosryhmille: tässä ovat kunnianhimoiset tavoitteemme, joiden toimeenpanossa aiomme onnistua.

Älä lähetä strategialuonnosta lausunnolle

Kun puhutaan virastojen ja laitosten strategioista, strategialuonnosta ei tule lähettää laajalle lausuntokierrokselle. Kunta- ja aluedemokratiassa (mm. hyvinvointialueet) on tapana menetellä toisin. Keskustelutilaisuudet ja erilaisissa verkkopalveluissa toteutettavat kommentointimahdollisuudet antavat kansalaisille ainakin näennäisen mahdollisuuden vaikuttaa strategian sisältöön. Korkean tason strategiset asiakirjat (esim. selonteot, valtioneuvoston periaatepäätökset, hallinnonalatasoiset strategiat jne.) lähetetään tyypillisesti lausuntokierrokselle, koska niissä linjataan asioita hyvin laajoissa tehtäväkokonaisuuksissa.

Virastojen ja laitosten organisaatiostrategioita valmisteltaessa tietopohja ja erilaiset näkemykset tehtävistä linjauksista kerätään siinä vaiheessa, kun henkilöstöä, sidosryhmien edustajia ja asiakkaita osallistetaan strategiaprojektin aikana. Jos osallistaminen tehdään taiten, se tuottaa riittävän materiaalin ylimmälle johdolle strategian viimeistelemistä varten. Projektin aikana kerätty materiaali täydentää ylimmän johdon omaa tieto-, osaamis- ja näkemyspääomaa.

Organisaation ylimmän johdon tehtävänä on laatia strategia. Tässä työssä hyödynnetään kerättyä tietopohjaa ja erilaisia näkemyksiä vaihtoehtoisista tulevaisuuksista ja linjauksista. Ylin johto on viimeistelyvaiheessa yksin, mutta se toimii ryhmänä. Johtoryhmän jäsenet tukevat toisiaan tässä työssä ja toivottavasti hyvässä hengessä saavat strategian valmiiksi. Ylin johto ja viime kädessä virastopäällikkö vastaa strategian sisällöstä. Kun henkilöstöä ja sidosryhmiä on kertaalleen kuultu, strategian luonnosversioita ei tule enää toimittaa laajoille organisaation sisäisille lausuntokierroksille. Strategialuonnoksen sisältöä ei ole tässä vaiheessa tarkoituksenmukaista avata keskustelulle.

Strategiatyössä mukana olevien ylimmän johdon jäsenten kannattaa kuitenkin hyödyntää oman toimialansa tai osastonsa johtoryhmää strategian viimeistelyssä ja muotoilujen oikoluvussa. Sen sijaan, että sisältöä laajasti avattaisiin strategian viimeistelyvaiheessa keskustelulle eli järjestettäisiin toista osallistamisen vaihetta, strategisten tavoitteiden luonnosversioiden kommentointi esimerkiksi osastotason johtoryhmissä on tervetullutta. Koska strategisten tavoitteiden muotoilut määrittelevät strategian sisällön ja laadun, muotoilujen tulee olla onnistuneita. Itse tavoitteen pitää olla sekä tarkoituksenmukainen että muotoilultaan selkeä. Tavoitemuotoilun tulee mahdollisimman hyvin täyttää laadukkaan tavoitteen SMART-kriteerit. Johtoryhmän jäsenten suorat alaiset eli päällikkötasolla toimivat asiantuntijat ovat sopiva kohderyhmä strategian luonnosversion kommentoinnille.

Käytä strategiakarttaa ja visualisoi

Strategian visualisointi on yksi merkittävimmistä väärin ymmärretyistä asioista strategiatyön kokonaisuudessa. Visualisoinnin lopputuotokset ovat valitettavan usein aivan karmeaa katsottavaa. Organisaatioiden "strategiakartoiksi" tai "strategiakuviksi" otsikoimia visualisointeja katsellessa tulee usein mieleen kysymys: mitä lisäarvoa tällaiset kuvat tai videot tuottavat?

Mikä on strategian visualisointi ja mitä sillä tavoitellaan? Jotta strategian kuvallisen viestinnän merkityksen voisi ymmärtää oikein, on mentävä ajassa muutama vuosikymmen taaksepäin.

Robert S. Kaplan ja David P. Norton esittelivät tasapainotetun tuloskortin vuonna 1992 *Harvard Business Review* -lehdessä julkaistussa artikkelissa (*The Balanced Scorecard: Measures That Drive Performance*). Tuloskortissa toiminnan tuloksellisuus on jaettu neljään osa-alueeseen: 1. oppiminen ja kasvu, 2. sisäiset prosessit, 3. asiakkaat ja 4. tuloksellisuus. Näistä kahta ensin mainittua voidaan luonnehtia tuotannontekijöiksi – tai 2020-luvun kielellä *mahdollistajiksi*. Tuloksellisuutta – julkishallinnossa yhteiskunnallista vaikuttavuutta – on mahdollista saavuttaa, kun tuotannontekijät on onnistuttu suunnittelemaan ja toteuttamaan tarkoituksenmukaisella ja laadukkaalla tavalla. Tarkoituksenmukaisuuden ja laadun osoittamisessa syy-seuraussuhteiden todentaminen ja osoittaminen on tärkeässä roolissa.

Tuloskortin kehittäjät jatkoivat mallin rakentamista. He esittelivät strategiakartan vuonna 2000 julkaistussa artikkelissa (*Having Trouble with Your Strategy? Then Map It*). Yksityiskohtaisella tasolla he käsittelivät aihetta vuonna 2004 julkaistussa kirjassa (*Strategy Maps: Converting Intangible Assets into Tangible Outcomes*). Strategiakartta on käytännössä looginen jatkumo tuloskortille. Sen tarkoituksena on kuvata tasapainotettuun tuloskorttiin sisältyvien tavoitteiden syy-seuraussuhteet. Visualisoitu strategiakartta toteuttaa ja vahvistaa siten tuloskortin alkuperäistä ideaa. Strategiakartan avulla varmistetaan, että tavoitteet tukevat toisiaan. Jos syy-seuraussuhteita ei pystytä muodostamaan, tulosten saavuttaminen on epävarmalla pohjalla.

Tässä vaiheessa on syytä muistuttaa, että strategiat ovat lähtökohtaisesti sanallista viestintää. Strategisten tavoitteiden sekä strategian muiden elementtien sisällöt kuvataan kirjaimia, sanoja ja virkkeitä käyttäen. Eräässä ministeriössä saatiin 2010-luvulla seuraavanlainen kuningasajatus: laaditaan strategia, jossa ei ole lainkaan sanoja. Näin meneteltiin, ja ministeriöllä oli muutaman vuoden ajan käytössään monisivuinen kuvallinen strategia, johon ei todellakaan ollut kirjaimia tuhlattu. Strategian selittäjäksi tarvittiin aina ministeriön edustaja. Puhuttiin hienosti narratiivista eli tarinan kertomisesta. Ongelmiin jouduttiin, kun ministeriön strategiaprojektista vastannut henkilö vaihtoi työpaikkaa. Hän joutui vielä uudesta työpaikastaan osallistumaan useita kertoja ministeriön strategian esittelemiseen, kun ministeriön muut virkahenkilöt eivät osanneet kertoa oikein kuvallisen strategian narratiivia. Kerran kokeiltu ja voin sanoa narratiivin muutamaan kertaan kuulleena, ettei tämä toteutustapa todellakaan toimi. Strategian tulee aina olla auki kirjoitetussa muodossa, jos ja kun se myös halutaan toimeenpanna.

Jos strategia on sanallista viestintää, mitä strategian visualisoinnilla tavoitellaan? Kaplanin ja Nortonin luoma strategiakartta on visualisoinnin väline, joka on merkittävällä tavalla vaikuttanut strategioiden visualisointiin.

Strategioiden kuvallinen viestintä on yleistynyt, monipuolistunut ja muuttunut 2000-luvun aikana. Valitettavasti vuosikymmenten saatossa yhteys alkuperäiseen strategiakarttaan ja sen perusfilosofiaan on unohtunut. Monilla julkishallinnon organisaatioilla on "strategiakarttoja", joilla ei ole mitään tekemistä alkuperäiseen strategiakarttaan liittyvän ajattelun kanssa ja jotka eivät täytä strategiakartan laadullisia kriteerejä. Jos strategiakartalle tuotujen elementtien syy-seuraussuhteita ei kuvata, kartan avulla ei ole mahdollista suunnistaa.

Tyypillisesti suomalaisen julkishallinnon organisaation strategiakartta tai strategiakuva on esitys, johon on sattumanvaraisesti pudoteltu strategian pääsisällöt. Kuvasta löytyy visio, missio, arvot ja strategiset tavoitteet, mutta näiden eri elementtien välisiä yhteyksiä ei ole edes yritetty esittää. Usein kuvituksissa on keskitytty sellaisten asioiden esittämiseen, jotka ovat tunnettuja ja voidaan yhdistää kyseiseen organisaatioon. Esimerkiksi kunta- ja kaupunkistrategioissa strategian pääsisällöt tyypillisesti kehystetään kuvilla tunnetuista rakennuksista ja muista maamerkeistä. Harvassa ovat puhdasoppiset strategiakartat, joissa on osoitettu strategisten tavoitteiden väliset syy-seuraussuhteet.

Strategian visualisoinnit on mahdollista jakaa kahteen ryhmään: puhtaasti yleisesitetarkoitukseen laaditut visualisoinnit sekä strategian toimeenpanoa tukevat visualisoinnit. Yleisesitteeksi laaditut kuvat, animaatiot ja videot palvelevat toki nekin strategian toimeenpanoa, mutta ne tekevät sen pistemäisesti. Nämä visualisoinnit ankkuroituvat strategian valmistumisvaiheeseen ja kertovat strategian pääsisällöistä. Strategian toimeenpanoa tukevat visualisoinnit sen sijaan avaavat laajemmin strategiakokonaisuuteen liittyvää ajattelua. Tällaiset visualisoinnit kertovat, miten organisaation yhteiskunnallisen vaikuttavuuden on ajateltu syntyvän. Niitä on mahdollista käyttää tukena keskusteltaessa myöhemmin strategian toimeenpanon suunnittelusta ja seurannasta. Visualisoinnit osoittavat, miten tuloksellisuus syntyy ja mitkä tuotannontekijät koetaan niin tärkeiksi (kriittiset menestystekijät), että ne on päätetty sisällyttää strategiaan.

Jos rima halutaan asettaa korkealle, visualisointia käytetään välineenä jo strategiaprojektin aikana. Visualisointi ei ole tällöin lopputuotoksen muuntamista kuvalliseen muotoon. Strategiakartan laatimisen hengessä visualisointi tukee strategisten tavoitteiden muotoilua. Tavoitteiden välille luodaan yhteyksiä. Visualisointi on siten enemmän yhteyksien tunnistamista ja kuvaamista kuin sitä, että mietittäisiin, mitä organisaation graafinen ohjeisto määrää värien käytöstä. Oikein toteutettuna strategiakartta-ajatteluun pohjautuva visualisointi tukee merkittävällä tavalla strategian sisällön työstämistä. Näin luonnoksena syntyvä visualisointi voidaan lopulta pukea graafisen ohjeiston määrittelemään kuosiin.

Strategiakartaksi tai strategiakuvaksi otsikoitu visuaalinen esitys on aseistariisuva. Se kertoo suoraan hämmästyttävän paljon organisaation strategiatyön laadusta. Oma vahva suositukseni on, että kun seuraavan kerran organisaatiossa toteutetaan strategiaprojekti, visualisointiin kiinnitettäisiin erityistä huomiota. Strategia kannattaa jättää visualisoimatta, jos visualisointi koetaan hankalaksi ja jos puuttuu selkeä näkemys, mitä lisäarvoa visualisoinnilla tavoitellaan. Tällaisessa tapauksessa on parempi keskittyä strategian sisältökysymyksiin.

Lukitse strategia

Strategisia tavoitteita kuljetetaan monien vaiheiden läpi, kunnes on tullut aika lukita ne ja siirtyä valmistelussa strategian toimeenpanon suunnitteluun. Ensimmäisessä vaiheessa organisaation tulevaisuuden suuntia ja vaihtoehtoisia valintoja pohdittiin yhdessä henkilöstön kanssa. Myös tärkeimpien sidosryhmien edustajia kuultiin tässä vaiheessa. Ylin johto käynnisti keskustelut strategisista tavoitteista projektin yhteenvetovaiheessa. Strategiset tavoitteet ja strategian muut sisällöt täsmentyivät tässä viimeistelyvaiheessa. Strategian luonnosversion kommentointiin osallistuivat osastojen johtoryhmät. Strategian visualisoinnissa joitakin muotoiluja saatettiin vielä täsmentää.

Strategiaprojektissa strategian yhteenvetovaihe päättyy siihen, kun organisaation ylin johto päättää strategian lopullisesta sisällöstä. Yhteenvetovaihe on pystyttävä viemään päätökseen. On siis pystyttävä tekemään päätöksiä. Strategiatyö ei pääty strategian valmistumiseen. Strategian valmistuttua työt jatkuvat strategian toimeenpanon suunnittelun ja lopulta strategian toimeenpanon parissa.

Kun strategiset tavoitteet lukitaan ja otetaan askel kohti strategian toimeenpanon suunnittelua, lukitaan myös strategian muut sisältöelementit. Usein visio ja missio on käsitelty projektissa aiemmin. Mahdollisesti niiden sisällöistä on jo alustavasti päätetty. Tehdyt alustavat päätökset vahvistetaan vielä erikseen, kun strategian tärkeimmästä sisältöosiosta eli strategisten tavoitteiden muodostamasta kokonaisuudesta päätetään. Samoin organisaation arvot, jotka on mahdollisesti valmisteltu henkilöstöä isosti osallistavalla työskentelyotteella, vahvistetaan strategisista tavoitteista päätettäessä. Strategian lukitsemisvaiheessa onkin tarkoituksenmukaista vielä kerran tarkastella, millaisen kokonaisuuden eri sisältöelementit muodostavat.

Suunnittele strategian rullaava päivitysprosessi

Strategian rullaavalla päivitysprosessilla tarkoitetaan ennalta kuvattua prosessia, jonka mukaan strategian päivitys tehdään. Päivitysprosessiin syötetyt havainnot voivat johtaa myös koko strategian uusimiseen, mikäli strategiassa havaittu korjaamistarve on huomattavan suuri.

Päivitysprosessin kuvauksen tulee olla valmis viimeistään silloin, kun strategian sisältö päätetään lukita eli kun strategia on valmis. Päivitysprosessin suunnittelussa ei tarvita henkilöstöä tai sidosryhmiä osallistavia työskentelytapoja. Suunnittelu voidaan tehdä täysin erillisenä virkatyönä. Tärkeätä on se, että strategian julkistamisvaiheessa kerrotaan, miten strategiaa tarvittaessa päivitetään. Tärkeätä on myös se, että strategian rullaavan päivitysprosessin kuvaus sisällytetään organisaation johtamisjärjestelmän kuvaukseen, jolloin tieto päivitysprosessista on kaikkien saatavilla.

Strategian rullaavasta päivitysprosessista kannattaa tehdä mahdollisimman suoraviivainen. Prosessissa on kysymys strategiaan liittyvien havaintojen käsittelystä.

Rullaava strategiaprosessi on kaikessa yksinkertaisuudessaan seuraavanlainen:

1. Havainto strategian päivitystarpeesta
2. Havainnon käsittely ja päätöksenteko
3. Tehdyn päätöksen mukaiset toimenpiteet

Kun tarkastellaan organisaatiostrategioita, edellä mainittua yksinkertaistettua kuvausta voidaan laajentaa seuraavasti:

1. Havainto strategian päivitystarpeesta ja siitä ilmoittaminen
2. Havainnon ensimmäinen käsittely (organisaatioyksikkötaso) ja asian vieminen organisaation johtoryhmän käsittelyyn

3. Havainnon käsittely organisaation johtoryhmässä ja päätöksenteko
4. Tehdyn päätöksen mukaiset toimenpiteet, vaihtoehdot:
   A. Ei muutosvaikutuksia
      - päätöksestä viestiminen
   B. Strategian päivittäminen
      - valmisteluvastuusta päättäminen
      - valmistellun esityksen tuominen johtoryhmään (tätä edeltää mahdollinen laajempi käsittely organisaatiossa, mikäli muutos on merkittävä)
      - muutoksen käsittely ja hyväksyminen
      - muuttuneesta strategiasta viestiminen
      - muutosten siirtäminen toimeenpanosuunnitelmaan ja toimintaan
   C. Strategian uusiminen kokonaisuudessaan (strategiaprojektin käynnistäminen)
      - päätöksestä viestiminen
      - uuden strategiaprojektin suunnittelu ja toteutus

Strategian rullaava päivitysprosessi on nimensä mukaisesti prosessi. Edellä esitetty vaiheistus voidaan kuvata myös prosessinotaatiolla (ns. uimaratatekniikka).

Riippumatta siitä, millaisesta havainnosta on kysymys, sen tekijän on esitettävä perustelut, miksi havainto on niin merkittävä, että se johtaa strategian päivitystarpeeseen. Organisaatiokohtaisesti prosessi voi vaihdella. Havainto voidaan tuoda linjassa ylöspäin, jolloin johtoryhmäkäsittelyä edeltää havainnon käsittely osastotasolla. Asian esittämisestä johtoryhmässä käsiteltäväksi vastaa johtoryhmän jäsen, jonka alaisessa organisaationosassa havainto on tehty. Hän käy keskustelua asiasta johtoryhmän asialistasta vastaavan virastopäällikön kanssa. Tämän prosessin mukaisesti havainto arvioidaan usealla eri tasolla. Pienissä organisaatioissa tai sellaisissa organisaatioissa, joissa on salliva toimintakulttuuri, voidaan prosessi toteuttaa suoraviivaisemmin. Pidän kuitenkin tärkeänä sitä, että havainto on kertaalleen arvioitu ennen kuin sitä esitetään käsiteltäväksi organisaation johtoryhmässä. Tällaisessa prosessissa oma linjajohto ei tule ohitetuksi. Menettely toimii myös esitettyjen havaintojen laatukontrollina.

Strategian päivitystarpeesta tehty havainto voi johtaa strategian päivittämiseen tai sen kokonaan uusimiseen. Mikäli tehty havainto on todella merkittävä, se voi siis johtaa kokonaan uuden strategian laatimiseen, jolloin käsittelyn lopputuloksena on päätös uuden strategiaprojektin käynnistämisestä. Prosessin lopputuotos voi olla myös päätös siitä, ettei muutoksia strategiaan sillä hetkellä tehdä. Havaitun muutostarpeen merkitys voidaan arvioida verraten vähäiseksi tai strategiaa on sovittu uudistettavan lähitulevaisuudessa, jolloin merkityksellisten, mutta suhteellisen pienten muutosten tekeminen ei ole sillä hetkellä perusteltua.

Toimeenpane strategia, älä jalkauta sitä

Usein kuulee puhuttavan, että strategia jalkautetaan henkilöstön keskuuteen. Jalkauttamisen suurin ongelma ei ole henkilöstöä väheksyvä ja esineellistävä sävy tai vaikutelma, joka jalkauttaminen-sanan käyttämisestä välittyy. Merkittävin ongelma on se, että strategiaa jalkauttamalla siihen kirjatut strategiset tavoitteet eivät toteudu. Jalkauttaminen ei ole sitä, mitä strategialle pitää tehdä. Strategia on toimeenpantava. Toimeenpanon tulee olla päättäväistä, hyvin organisoitua ja jämäkkää.

Miksi jalkauttamisesta on tullut yleinen ja jopa jossain määrin vallitseva teon sana strategiatyön yhteydessä? Oman tulkintani mukaan juurisyy asiaan löytyy organisaation ylimmän johdon keskuudessa muodostuneesta ajatusharhasta. Tämä ajatusharha liittyy henkilöstön rooliin strategiatyössä. Jos ylin johto ei kykene hahmottamaan sitä tosiasiaa, että strategian laatiminen ja sen toimeenpano on organisaation ylimmän johdon tehtävä, voidaan strategiatyössä helposti luisua henkilöstöä isosti osallistavaan työskentelytapaan. Lopulta strategiaa jalkautetaan ja tehdään tunnetuksi henkilöstön keskuudessa sen sijaan, että toimeenpanoa edistettäisiin systemaattisesti suunnittelemalla strategisten tavoitteiden alle toiminnallisia tavoitteita ja toteuttamalla niitä.

Kun strategia toimeenpannaan, käytännössä se tarkoittaa strategiaan kirjattujen strategisten tavoitteiden toimeenpanemista. Tyypillisesti strategian jatkoksi on laadittu toimeenpanosuunnitelma, jossa yksityiskohtaisella tasolla kuvataan strategisia tavoitteita toimeenpanevat konkreettiset toiminnalliset tavoitteet ja toimenpiteet. Toimeenpanosuunnitelmassa tavoitteet ja toimenpiteet on priorisoitu, aikataulutettu ja vastuutettu. Lisäksi toimeenpanosuunnitelman toteutumiselle on sovittu seurantasykli. Suositeltavaa on, että strategian toimeenpanon edistymistä tarkasteltaisiin kokonaisuutena vähintään puolivuosittain.

Strategian toimeenpanossa ei ole kysymys siitä, että organisaation koko henkilöstö tehtäisiin tietoiseksi strategian sisällöstä. Kun strategia on viestitty ja se on koko henkilöstön saatavilla, riittävä julkistamisvaiheen viestintä on toteutettu.

Strategian toimeenpano julkishallinnossa ei yleensä koske koko henkilöstöä, sillä strategiset tavoitteet kattavat ainoastaan osan organisaation toiminnasta. Strategiset tavoitteet ovat sillä ajanhetkellä priorisoituja tavoitteita, joiden toimeenpanemisen johto on arvioinut organisaation tuloksellisuuden ja yhteiskunnallisen vaikuttavuuden kannalta tärkeäksi. Organisaation kannalta ei ole merkityksellistä, että henkilöstö tehdään tietoiseksi strategisista tavoitteista. Olennaista on se, että toimeenpano etenee. Tietoisuus konkreettisista strategiaa edistävistä toimenpiteistä leviää varmuudella siinä osassa organisaatiota, jota ne erityisesti koskettavat. Jos tavoitteet ovat järkeviä ja strategian johtaminen ammattimaista, mitään erityistä vastustustakaan tuskin ilmene.

Joissakin julkishallinnon organisaatioissa vuosittain toistettavissa kyselyissä pyritään selvittämään, miten hyvin henkilöstö tuntee organisaation strategiset tavoitteet ja arvot. Strategisten tavoitteiden tai arvojen tunnettuuden selvittäminen henkilöstökyselyissä on täysin absurdi asia. Asiantuntijaorganisaatioissa asiantuntijoiden tehtäväalueet ovat verraten kapeita. Myös osastojen johtajien vastuualueet ovat rajattuja. Organisaation aikaa ei kannata tuhlata siihen, että koko sen henkilöstö koulutetaan tuntemaan asioita, joiden kanssa heillä ei ole mitään tekemistä. Kysely, jossa selvitetään tavoitteiden ja arvojen tunnettuutta, on vahva merkki jalkauttamisen kulttuurista. Sen sijaan vahva merkki toimeenpanosta on se, jos kyselyssä pyritään selvittämään, miten tavoitteiden toimeenpano eli muutosjohtaminen on edennyt ja millaisena toimintakulttuuri koetaan.

Kokemusteni mukaan strategian toimeenpanemisesta puhuminen on joillekin vaikeata. Toimeenpanemisen sijaan voidaan puhua strategian todeksi tekemisestä tai strategian toteuttamisesta. Tällöin merkitys ei muutu. Sen sijaan strategiaa jalkauttamalla ei sen todeksi tekemistä edistetä.

Laadi laadukas toimeenpanosuunnitelma

Strategia sekä sen sisältämät strategiset tavoitteet ohjaavat toiminnan suunnittelua. Kun strategiaan kirjataan SMART-kriteerit täyttävät strategiset tavoitteet, niiden toimeenpano etenee strategian valmistumisen jälkeen sujuvasti. Strategian toimeenpanosuunnitelmaan kirjataan ne konkreettiset tavoitteet ja toimenpiteet, jotka toteuttavat strategiaan kirjattuja strategisia tavoitteita. Konkreettisella tavoitteella tarkoitan tavoitemuotoilua, joka sisältää riittävän yksityiskohtaisen kuvauksen käytännön teoista, joita myös toimenpiteiksi voidaan kutsua.

Monissa organisaatioissa kipuillaan sen kanssa, että toimenpiteet eivät ole tavoitteita ja että niitä ei ole mahdollista mitata. Ajatellaan, että kaikkea pitää pystyä mittaamaan ja että siksi strategisten tavoitteiden alle tulee luonnostella toimintaa kuvaavia mittareita. Eri tasoilla olevien mittareiden mittaustuloksia yhdistelmällä saataisiin lukuarvo myös strategisen tavoitteen edistymiselle. Tällainen mittariuskovaisuus on verraten yleistä julkishallinnossa.

Jos strategian toimeenpanosuunnitelma rakennetaan mittaristopatteristoksi, yksi olennainen asia unohtuu: mittarit eivät itsessään edistä konkreettista tekemistä. Mittaristopainotteinen suunnitelma saattaa pahimmillaan jättää sen lukijalle epäselväksi, mitä lopulta tehdään tavoitteen toteutumisen eteen. Selväksi tulee se, mitä mitataan, mutta toimeenpanosuunnitelman tehtävänä on kuvata suunniteltu toiminta ja tekeminen. Kannattaa muistaa, että strategian toimeenpanosuunnitelman alimmalta tasolta tulee aina löytyä konkreettisia toimenpiteitä, jotka toteuttavat suunnitteluhierarkiassa ylempänä kuvattuja tavoitteita.

Toinen kipuilua aiheuttava ja vaikeuskerrointa lisäävä asia on toimenpiteiden ja strategisen tavoitteen välisen yhteyden todentaminen. Julkishallinnon organisaation strategiset tavoitteet tai vaikuttavuustavoitteet tarvitsevat toteutuakseen konkreettista toimintaa. Ylätason tavoitteiden toteutumista edistävien toimenpiteiden suunnittelu ja niiden välisten syy-seuraussuhteiden arviointi perustuu asiantuntemukseen ja kokemukseen. Toimenpiteiden vaikutuksia ja yhteyksiä vaikuttavuuteen ei välttämättä pystytä aukottomasti osoittamaan. Kokemukseen perustuen voidaan arvioida, että kun toimitaan näin, edistämme strategista tavoitetta. Monesti toimenpiteiden yhteys on täysin ilmeinen ja kiistaton, joskus toimenpiteen vaikutus selviää vasta kokeilemalla. Yksittäisen toimenpiteen vaikutuksen arvioimisen lisäksi tulisi verrata eri toimenpiteitä. Kaikkea ei ole mahdollista tehdä samanaikaisesti, jolloin luontevasti toimeenpanosuunnitelmaan valitaan vaikutuksiltaan tehokkaimmat toimenpiteet, jotka pystytään toimintakauden aikana toteuttamaan tähän tarkoitukseen osoitetuilla resursseilla.

Palaan yhteiskunnallisen vaikuttavuuden mittaamiseen. Varsin usein pystytään mittaamaan, mitä muutoksia on tapahtunut vaikuttavuustavoitteen mittauskohteissa eli indikaattoreissa. Sitä vastoin hankalampaa on osoittaa oman organisaation tarkka vaikutus tapahtuneeseen muutokseen. Esimerkiksi terveyden edistämisen saralla voidaan luotettavasti mitata diagnosoidut uudet tyypin 2 diabetestapaukset vuositasolla. Täysin mahdotonta on kuitenkin osoittaa, mikä on eri terveyttä edistävien viranomaisten ja järjestöjen tuottamien vaikutusten osuus tapahtuneessa kehityksessä. Jos yhteiskunnallinen vaikuttavuus saadaan aikaan omassa tuotannossa olevan palveluprosessin kautta (esim. sote-palvelut) rajatulla maantieteellisellä alueella (esim. hyvinvointialue), voidaan prosessiin tehtyjen muutosten vaikutuksia monitoroida luotettavammin. Vaikuttavuutta on tavoiteltava siitä huolimatta, että vaikuttavuuden mittaaminen ja oman osuuden osoittaminen tapahtuneesta muutoksesta ovat haastavia asioita käytännössä ratkaistaviksi.

Laadukas strategian toimeenpanosuunnitelma sisältää strategisten tavoitteiden alle jäsennetyt toiminnalliset tavoitteet. Toiminnalliset tavoitteet sisältävät kuvaukset toimenpiteistä. Mikäli mahdollista, toimenpiteisiin liitetään mittarit tai tavoitetasot, jotka kuvaavat tavoitteen onnistumisastetta tai toimenpiteen valmiusastetta. Lisäksi käytettävissä olevat resurssit kuvataan. Jokaisen strategisen tavoitteen valmistelu vastuutetaan jollekin johtoryhmän jäsenistä. Vastaavasti jokaiselle toiminnalliselle tavoitteelle nimetään vastuuvalmistelija.

Tarkastele toimeenpanosuunnitelmaa kriittisesti

Strategian toimeenpanosuunnitelman luonnosversio on valmis, kun kaikki johtoryhmän jäsenet ovat annettuun määräaikaan mennessä tuottaneet siihen strategisten tavoitteiden alle sijoittuvat toiminnalliset tavoitteet ja konkreettiset toimenpiteet. Johtoryhmän jäsenet eivät välttämättä itse vastaa tavoitteiden tai toimenpiteiden valmistelusta. Heidän vastuullaan on, että valmistelu etenee annetun aikataulun mukaisesti ja että toimialalla tai osastolla tuotetut tavoitemuotoilut ja ehdotetut toimenpiteet vastaavat strategisessa tavoitteessa esitettyyn haasteeseen.

Organisaation eri osissa suunniteltujen toiminnallisten tavoitteiden ja toimenpiteiden muodostamaa kokonaisuutta on arvioitava kriittisesti. Yksittäisen strategisen tavoitteen alle on sijoitettu sitä todeksi tekeviä toiminnallisia tavoitteita ja toimenpiteitä. Organisaation johtoryhmän tehtävänä on arvioida toimeenpanosuunnitelman sisältö jokaisen strategisen tavoitteen osalta. On kriittisesti tarkasteltava, miten strategisen tavoitteen alle sijoitetut toiminnalliset tavoitteet ja toimenpiteet edistävät strategisen tavoitteen toteutumista ja millainen on niiden arvioitu yhteisvaikutus. Tärkeätä on myös tarkastella suunniteltujen toimenpiteiden aikataulua, vaiheistusta ja resursointia.

Strategian toimeenpanosuunnitelman kriittisessä tarkastelussa tehdään havaintoja suunnitelman korjaus- ja täydennystarpeista. On epätodennäköistä, että organisaation eri osissa tuotettujen tavoitteiden ja toimenpiteiden yhdistäminen yhdeksi suunnitelmaksi johtaisi kertaheitolla hyvään tai erinomaiseen lopputulokseen.

Suunnitelman korjausvaiheessa on mahdollista osastokohtaisen valmistelun sijaan siirtyä tavoitekohtaiseen valmisteluun. Tällöin yksittäisen strategisen tavoitteen toimeenpanon suunnittelu viimeistellään pientyöryhmässä, johon kutsutaan asiantuntijat niiltä osastoilta, joilla on liittymäpinta strategisessa tavoitteessa kuvattuun asiaan. Ryhmän tehtävänä työstää ratkaisut johtoryhmässä tunnistettuihin korjaustarpeisiin sekä kehittää suunnitelman sisältöä etenkin tavoitteiden yhteisvaikutusten osalta. Johtoryhmä arvioi uudelleen toimeenpanosuunnitelman ja järjestää tarvittaessa uusia korjauskierroksia, kunnes suunnitelma todetaan valmiiksi. Toimeenpanosuunnitelman valmistumisen yhteydessä sitä on hyvä kokonaisuutena peilata myös organisaation visioon. Tärkein kysymys tähän liittyen on, liikkuuko organisaatio visiossa kuvattuun suuntaan, jos se onnistuu erinomaisesti kaikissa toimeenpanosuunnitelmaan sisältyvien toiminnallisten tavoitteiden ja toimenpiteiden toteuttamisessa.

Arvioi strategian toimeenpanon muut vaikutukset

Strategisten tavoitteiden toimeenpanon vaikutukset kohdistuvat ensisijaisesti ympäröivään yhteiskuntaan. Tavoitteena on aikaansaada vaikutuksia, jotka summautuvat yhteiskunnalliseksi vaikuttavuudeksi.

On mahdollista, että strategian toimeenpano edellyttää muutoksia organisaation toiminnassa, rakenteissa ja resursoinnissa. Strategisten tavoitteiden toimeenpanossa saatetaan tarvita sellaista osaamista, jota organisaatiossa ei ole strategian laatimishetkellä. Tällainen osaamisvaje voidaan paikata henkilöstöä kouluttamalla tai uusia asiantuntijoita rekrytoimalla. Toimintaprosesseja joudutaan kenties uudistamaan. Strategialla saattaa olla myös niin merkittäviä muutosvaikutuksia, että organisaation rakenteita on uusittava. Joskus strategian toimeenpano edellyttää lisäresursoinnin saamista.

Valmistuvan strategian vaikutuksia organisaation toimintaan tulee arvioida, kun strategiaprojekti on kääntymässä loppusuoralle. Strategisten tavoitteiden tulee tähdätä korkealle, mutta samanaikaisesti niiden on oltava realistisia. Jos organisaatiolla ei ole kykyä tai resursseja toimeenpanna strategisia tavoitteita, muutosjohtamiselle ei ole olemassa todellisia edellytyksiä. Strategiaprojektin yhteydessä laadittu tilannekuva organisaatiosta ja sen suorituskyvystä, kyvykkyyksistä, rakenteista, prosesseista ja resursseista toimii tukena muutosvaikutusten arvioimisessa.

Strategiatyö ei ole organisaation toiminnan ja rakenteiden kehittämisestä irrallaan oleva asia. Toiminnan kehittämisen linjaukset sisältyvät strategiaan joko auki kirjoitettuina tai strategisten tavoitteiden taustalla olevina mahdollistajina. Kirjaustavasta riippumatta organisaation ylimmän johdon on käytävä keskustelu siitä, mitä toiminnallisia tai rakenteellisia muutoksia strategian toimeenpano edellyttää. Tässä keskustelussa saatetaan tulla myös siihen lopputulokseen, ettei muutosta ole mahdollista toteuttaa strategian luonnosversiossa kuvatussa laajuudessa.

Julkishallinnossa näkee valitettavan usein organisaatiouudistuksia, joilla ei ole mitään yhteyttä strategiatyöhön. Ei ole mitenkään harvinaista sekään, että organisaatiouudistus toteutetaan nurinkurisesti juuri ennen strategiaprojektin käynnistymistä. Jostain syystä monilla johtajilla on äärettömän kova into ja hoppu tehdä tällaisia uudistuksia, eikä strategiaprojektissa tuotettavaa tuoreinta tietoa jakseta odottaa. Pahimmassa tapauksessa projektin jälkeen tehdään uusia uudistuksia, kun huomataan, että aiemmin tehdyt uudistukset eivät ole linjassa strategian sisällön kanssa. Vielä pahempaa on se, jos näitä tarvittavia muutoksia ei tehdä.

Organisaation rakenteiden jumppaaminen strategiaprojektin toimeenpanoa suunniteltaessa ei saa olla itsetarkoitus. On täysin mahdollista, että strategiassa kuvattuihin muutosjohtamisen haasteisiin pystytään vastaamaan nykyisillä rakenteilla, jolloin muutostarpeet liittyvät ensisijaisesti prosessien, laadun ja osaamisen kehittämiseen.

Eräässä keskusvirastossa tehtiin 2010-luvulla todella merkittävä organisaatiouudistus keskimäärin kahden vuoden välein. Kyseisessä virastossa strategia ei ollut aidosti johtamisen väline eikä virastoa koskevassa lainsäädännössä tapahtunut merkittäviä muutoksia. Organisaatiomuutos, jolla ei ole kytkentää strategisissa tavoitteissa tai lainsäädännössä tapahtuneisiin merkittäviin muutoksiin, antaa vaikutelman tempoilevasta ja osaamattomasta johtamisesta. Strategiaprojektissa tuotettua tietoa tulisi hyödyntää myös merkittäviä muutoksia suunniteltaessa, muussa tapauksessa muutosjohtamisen tietopohja perustuu fiilikseen ja mutuun.

Strategian toimeenpanoa voidaan edistää osaamista ja prosesseja kehittämällä. Lisäresurssien saaminen on sen sijaan haastavaa 2020-luvun taloudellisten paineiden keskellä. Uusille rekrytoinneille on siten tehtävä tilaa esimerkiksi henkilöstön luonnollista poistumaa hyödyntämällä.

Suunnittele ja toteuta toimeenpanon seuranta

Toimeenpanosuunnitelman valmistelun yhteydessä päätetään myös siitä, millaisella syklillä strategian toimeenpanoa seurataan. Sopiva seurantasykli julkishallinnossa on esimerkiksi neljännes- tai puolivuosittain. Seurantatiedot kerätään säännöllisin väliajoin seurantadokumenttiin, joka voidaan toteuttaa perinteisillä toimistosovelluksilla, verkkosivuna tai vaikkapa PowerBI-toteutuksena. Tietojen toimittamisen tulee olla helppoa ja vaivatonta. Kirjallisen seurannan lisäksi suosittelen järjestämään ylimmälle johdolle ja keskijohdolle suunnattuja läsnätilaisuuksia, joissa näytöt strategian toimeenpanon etenemisestä esitellään, käydään keskustelua tuloksellisuudesta ja mahdollisista haasteista sekä sovitaan toimeenpanosuunnitelmaan tehtävistä korjauksista.

Seurantatietojen keruuta ei kannata järjestää liian pian strategian toimeenpanosuunnitelman valmistumisen jälkeen. Muutamassa viikossa tai parissakaan kuukaudessa ei yleensä saada aikaan merkittäviä tuloksia.

Seurantatilaisuudet tulee merkitä hyvissä ajoin organisaation ylimmän johdon ja vastuuvalmistelijoiden kalentereihin. Muussa tapauksessa asia voi helposti unohtua. Koska kyse on strategian toimeenpanosta, osallistuminen näihin tilaisuuksiin on pakollista. Strategiatyöstä vastaava projektipäällikkö vastaa tyypillisesti myös seurantatilaisuuksien järjestämisestä sekä niihin valmistautumisesta. Valmistautumisessa kriittisintä on raportointitietojen keruu yhteiselle raportointipohjalle. Mikäli vastuuhenkilöille on annettu tehtäväksi toimittaa tiedot suoraan sähköiseen toimintaympäristöön, määräaikojen noudattamisen perään on katsottava.

Integroi strategian toimeenpano ja seuranta osaksi kokonaisuutta

Strategian toimeenpanosuunnitelma on integroitava osaksi organisaation suunnittelu- ja seurantajärjestelmää. Strategiset tavoitteet kirjataan niiden toimialojen, osastojen, yksiköiden ja tiimien vuosisuunnitelmiin, jotka vastaavat toimeenpanosuunnitelmassa kuvatuista toiminnallisista tavoitteista ja toimenpiteistä. Yksittäisten organisaatioyksiköiden vuosisuunnitelmat sisältävät kyseisen yksikön toimintaan liittyvät tärkeimmät tavoitteet. Näistä tavoitteista osa on saatettu siirtää sellaisenaan strategian toimeenpanosuunnitelmasta. Jokaisella organisaatioyksiköllä ei välttämättä ole strategisiin tavoitteisiin linkitettyjä toiminallisia tavoitteita.

Organisaatiossa tehtävä säännönmukainen tuloksellisuuden seuranta palvelee käytännössä myös strategian toimeenpanon seurantaa. Kun strategian toimeenpanosuunnitelma on integroitu osaksi organisaation suunnittelu- ja seurantajärjestelmää, säännöllisen syklin mukaisesti toteutettu seuranta tuottaa tarvittavat tiedot myös strategian toimeenpanon seurantaan. Raportointia ei tarvitse tehdä kahteen kertaan, sillä strategian toimeenpanon seurantatiedot voidaan poimia kattavasta raportoinnista joko manuaalisesti tai tietoja suodattamalla.

Laadi erillinen suunnitelma arvotyölle

On varsin yleistä, että strategiatyön yhteydessä käsitellään myös organisaation arvoja. Arvot saatetaan joko uudistaa kokonaan tai olemassa olevien arvojen merkityksiä tuoreutetaan strategiaprojektin aikana käytävässä koko organisaation laajuisessa keskustelussa. Mitä arvoille tapahtuu tai tehdään sen jälkeen, kun ne on julkistettu strategian yhteydessä?

Arvojen ei katsota kuuluvan strategian ytimeen. Joidenkin näkemysten mukaan arvoilla ei ole mitään tekemistä strategian kanssa. Suhtautuminen arvoihin osana strategiatyötä riippuu siitä, miten laajasti organisaation tuloksellisuuden ja vaikuttavuuden taustalla olevat tuotannontekijät sekä niihin vaikuttavat asiat halutaan nähdä. Kapeimmassa katsantokannassa resursseja tarkastellaan lähinnä aineellisina resursseina, ilman inhimillistä ulottuvuutta. Lavein tulkinta tuo mukaan asiantuntijaorganisaation kaikki ominaisuudet unohtamatta inhimillisyyttä ja ihmisten välistä vuorovaikutusta. Kallistun omassa ajattelussani jälkimmäisen katsantokannan puoleen. Mielestäni toimintakulttuurilla ja arvojen mukaisella toiminnalla on vahva yhteys organisaation tuloksellisuuteen.

Kaplanin ja Nortonin luoma tasapainotettu tuloskortti (*Balanced Scorecard*) toi strategiseen suunnitteluun systematiikan, joka korosti eri tuotannontekijöiden merkitystä tuloksellisuudelle. Keskeistä oli syy-seuraussuhteiden osoittaminen. Tuloskortin rakenteessa alimman kerroksen eli perustan muodostaa oppimisen ja kasvun kokonaisuus. Tällä osa-alueella korostetaan osaamista ja oppimista sekä henkilöstön tyytyväisyyttä. Arvot sopivat hyvin tähän strategiatyön kehykseen, jota on monilla eri tavoilla sovellettu myöhemmin.

Suomalaiset julkishallinnon organisaatiot ovat asiantuntijaorganisaatioita, joiden merkittävin voimavara on henkilöstö. Hallinnonalasta ja virastosta riippuen henkilöstökulujen osuus kokonaisuudesta vaihtelee. Joissakin organisaatioissa henkilöstökulujen osuus kaikista menoista voi olla jopa yli 80 %. Henkilöstövoimavarojen merkitys tuli ilmi, kun syksyllä 2024 uutisoitiin valtionhallintoon kohdistuvista massiivisista säästötoimista. Julkisuudessa nähtiin toistuvasti uutisia muutosneuvotteluista. Kerta toisensa jälkeen todettiin, että tarvittavat säästöt voidaan saavuttaa henkilöstöä vähentämällä.

Kun asiantuntijaorganisaatio uusii strategiansa, tyypillisesti myös arvot uusitaan. Työstämisen tapoja on monia. Joissakin organisaatioissa arvot ainoastaan tuoreutetaan eli arvoja ei lähtökohtaisesti pyritä vaihtamaan, vaan olemassa olevien arvojen merkityksestä käydään strategiaprojektin yhteydessä keskustelua. Arvot siis pysyvät entisellään, mutta niitä kuvaavat sanoitukset saavat keskustelun kautta uuden muotoilun. Joissakin organisaatioissa arvot halutaan uusia kokonaan. Organisaation ylin johto on saattanut vaihtua ja se haluaa ottaa uuden lähdön toimintakulttuurin kehittämiseen. Vain harvoissa organisaatioissa päätetään luopua kokonaan organisaation julkistamista arvoista. Sen sijaan monissa organisaatioissa arvoihin liittyvä aktiivinen tekeminen on päättynyt vuosia sitten. Arvoja ei ole vuosikausiin tuoreutettu eikä keskustelua toimintakulttuurista ole käyty. Käytännössä tällaiset organisaatiot ovat luopuneet arvoistaan.

En halua tässä lähteä arvojen käsitemäärittelyn tielle. En myöskään halua mennä asiassa liian teoreettiselle tasolle. Lisäksi ajattelen, että jos organisaatioissa on arvot, riviasiantuntijoiden tulee pystyä kansantajuisesti ymmärtämään, mitä arvot ovat ja mitä niillä tavoitellaan. Siksi pyrin ajattelemaan asiaa tavallisen asiantuntijan näkökulmasta. Tästä näkökulmasta katsottuna arvot ovat minulle toimintakulttuuriin liittyviä ominaisuuksia ja asioita, joiden halutaan näkyvän ja ilmenevän arjessa.

Valitettavan usein toimintakulttuurin kehittämiseksi ei tehdä mitään strategian valmistuttua. Jos asiantuntijaorganisaatiolla on arvot, miksi organisaatiot eivät tee arjessa töitä arvojen mukaisen toimintakulttuurin vahvistamiseksi? Eikö olisi täysin loogista, että arvoja pyrittäisiin vahvistamaan? Eikö arvojen mukaista toimintaa arjessa pitäisi pyrkiä aktiivisesti edistämään? Miksi organisaatiot eivät tee mitään asian eteen? Miksi monissa organisaatioissa ylin johto on haluton käymään keskustelua organisaation arvojen näkymisestä?

Olen omissa pohdinnoissani päätynyt siihen tulokseen, ettei monissa organisaatioissa haluta aidosti käydä keskustelua toimintakulttuuriin liittyvistä asioista. Eikä etenkään arvoista. Arvot halutaan julistaa. Niistä viestitään kuin vuosituhannen vaihteen strategioista: tällaista meillä on ja näin me toimimme. Paitsi ettei oikeasti toimita. Arvovalinnat saattavat olla mainioita ja arvot itsessään tavoiteltavia, mutta niiden eteen ei olla valmiita tekemään töitä. Arvot ovat näissä organisaatioissa osa suurta huijausta, jolla pyritään kirkastamaan työnantajakuvaa. Samanaikaisesti todellisuus ui syvemmissä ja tummemmissa vesissä. Ylin johto ei halua käynnistää keskustelua toimintakulttuurista, koska se ei halua kuulla kritiikkiä.

Joissakin organisaatioissa vuosittain toistettavissa henkilöstökyselyissä pyritään selvittämään, miten hyvin henkilöstö tuntee organisaation arvot. Kysymys on täysin absurdi riippumatta siitä, mitä vastaukseksi saadaan. Sillä ei ole mitään merkitystä, miten henkilöstö kokonaisuudessaan tuntee ja muistaa arvot ulkoa. Merkitystä on sillä, miten hyvin henkilöstö kokee organisaation arvojen toteutuvan arjen toimintakulttuurissa. Jos organisaation arvona on vaikkapa oikeudenmukaisuus, tällöin tulisi kysyä, kokeeko vastaaja oikeudenmukaisuuden toteutuvan organisaatiossa. Lisäksi tulisi antaa mahdollisuus tarkemmin kertoa, mikä mahdollisesti on pielessä. Jos arvona on reiluus, henkilöstöltä pitäisi kysyä, kohdellaanko sinua reilusti. Jos arvojen tunnettuutta kysyttäisiin, kysyisin sitä ainoastaan esihenkilöiltä. Ja heti perään esittäisin kysymyksen, mitä olet esihenkilönä tehnyt arvojen toteutumisen eteen viimeisen vuoden aikana. Kaikki osallistuvat toimintakulttuurin kehittämiseen, mutta johtajat ja esihenkilöt ovat vastuussa siitä, että tälle työlle osoitetaan aikaa.

Koska tämä kirja on ratkaisuhakuinen, esitän ratkaisun myös arvojen vahvistamiselle toimintakulttuurissa: Viimeistään sillä hetkellä, kun organisaation strategia sekä arvot samassa yhteydessä julkaistaan, on käynnistettävä arvojen toimeenpanosuunnitelman laatiminen. Organisaatio tarvitsee suunnitelman, mitä toimintakulttuurin kehittämiseksi tehdään esimerkiksi seuraavan vuoden tai pidemmän strategiakauden aikana. Strategian julkistamistilaisuudessa tulee kertoa, että toimintakulttuurin kehittäminen jatkuu ja että tässä työssä keskustelua käydään arvojen ohjaamana. Kuulostaa byrokraattisemmalta kuin mitä se oikeasti on. Käytännössä toimintasuunnitelma arvojen vahvistamiseksi organisaation toimintakulttuurissa tarkoittaa koko organisaatiolle suunnattujen keskustelutilaisuuksien laittamista kalenteriin. Tällaisia tilaisuuksia voidaan järjestää suurissa organisaatioissa myös osasto- ja yksikkötasolla. Tärkeintä on se, että arvojen mukaisesta toimintakulttuurista keskustellaan. Keskustelussa ei tule rajautua organisaation sisäiseen toimintaan, sillä olennaista on myös se, miten arvojen mukainen toiminta näkyy asiakkaille tuotettavissa palveluissa.

Miksi arvoista on keskusteltava? Eikö riitä, että järjestetään kyselyjä, jolloin päästään henkilöstön pulssille? Ei riitä. Arvoista on keskusteltava kasvotusten. Mieluiten siis siten, että kaikki osallistujat ovat läsnä samassa tilassa. Kasvottomat Teams-hahmot eivät käy arvokeskustelua. Tilanne on haastava, sillä arvokeskustelu tulee ihmisten iholle. Tällaisten tilaisuuksien fasilitointi vaatii sekä hyvää suunnittelua että korkeata ammattitaitoa. Jos organisaatiosta, esimerkiksi sen HRD-toiminnoista, ei löydy tällaista osaamista omasta takaa, kannattaa kääntyä alan ammattilaisten puoleen. On olemassa yrityksiä, jotka ovat erikoistuneet toimintakulttuurin kehittämiseen ja arvotyöhön. Tällaisista yrityksistä on mahdollista tilata organisaation tarpeisiin räätälöityjä ratkaisuja. Vaihtoehtoisesti nämä yritykset voivat kouluttaa arvotyön ammattilaisia, jotka jatkossa pystyvät fasilitoimaan toimintakulttuurin kehittämistoimia omassa organisaatiossaan.

Totesin, että keskustelutilaisuuksien järjestäminen arvoista ja toimintakulttuurista on tärkeintä. Syvennyn vielä tarkemmin tähän teemaan. Järjestäminen itsessään ei tietenkään ole tärkein tavoite, olennaista on varmistaa tilaisuuksien laatu. Toimintakulttuurin kehittämiseen keskittyvissä tilaisuuksissa, joissa organisaation arvot ovat vahvasti läsnä, tärkeintä on onnistua luomaan sellainen ilmapiiri, joka mahdollistaa avoimen ja sallivan keskustelun toimintakulttuurista. Helpommin sanottu kuin tehty. Erityisen haastavaa toimintakulttuurin kehittäminen on sellaisissa organisaatioissa, jotka ovat henkisesti takalukossa ja joissa on koettu äärimmäisen kovaa johtamista sen kaikissa eri ilmenemismuodoissa. Tällaisessa organisaatiossa johto tuskin on halukas eikä edes riittävän kyvykäskään toteuttamaan toimintakulttuurissa tarvittavaa muutosta. Lisäksi on aivan turha odottaa, että tällaisessa organisaatiossa henkilöstö olisi valmis avoimesti tuomaan esiin huoliaan. Kun on totuttu siihen, että erilaisista mielipiteistä rangaistaan, edellytyksiä avoimelle keskustelukulttuurille ei ole olemassa.

Jos toimintakulttuurissa on merkittäviä korjaustarpeita ja jos organisaation johdolla on tahtotila lähteä korjaamaan tilannetta, ulkopuolisten valmentajien käyttämistä tulee vakavasti harkita. Ulkopuolinen fasilitaattori voi sanoa asioita, joita organisaation oman edustajan on vaikea sanoa. Ulkopuolinen asiantuntija lähestyy organisaatiota neutraalista tulokulmasta vailla menneisyyden painolasteja.

Tahtotila toimintakulttuurin muutokselle voi syntyä, jos esimerkiksi virastopäällikkö vaihtuu. Koko henkilöstölle suunnattujen tilaisuuksien lisäksi harkintaan kannattaa ottaa myös muut keinot koko henkilöstölle suunnattujen arvokeskustelujen lisäksi. Esimerkiksi johdon ja esihenkilöiden coachaus voi tukea kehitystä. Myös nämä keinot on hyvä kirjata suunnitelmaan, jonka tavoitteena on varmistaa strategiaan kirjattujen arvojen vahvistuminen organisaation päivittäisessä työssä. Mitään yhtä ja ainoata oikeaa sabluunaa tällaiselle suunnitelmalle ei ole olemassa. On täysin kiinni organisaation ylimmästä johdosta, mitä se on valmis ja halukas tekemään. Suunnitelman puuttuminen on itsessään erittäin vahva signaali siitä, ettei toimintakulttuurin kehittämiseksi aidosti haluta tehdä mitään.

Korostan yhdessä käytävän keskustelun merkitystä toimintakulttuurin kehittämisessä. Huolella suunniteltujen ja asiantuntevalla otteella fasilitoitujen keskustelutilaisuuksien ohella toimintakulttuuria on mahdollista vahvistaa monin eri keinoin. Joissakin organisaatioissa on arvot viety eri organisaatiotasolla toimivien johtoryhmien agendalle. Asialistalla on vakioidusti viimeisenä kohtana kysymys: olivatko tekemämme päätökset organisaation arvojen mukaisia? Tällaisella käsittelyllä voi olla toimintakulttuuria kehittävä vaikutus, mikäli asiakohdan käsittelyyn varataan aikaa ja jos käsittely on aitoa. Toimintakulttuurin kehittämistä on käsiteltävä myös erilaisissa johdon ja keskijohdon vetäytymisissä sekä organisaation esihenkilöille tarjoamissa koulutuksissa. Myös blogikirjoitukset ja muut viestinnälliset ulostulot voivat tukea toimintakulttuurin kehittymistä, mutta näissä vaarana on se, että viestintä ei kohtaa kuulijaansa. Kirjoitettu kertomus voidaan kokea etäiseksi ja julistuksenomaiseksi varsinkin silloin, jos teot eivät ole linjassa kirjoitetun tarinan kanssa. Monissa organisaatioissa on hehkutettu valmentavaa johtamista, mutta käytännön teot ovat olleet vahvasti ristiriidassa julistetun sanan kanssa. Jos toimintakulttuuria halutaan aidosti kehittää, kaiken tekemisen on osoitettava samaan suuntaan arvojen kanssa.

Palaan kappaleen otsikkoon ja siinä esitettyyn haasteeseen. Arvopohjaa on vahvistettava suunnitelmallisesti, mutta hyväkään tekeminen ei johda arvopohjan vahvistumiseen, jos siitä puuttuu inhimillinen ote. Jos organisaation johto ei ole henkisesti läsnä ja aidosti mukana toimintakulttuurista käytävissä keskusteluissa, todellisia edellytyksiä toimintakulttuurin kehittämiselle ei ole olemassa. Jos organisaation johto ei altista itseään aidolle dialogille ja siitä nousevalla kritiikille, koko arvotyön voi unohtaa. Toimintakulttuurista käytävässä keskustelussa on kyse ihmisten välisestä kanssakäymisestä. Kyse on myös siitä, että erilaisia näkemyksiä ja mielipiteitä sallitaan. Ihmisten kyky ja kypsyys käydä tällaisia keskusteluja vaihtelee. Organisaatiot ovat menneisyytensä vankeja. Tietty organisaatiohistoria ja aiempien johtajien johtamisotteet voivat selittää sen, miksi ilmapiiri on tulehtunut. Historiaan ei ole kuitenkaan mahdollista vedota, vaan ratkaisut tehdään tässä ajassa eteenpäin katsoen. Jos organisaatiossa aiemmin toimineet johtajat ovat ajaneet toimintakulttuurin kriisin partaalle, siihen ei voi vedota eikä välttämättömiä asioita saa jättää tekemättä.

Seuraa tavoitellun yhteiskunnallisen vaikuttavuuden kehittymistä

Julkishallinnon organisaation tulee tavoitella toiminnallaan yhteiskunnallista vaikuttavuutta. Yhteiskunnallisen vaikuttavuuden luominen on sen olemassaolon perusta ja oikeutus. Tuotetut suoritteet ja palvelut ovat ainoastaan välineitä, joiden perimmäisenä tarkoituksena on niiden tuottamien vaikutusten kautta aikaansaada yhteiskunnallista vaikuttavuutta. Jos julkishallinnon organisaatio ei onnistu tuottamaan yhteiskunnallista vaikuttavuutta, se on epäonnistunut tehtävässään.

Palaan kirjan ensimmäisessä luvussa esittelemääni ketjuun yhteiskunnallisen vaikuttavuuden muodostumisesta: Julkishallinnon organisaatiot tuottavat mm. erilaisia tuotoksia, suoritteita ja toimenpiteitä, joiden vaikutukset kohdistuvat organisaation ulkopuolelle. Näillä vaikutuksilla organisaatio pyrkii osaltaan tukemaan yhteiskunnallisen vaikuttavuuden muodostumista. *Osaltaan* on huonoa suomea, mutta tässä yhteydessä se kuvaa erinomaisella tavalla organisaation tuottamien vaikutusten yhteyttä vaikuttavuuteen: yhteiskunnallinen vaikuttavuus syntyy monien eri asioiden ja tekijöiden yhteisvaikutuksesta. Tämä on merkittävin syy, miksi strategian toimeenpanon seuranta ja yhteiskunnallisen vaikuttavuuden seuranta tulee pitää erillään toisistaan.

Asia on haastava, koska aikaansaadun yhteiskunnallisen vaikuttavuuden todentamiseen ja mittaamiseen liittyy erityisiä haasteita. Vaikka yhteiskunnallisen vaikuttavuuden mittaamiseen liittyy ratkaisemattomia haasteita, sen muodostumista on pyrittävä herkeämättä seuraamaan indikaattorien ja arviointitoiminnan avulla.

Yhteiskunnallisen vaikuttavuuden kehittymistä on mahdollista seurata indikaattorien avulla. Jokaisessa julkishallinnon organisaatiossa tulisikin rakentaa indikaattorisetti, joka sisältää ao. organisaation kannalta tärkeimmät yhteiskunnallista vaikuttavuuden kehitystä kuvaavat indikaattorit. Indikaattorit linkittyvät strategisiin tavoitteisiin, mutta strategian toimeenpanossa seuranta kohdistuu ensisijaisesti strategisten tavoitteiden alle suunniteltujen toiminnallisten tavoitteiden ja toimenpiteiden toteutumiseen sekä muutoksen tapahtumiseen strategisessa tavoitteessa kuvatulla tasolla.

Erillinen indikaattorisetti muodostaa kiinteän jatkumon strategian toimeenpanon seurannalle. Indikaattorien avulla seurataan yhteiskunnallisen vaikuttavuuden kehittymistä organisaation toimialalla.

Erilaisia indikaattoreita on tarjolla runsaasti. Organisaation tulee valita tärkeimmät seurattavat indikaattorit, jotka kuvaavat tavoiteltua yhteiskunnallista vaikuttavuutta. Erityisesti strategian jatkumoksi laaditun indikaattorisetin tulee olla kompakti. Settiin valittujen indikaattorien yhteys strategisiin tavoitteisiin tulee olla todennettavissa. Kun strategian toimeenpanosta raportoidaan, olennaista on myös kertoa, miten yhteiskunnallista vaikuttavuutta kuvaavien indikaattorien mittaustulokset ovat kehittyneet. Kun yhteiskunnallisesta vaikuttavuudesta viestitään, viestinnässä ei pidä keskittyä ainoastaan suotuisaan kehitykseen, vaan esille on tuotava myös huolenaiheita eli sellaisia asioita, jotka yhteiskunnassamme eivät ole kehittyneet tavoiteltuun suuntaan. Nämä huolenaiheet tulee käsitellä, kun suunnitellaan strategian toimeenpanoa. Keskeistä on tällöin kysyä, mitä on mahdollista tehdä toisin tai paremmin, jotta tavoiteltua yhteiskunnallista vaikuttavuutta voisi muodostua.

Strategiat muuttuvat, indikaattorit ovat luonteeltaan pysyvämpiä. Indikaattorit tarjoavat trenditietoa pidemmältä aikaväliltä. Indikaattorisettiä ei kuitenkaan pidä ymmärtää kiveen hakattuna. Yhteiskunnassa tapahtuvat muutokset nostavat esiin uusia huolenaiheita, joten myös indikaattorisetin sisältöä tulee tarvittaessa päivittää. Koska tavoitellut muutokset yhteiskunnallisella tai väestötasolla tapahtuvat usein hitaasti, kaikkien indikaattorien vaihtaminen kerralla ei ole suositeltavaa.

Julkishallinnon organisaatioissa toteutetaan aika ajoin ulkopuolisia auditointeja ja arviointeja. Auditoinneissa keskitytään tyypillisesti organisaation toiminnan laadun ja tuloksellisuuden arviointiin. Painopisteeksi voidaan valita myös organisaation tuottama yhteiskunnallinen vaikuttavuus joko kokonaisuutena tai jollakin valitulla toiminnan osa-alueella. Ulkopuoliset arvioinnit tuottavat huomattavan tarkkaa tietoa yhteiskunnallisesta vaikuttavuudesta. Ne voivat tarjota myös vastauksia siihen, mikä on ollut organisaation osuus yhteiskunnallisessa vaikuttavuudessa. Arviointien avulla on siten mahdollista syventää sitä summatason tietoa, jota yksittäinen indikaattori kuvaa. Tyypillisesti ulkopuolisten auditointien ja arviointien tilaajana toimii organisaation ohjausvastuussa oleva taho (esim. keskusvirastojen tapauksessa ministeriöt).

Käytä itsearviointeja strategiatyön kehittämisen tukena

Yhteinen arviointimalli – The Common Assessment Framework (CAF) on eurooppalaisten julkishallinnon organisaatioiden käyttöön kehitetty itsearviointityökalu, jonka pilottiversio näki päivänvalon vuonna 2000. Vuonna 2020 julkaistiin CAF:n viides versio. CAF asemoituu EFQM-arviointimallin läheisyyteen. CAF-mallia voidaan luonnehtia kevyemmäksi kuin EFQM. Erityistä CAF-mallissa on se, että se on kehitetty nimenomaan julkishallinnon organisaatioiden käyttöön, mikä näkyy mm. käytetyssä terminologiassa.

CAF-arviointimallia käytettiin aktiivisesti 2000-luvun alussa myös Suomessa. Alkuinnostuksen jälkeen sen käyttö on hiipunut. Esimerkiksi valtion keskusvirastoista ainoastaan neljä (6,3 % kaikista) raportoi vuodelta 2023 laaditussa toimintakertomuksessa hiljattain suoritetusta toiminnan kokonaisvaltaisesta itsearvioinnista. Näistä arvioinneista kaksi oli tehty CAF-viitekehyksen mukaisesti.

CAF-arviointimallissa toisena arviointialueena on "Strategia ja toiminnan suunnittelu". Yhteensä arviointialueita on yhdeksän. Myös muissa tunnetuissa laatutyön viitekehyksissä (esim. EFQM) strategiatyö on arvioinnin kohteena.

Itsearvioinneissa kerätään valmisteluvaiheessa näytöt, jotka kuvaavat tehtyjä toimenpiteitä ja saavutuksia. Näyttöjen pohjalta käydään keskustelua ja tunnistetaan kehittämiskohteet. Vaikka arviointikehikko on yhteiseurooppalainen, itsearvioinnin toteuttava organisaatio voi vapaasti soveltaa sitä. Arvioinnin voi tehdä raskaimman kautta yksityiskohtaisesti dokumentoiden ja pisteytyksiä käyttäen tai verraten lyhyessä ajassa, jolloin näyttöjen pohjalta käytävät yhteiset keskustelut ja niissä esille tulevat kehittämistarpeet muodostavat arvioinnin ydinsisällön. Soveltamisen tapoja on toki muitakin.

Itsearvioinnit tukevat strategiatyössä kehittymistä ja strategian toimeenpanon tuloksellisuuden arviointia. Arvioinnissa strategiatyötä koskevat näytöt ja tunnistetut kehittämiskohteet tulee siirtää osaksi strategiatyötä. Tehdyt havainnot voivat johtaa tarkistuksiin toimeenpanosuunnitelman sisällöissä ja rakenteissa tai vaikkapa seurantatiedon keruun järjestämisessä. Havainnot voivat koskea myös strategian sisältöjä, jolloin ne tulee käsitellä organisaatiossa käytössä olevan strategian rullaavan päivitysprosessin mukaisesti. Kriittinen itsearviointi voi myös tuottaa havainnon strategian uusimistarpeesta.

Monitoroi toimintaympäristöä

Strategian valmistuttua strategiatyössä fokus kohdistuu vahvasti toimeenpanosuunnitelman toteuttamiseen. Samanaikaisesti organisaatiossa on pidettävä tuntosarvet koholla ja seurattava toimintaympäristössä tapahtuvaa kehitystä. Havaittujen muutosten vaikutuksia organisaation strategiaan tulee säännöllisesti arvioida.

Suuret muutokset eivät jää huomaamatta. 2020-luvun alun merkittävät globaalitason tapahtumat eli koronapandemia sekä Venäjän hyökkäyssota Ukrainaan tulivat silmänräpäyksessä kaikkien tietoisuuteen. Hieman pienempien muutosten havainnointi sen sijaan vaatii tarkkaavaisuutta, yhteistä aikaa ja keskustelua.

Sitran Megatrendien päivitys tai valtioneuvoston tulevaisuuskatsauksen valmistuminen saattavat osua keskelle organisaation strategiakautta. Organisaation omalla toimialalla sekä sen kansainvälisissä sidosryhmissä tehdään usein toimintaympäristössä tapahtuvan kehityksen analyysityötä. Kun tällaisia toimintaympäristöä ja sen tulevaisuutta syväluotaavia asiakirjoja julkaistaan, niiden sisältöön on syytä perehtyä huolella.

Toimintaympäristön analyysityössä voimavarojen yhdistämisessä on järkeä, koska muutokset ovat vaikutuksiltaan laajoja. Valtionhallinnossa monilla hallinnonaloilla järjestetään ministeriön ylimmälle johdolle sekä hallinnonalan virastojen ja laitosten johdolle suunnattuja kehittämispäiviä. Tällaisten kokoontumisajojen agendalle olisi hyvä ujuttaa myös toimintaympäristössä tapahtuvaa muutosta syväluotaavia alustuksia sekä näiden puheenvuorojen päälle käytäviä keskusteluja. Myös organisaatioiden sisäisillä, ylimmälle johdolle ja keskijohdolle suunnatuilla kehittämispäivillä toimintaympäristöstä olisi hyvä käydä keskustelua. Keskustelut kannattaa dokumentoida, jolloin materiaaleja on mahdollista hyödyntää seuraavan strategiaprojektin yhteydessä.

Toimintaympäristössä havaitut muutosvoimat voivat antaa aihetta skenaariotyön käynnistämiselle. Skenaariotyötä ei välttämättä tarvitse sisällyttää strategiaprojektiin, vaan sitä voidaan tehdä, vaikka strategian uusimisesta ei olisi tehty päätöstä. Strategisesta ennakoinnista voidaan tehdä myös säännönmukaisesti toistuvaa, jolloin ennakointi toimii voimassa olevan strategian happotestinä. Myös skenaariotyössä voimavarojen yhdistämisessä on itua, koska skenaariot tyypillisesti rakennetaan toimintaympäristölähtöisesti, ei organisaation omaa kehitystä peilaten. Johtopäätösten aika eli vaikutusten arviointi oman organisaation toimintaan on vasta sitten, kun vaihtoehtoiset skenaariot on työstetty.

Kytke strategiatyö ja riskienhallinta toisiinsa

Koska strategisissa tavoitteissa kuvataan organisaation tärkeimmät muutosjohtamisen kohteet, niiden tulee näkyä myös riskienhallinnassa. Säännöllisin väliajoin tuotettavissa riskiarvioinneissa arvioidaan myös strategisten tavoitteiden toimeenpanoon kohdistuvat riskit. Tunnistettujen riskitapahtumien todennäköisyys ja merkitys (vakavuus) arvioidaan. Tyypillisesti julkishallinnossa käytetään viisiportaista arviointiasteikkoa, jolloin tunnistettujen riskitapahtumien todennäköisyyden ja vakavuuden maksimituloksi muodostuu 25. Ennalta päätetyn riskiluvun ylittäville tapahtumille suunnitellaan hallintatoimet, joiden vaikutuksesta riskiluku painuu alle kriittisen raja-arvon.

Kun tunnistetut riskitapahtumat vaarantavat strategisen tavoitteen toimeenpanon, hallintatoimet saattavat kohdistua strategian toimeenpanosuunnitelmaan. Sitä on tarvittaessa korjattava, jotta strategisen tavoitteen toimeenpanoa on mahdollista edistää. Riskit voivat riittyä myös rakenteisiin, toimintatapoihin tai resursointiin, jolloin toimeenpanosuunnitelmassa kuvattuja toiminnallisia tavoitteita tai toimenpiteitä ei muuteta, vaan muutokset tulee tehdä organisaation johtamisjärjestelmään.

Viesti saavutuksista

Julkishallinnon organisaatiot viestivät valitettavan vähän strategian toimeenpanon etenemisestä ja toimeenpanossa saavutetuista onnistumisista. Tämä ei suoraan kerro toiminnan heikosta laadusta yleisemmin. Vähäisen viestinnän taustalla on useita selittäviä tekijöitä: strategiatyön asema ja merkitys julkishallinnon toiminnassa, strategiatyötä koskevan normiohjauksen vähäisyys sekä yhteiskunnalliseen vaikuttavuuteen liittyvät mittaushaasteet ovat näistä merkittävimpiä. Jos ja kun toiminnan tuloksista viestitään, tekemisen yhteyttä strategiaan ei osoiteta, koska strategian välinearvo organisaation johtamisjärjestelmässä on heikko. Usein toiminnan tuloksellisuudesta viestiminen toteutetaan epäkiinnostavalla tavalla (esim. vuotuinen toimintakertomus). Tällaiset tulostiedot ovat kaikkien saatavilla, mutta julkaisuformaatista johtuen mitään suurta kiinnostusta näitä tietoja kohtaan ei muodostu.

Kun strategia on saatu valmiiksi, tästä yleensä muistetaan viestiä. Strategian toimeenpanon etenemisestä sekä aikaansaaduista tuloksista ja saavutuksista olisi myös tärkeätä viestiä. Pörssiyhtiöt raportoivat katsauksissaan strategioidensa toimeenpanon etenemisestä. Vastaavaan tapaan julkishallinnon organisaatioiden tulisi kertoa, miten strategisten tavoitteiden toimeenpano etenee. Viestinnällisen ulostulon paikka on viimeistään siinä vaiheessa, kun on onnistuttu aikaansaamaan merkittäviä tuloksia ja yhteiskunnallista vaikuttavuutta. Kuka kissan hännän nostaa, ellei kissa itse?

Valtionhallinnon tulosohjausuudistuksessa sekä uudistuksen arvioinneissa on kiinnitetty huomiota tuloksellisuudesta viestimiseen kansalaisille. Pidän epätodennäköisenä sitä, että kansalaiset laajassa määrin olisivat kiinnostuneita julkishallinnon organisaatioiden tuloksellisuudesta varsinkaan, jos tuloksellisuudesta ja strategisten tavoitteiden saavuttamisesta raportoidaan vuositasolla koko organisaation toiminnan kattavasti toimintakertomuksissa. Sen sijaan yksittäiset onnistumiset ja saavutukset ovat kiinnostavia ja ylittävät todennäköisemmin uutiskynnyksen ja siten saavuttavat laajempaa näkyvyyttä. Erityisesti sellaiset strategian toimeenpanossa saavutetut onnistumiset ovat kiinnostavia, joiden vaikutus yhteiskunnalliseen vaikuttavuuteen voidaan luotettavalla tavalla osoittaa. Sen sijaan, että viestittäisiin kansalaisille organisaation strategian toimeenpanon etenemisestä, tulisi etenkin otsikkotasolla viestiä mahdollisimman konkreettisesti ja kansantajuisesti saavutuksista. Vasta viestinnällisen ulostulon tarkemmassa sisällössä tuotaisiin esille yhteys organisaation strategiaan. Strategia on ainoastaan väline, konkreettiset saavutukset strategian toimeenpanossa sekä aikaansaatu yhteiskunnallinen vaikuttavuus ovat merkitseviä.

Päivitä johtamisjärjestelmän kuvaus

Julkishallinnon organisaatioissa rakenteet sekä tärkeimmät ohjaus- ja päätöksentekoprosessit on kuvattu työjärjestyksessä (valtio) tai hallintosäännössä (kuntasektori) sekä näiden asiakirjojen liitteissä.

Työjärjestykset ja hallintosäännöt liitteineen muodostavat perustan ja ydinsisällön organisaation johtamisjärjestelmän kuvaukselle. Johtamisjärjestelmä on silti syytä kuvata erikseen, sillä esimerkiksi strategiatyötä harvemmin on kuvattu työjärjestyksissä ja hallintosäännöissä. Lisäksi erilaiset organisaation sisäiset yhteiset toimintatavat ja -muodot, joilla on päätöksenteon valmistelussa merkittävä rooli, on tehtävä näkyväksi. Tällaisia toimintatapoja ovat esimerkiksi sisäiset johdon strategia- ja kehittämisfoorumit sekä muut toiminnan kehittämiseen liittyvät vakiintuneet tavat. Myös tulosohjausprosessi, laatu- ja prosessityön käytännöt sekä projektijohtamisen rakenteet kuvataan johtamisjärjestelmässä. Esimerkiksi säännönmukaisesti pidettävät laatu- ja projektityöhön sisältyvät johdon katselmukset tulee mainita johtamisjärjestelmän kuvauksessa.

Kun strategiatyössä tehdään ryhtiliike, yksi ryhtiliikkeen ilmentymistä on strategiatyön sisällyttäminen organisaation johtamisjärjestelmän kuvaukseen. Johtamisjärjestelmässä tulee kertoa, millaisia strategiadokumentteja organisaatiossa laaditaan. Jos päästrategian alaisuuteen päätetään laatia erillisiä ala- tai osastrategioita, näistä kaikista on löydyttävä maininta ja lyhyt kuvaus osana johtamisjärjestelmän kuvausta. Tärkeätä on myös kuvata pääpiirteisesti strategian päivittämiseen ja uusimiseen liittyvät prosessit ja työvaiheet. Jos rullaava strategian päivitysprosessi on kuvattu, kuvaus voidaan sellaisenaan liittää johtamisjärjestelmän kuvauksen liitteeksi.

Strategiatyötä ei ole tarkoituksenmukaista kuvata yksityiskohtaisella tasolla johtamisjärjestelmässä. Tärkeintä on se, että johtamisjärjestelmä sisältää myös strategiatyön, jolloin strategialla on edes teoreettiset mahdollisuudet nousta aidoksi johtamisen välineeksi. Tämä luonnollisesti edellyttää sitä, että johtamisjärjestelmän kuvaus on arjessa ylimmän johdon ja keskijohdon käsissä kuluva dokumentti, johon tukeudutaan toimintaa vuositasolla ja hieman pidemmällä aikavälillä suunniteltaessa.

Jos johtamisjärjestelmä on selkeä ja suoraviivainen, se voidaan vaivattomasti työstää myös visuaaliseen muotoon. Visuaalinen kuvaus sisältää järjestelmän pääelementit sekä niiden väliset yhteydet. Johtamisjärjestelmän visuaalinen kuvaus ei täysin korvaa kirjallista kuvausta. Sitä voidaan käyttää "huoneentauluna", jolloin sillä on muistuttava ja johtamisen yhtenäisyyttä varmistava rooli.

Johtamisjärjestelmä päivitetään, kun strategia on valmistunut ja strategian kaikki vaikutukset organisaation rakenteisiin ja prosesseihin on arvioitu ja tarvittavat muutostoimet on tehty. Johtamisjärjestelmän kuvaukselle ei ole olemassa yhtä ja ainoata oikeata kuvaustapaa. Virastopäällikkö päättää kuvauksen rakenteesta ja sisällöstä. Suositeltavaa olisi, että strategian tapaan johtamisjärjestelmäkuvaus pidettäisiin mahdollisimman selkeänä ja kompaktina, jolloin sen ylläpito ei muodostu kohtuuttoman raskaaksi. Jos johtamisjärjestelmää ei ole aiemmin kuvattu, ensimmäinen laatimiskierros on toki aikaa ja energiaa vaativa.

Osassa julkishallinnon organisaatioista johtamisjärjestelmän kuvauksessa käytetään kokonaisarkkitehtuurin menetelmiä. Kokonaisarkkitehtuurin keinoin on mahdollista selkeästi osoittaa myös strategiatyöhön liittyvät syy-seuraussuhteet ja suunnittelun hierarkiat. Kokonaisarkkitehtuuri tuli julkishallintoon 2010-luvun alussa. Valitettavasti isossa osassa organisaatioita toiminto työnnettiin syvälle IT-osaston syövereihin sen sijaan, että se olisi asemoitu ylimmän johdon, toiminnan kehittämisen, tulosohjauksen ja strategiatyön välimaastoon. Strategian vaikutuksia johtamisjärjestelmään arvioitaessa tarjoutuu samalla mahdollisuus tarkastella, palveleeko kokonaisarkkitehtuurityö organisaatiota tarkoituksenmukaisella ja tehokkaalla tavalla.

Laadi kokonaan uusi strategia

Ennemmin tai myöhemmin organisaatio on siinä tilanteessa, ettei strategian rullaava päivittäminen enää riitä. Strategia on uusittava kokonaan. Tähän tilanteeseen voidaan tulla monestakin eri syystä. Kaikista mahdollisista eri syistä tavoiteltavin on luonnollisestikin se, että strategian sisältämä ja strategisissa tavoitteissa kuvattu muutos on toimeenpantu. Eli kun muutosjohtamisessa on onnistuttu ja strategiset tavoitteet on korkealla onnistumisprosentilla viety maaliin, strategia on auttamatta vanhentunut. Tällöin on hyökättävä uusien muutosjohtamisen haasteiden kimppuun ja uusittava strategia. Strategia voidaan joutua uusimaan myös toimintaympäristössä tapahtuneiden merkittävien muutosten johdosta.

Julkishallinnossa strategian uusimissykli on saatettu kirjata lainsäädäntöön. Kunnat ja hyvinvointialueet laativat strategiansa valtuustokaudelle eli neljäksi vuodeksi kerrallaan. Laki velvoittaa tarkistamaan strategian vähintään kerran valtuustokaudessa, mutta useimmissa kunnissa strategia tehdään kokonaan uusiksi alusta loppuun. Käytännössä kunnissa tehdään vähän tarkistuksia strategiaan valtuustokauden aikana eli rullaavaa päivitystapaa ei hyödynnetä.

Missään ei ole kielletty, etteikö vanhaa strategiaa voisi myös kunnissa ja hyvinvointialueilla ottaa pohjalla ja etteikö uusi strategia voisi olla vanhan strategian päivitetty versio. En varsinaisesti yllättyisi, jos näin meneteltäisiin aivan pienimmissä kunnissa, joissa resurssit ovat kaikessa tiukoilla. Valmisteluprosessin ja päätöksenteon näkökulmasta kyse on kuitenkin uudesta strategiasta eli strategiasta, jonka kunnanvaltuusto lopulta prosessin päätteeksi hyväksyy. Tyypillisesti strategia käsitellään heti uuden valtuuston aloitettua eli kyse on valtuustokauden aikaisesta strategiasta.

Valtakunnallisten strategioiden uusimisen taustalla ovat poliittiset päätökset. Esimerkiksi selonteoille tai sektorikohtaisille politiikkapapereille, jotka täyttävät strategian tunnusmerkit, ei kaikille ole olemassa vakioitua uusimissykliä. Sitä vastoin hallitusohjelma, jonka roolia ja merkitystä strategisena asiakirjana olen käsitellyt aiemmin kirjan ensimmäisessä luvussa, laaditaan aina uuden hallituksen aloitettua. Kun hallitus vaihtuu, valmistelu aloitetaan käytännössä puhtaalta pöydältä eli tällöin voidaan puhua kokonaan uudesta strategiasta. Kun pääministeri syystä tai toisesta vaihtuu vaalikauden aikana, ainoastaan hallitusohjelman kansilehdelle ja saatesanoihin tehdään muutoksia. Säätytalolla pitkän kaavan mukaan käydyissä neuvotteluissa sovittuihin konkreettisiin tavoitteisiin ja kirjauksiin ei yleensä kosketa, koska yhdenkin yksityiskohdan avaaminen johtaisi koko paketin avautumiseen ja uusiin hallitusneuvotteluihin.

Valtioneuvoston piirissä ministeriöiden strategiatyö on vahvasti henkilöitynyttä. Ministerien sekä ministeriöiden ylimmän johdon (kansliapäälliköt, osastopäälliköt) kanta ratkaisee, milloin uusia strategioita laaditaan. Tälle työlle ei ole olemassa normipohjaisia velvoitteita. Tiettävästi myöskään kokonaisvaltaisia tiekarttoja valtioneuvoston piirissä tai sen alaisissa virastoissa tehtävälle strategiatyölle ei ole laadittu. Strategia laaditaan, kun siltä tuntuu ja asia koetaan tarpeelliseksi. Usein ministeriöissä laadittavat strategiat liittyvät jonkin osa-alueen uuteen haltuunottoon (esim. kansallinen avaruusstrategia) tai tarpeeseen ajantasaistaa strategisella tasolla tehtyjä linjauksia. Niin ministeriöissä kuin keskusvirastoissa strategian uusimisen merkittävimpänä vaikuttimena voi toimia vallan vaihtuminen. Kun uusi kansliapäällikkö tai virastopäällikkö aloittaa tehtävässään, vanhat linjaukset kyseenalaistetaan ja strategiasta tehdään oman näköinen. Ylimmän virkahenkilön vaihtumiseen liittyvistä syistä on myös nähty tilanteita, joissa organisaation strategian uusimisprojektin aloittamista jarrutetaan, jotta projekti voidaan aloittaa uuden päällikön johtamana. Inhimillistä ja ymmärrettävää, ei aina perusteltua ja järkevää.

Strategian uusimisen tarve riippuu monesta eri tekijästä. Tärkein ohjeeni tähän liittyen on seuraava: käynnistä strategian uusimisprojekti, kun on ilmeistä, ettei strategisten tavoitteiden muodostamaa kokonaisuutta ole enää mahdollista uusia rullaavan päivitysprosessin avulla. Tähän tilanteeseen voidaan joutua, jos maailma tai toimiala ympärillä muuttuu voimakkaasti. Huomionarvoista tässä asiassa on se, että rullaavan päivitysprosessin kautta on mahdollista tehdä ainoastaan yksittäisiä muutoksia ja tarkistuksia strategian sisältöön, jolloin tehdyn muutoksen vaikutukset organisaation toimintaan ja rakenteisiin ovat vähäisiä. Jos paine kaikkien strategisten tavoitteiden uusimiselle muodostuu suureksi, strategia on uusittava kokonaan. Tällöin strategian muutosvaikutukset saattavat olla merkittäviä organisaation sisällä eli strategialla voi olla vaikutuksia rakenteisiin, prosesseihin ja resurssien allokointiin esim. osastojen välillä.

Muista nämä kolme pointtia

Julkishallinnon strategiseen muutosjohtamiseen liittyy kolme tärkeätä pointtia, jotka esittelen tässä yhteenvetona kaikesta edellä käsitellystä. Jos julkishallinnon organisaatio ottaa huomioon nämä pointit, sillä on hyvät mahdollisuudet onnistua muutoksen johtamisessa. Huomaathan, että nämä pointit koskevat strategista muutosjohtamista erotuksena kirjan ensimmäisessä luvussa esittelemiini strategiatyön kriittisiin menestystekijöihin. Strategisen muutosjohtamisen kolme pointtia ovat:

- Laadukkaat strategiset tavoitteet
- Strategian toimeenpano
- Strategian toimeenpanon seuranta ja tuloksista viestiminen

Strategia ei ole strategia, jos se ei sisällä *strategisia tavoitteita*. Strategisten tavoitteiden tulee olla muotoilultaan laadukkaita. Muotoilun laatuvaatimus on itsestäänselvyys. Organisaation tulevaisuuden sekä organisaation tuottaman yhteiskunnallisen vaikuttavuuden kannalta tärkeintä on tavoitteiden sisältö eli mitä asioita päätetään linjata ja millä tavalla sekä mitä valintoja ja poisvalintoja (asiat, jotka eivät näy strategisissa tavoitteissa) tehdään. Sisältökysymykset ovat täysin organisaatioriippuvaisia ja ne perustuvat asiantuntijaorganisaation kyvykkyyteen tunnistaa vaihtoehtoisia tavoitteita. Vaihtoehtojen tunnistamisessa osallistava työskentelytapa tukee laadukkaan lopputuloksen saavuttamista.

Strategiaa ei ole olemassa, jos sitä ei toimeenpanna. *Strategian toimeenpanosuunnitelma* tulee rakentaa strategisten tavoitteiden alaisuuteen. Toimeenpanosuunnitelma sisältää ne toiminnalliset tavoitteet ja toimenpiteet, jotka tukevat strategisten tavoitteiden toteutumista. Yleensä tavoitteita ja toimenpiteitä on useita jokaisen strategisen tavoitteen yhteydessä. Yhdessä ne mahdollistavat strategisen tavoitteen saavuttamisen. Tavoitteiden ja toimenpiteiden valinta perustuu asiantuntemukseen, joka rakentuu osaamisesta, kokemuksesta sekä aiemmin omassa organisaatiossa tai muualla saatuihin näyttöihin valittujen toimenpiteiden vaikutuksista.

Strategian toimeenpanon seuranta on pysyvä olotila. Sitä tulee tehdä systemaattisesti ja säännöllisesti. Tavoitteet ja toimenpiteet on vastuutettu organisaatiossa yksiselitteisesti. Toimeenpanovastuussa olevat esihenkilöt ja/tai asiantuntijat tuottavat seurantatiedot yhteiseen seurantadokumenttiin tai tietojärjestelmään yhdessä sovittua aikataulua ja raportointirakennetta noudattaen. Seurannan raportoinnissa on tuotava esiin sekä saavutukset että merkittävimmät haasteet ja esteet, jotka ovat toimeenpanon tiellä. Ylimmällä johdolla tulee olla mahdollisimman ajantasainen tieto strategian

toimeenpanosta ja siihen liittyvistä haasteista, jolloin tarvittavien korjaus-
liikkeiden tekeminen on mahdollista.

Strategian toimeenpanon etenemisestä viestitään sekä sisäisesti että ul-
koisesti. Viestinnässä tavoitteena on rehellisen kuvan antaminen strategian
toimeenpanon etenemisestä. Merkittävistä onnistumisista eli strategisten
tavoitteiden saavuttamisesta ja yhteiskunnallisen vaikuttavuuden muodos-
tumisesta viestitään ulkoisesti. Strategian toimeenpanossa epäonnistumi-
nen ei ole syy sille, että toimeenpanosta ei viestittäisi. Myös epäonnistu-
misista ja toimeenpanon hitaasta etenemisestä tulee viestiä. Mahdolliset
epäonnistumiset johtavat korjausliikkeisiin, jotka näkyvät joko strategiassa
(strategian rullaava päivitys tai sen uusiminen kokonaan) tai sen toimeen-
panosuunnitelmassa (keinovalikoiman muuttaminen). Jos strategian toi-
meenpanon etenemisestä ei viestitä, antaa tämä vahvan syyn epäillä, ettei
strategiaa edes yritetä toimeenpanna.

Ota ensimmäinen askel

Kaiken edellä mainitun sanottuani toivotan onnea, menestystä ja tarmoa
jämäkän strategiatyön tekemiseen! On aika kääriä hihat ja ryhdyttävä tuu-
masta toimeen.

Liite 1: Jämäkän strategiaprojektin rakenne

Olen käsitellyt aiemmin strategiaprojektin ja strategiaprosessin välisiä eroja. Strategian laatiminen puhtaalta pöydältä tai sen kokonaisvaltainen uudistaminen on projekti. Strategian arjessa tapahtuva ajantasaistaminen on (rullaava) prosessi.

Esittelen seuraavaksi, miten organisaatiostrategian valmisteluun tähtäävä strategiaprojekti on mahdollista jäsentää keskusvirastoissa ja muissa päällikkövirastoiksi luonnehdittavissa organisaatioissa. Selontekojen ja periaatepäätösten sekä hallinnonala- ja toimialakohtaisten strategioiden valmistelu poikkeaa erityisesti osallistavien menetelmien sekä lausuntokierrosten osalta organisaatiostrategioiden valmistelusta. Myös hallitusohjelman valmistelussa on omat askelmerkkinsä. Kunnissa ja hyvinvointialueilla kansalaisten osallistaminen vaikuttaa merkittävällä tavalla projektin jäsentämiseen.

Strategiaprojektin vaiheet (sisältäen esityöt ja toimeenpanon)

Esityöt (strategiaprojektia edeltävä vaihe)
1. Päätös strategian uusimisesta
2. Strategiaprojektin suunnittelu

Strategiaprojekti
1. Strategiaprojektin aloitus
2. Toimintaympäristön analysointi
3. Suunta ja painopisteet
4. Toimintakulttuuri
5. Rullaavan strategiaprosessin suunnittelu
6. Yhteenveto ja päätöksenteko
7. Strategian julkistaminen

Strategian toimeenpano
1. Toimeenpanon suunnittelu

2. Toimeenpano
3. Toimeenpanon seuranta ja viestintä
4. Strategian ajantasaisuuden jatkuva arviointi

Esityöt edeltävät varsinaista strategiaprojektia. Ennemmin tai myöhemmin jokainen organisaatio on tilanteessa, jossa sen ylin johto toteaa uuden strategian laatimisen olevan ajankohtainen asia. Tällöin tehdään päätös strategian uusimisesta. Strategiaprojekti on suunniteltava huolella ennen kuin se voidaan käynnistää. Projektin suunnitteluvaihe sisältää ylimmän johdon työpajat, joissa käsitellään strategiatyön perusteita sekä muodostetaan yhteinen ymmärrys ja tahtotila. Lisäksi ylin johto käsittelee projektisuunnitelman luonnosversion, tekee siihen tarvittavat tarkistukset ja lopulta vahvistaa sen.

Strategiaprojektin suunnitelma sisältää myös projektin viestintäsuunnitelman. On suositeltavaa, ettei viestintäsuunnitelmaa laadita erillisenä suunnitelmana. Tarkoituksenmukaista on integroida se osaksi strategiaprojektin suunnitelmaa, jolloin ei ole olemassa sitä riskiä, että viestinnälliset toimet alkaisivat elää omaa elämäänsä.

Strategiaprojekti aloitetaan koko organisaation yhteisellä tilaisuudella (strategiaprojektin kick-off). Jos tarkoituksena on tehdä strategia henkilöstöä osallistavalla tavalla, aloitustilaisuus järjestetään koko organisaatiolle avoimena tilaisuutena. Nykyään tällaisen tilaisuuden järjestäminen on vaivatonta, sillä suuressakin organisaatiossa kaikki saadaan yhteen, kun osallistuminen on mahdollista myös etäyhteyksin. Kick-off-tilaisuudessa esitellään strategiaprojektin tavoitteet, vaiheet ja aikataulu. Tilaisuudessa kerrotaan valmisteluvastuista sekä siitä, missä vaiheissa henkilöstöllä on mahdollista osallistua valmisteluun. Kokemus on osoittanut, että aloitustilaisuudessa kannattaa varata aikaa myös vapaalle keskustelulle. Osana kick-off-vaihetta toteutataan myös tarvittavat viestinnälliset ulostulot strategian laatimisen käynnistymisestä. Asiasta viestitään sekä sisäisesti että ulkoisesti.

Strategiaprojektin varsinaisten sisältövaiheiden määrä riippuu valmisteltavan strategian rakenteesta. Yleensä omat vaiheensa tarvitaan toimintaympäristön analysoinnille, strategisten vaihtoehtojen kartoittamiselle (suunta ja painopisteet) sekä arvotyölle (toimintakulttuuri). Yhteenveto ja päätöksenteko -vaiheessa organisaation ylin johto viimeistelee strategian. Käytännössä tämä tapahtuu johdon työpajoissa, joita pidetään riittävän monta (esim. 5-6), jotta strategia työstyy valmiiksi. Strategian sisällöillä on taipumus muhitella. Aivot työstävät sisältöjä kokousten välillä ja muotoilut paranevat kerta kerralta. Kun strategian tekstisisältö on valmis, strategia visualisoidaan. Viimeistelyvaiheessa arvioidaan myös strategian vaikutukset organisaation toimintaan.

Strategian julkistaminen päättää strategiaprojektin. Strategia julkistetaan koko organisaatiolle suunnatussa tilaisuudessa. Strategian julkistamisvaihe sisältää myös viestintätoimet eri kanavilla.

Kun strategiaprojekti on päättynyt, strategia on valmis toimeenpantavaksi. Työ aloitetaan toimeenpanon suunnittelulla. Toimeenpanon suunnittelu on toki mahdollista aloittaa jo strategiaprojektin aikana, jolloin suunnitelman valmistelu toimii valmistelussa olevien strategisten tavoitteiden happotestinä. Toimeenpanosuunnitelmassa strategisten tavoitteiden alle työstetään toimenpiteitä, jotka edistävät strategisten tavoitteiden toteutumista. Toimenpiteet viedään osaksi organisaation suunnittelu- ja seurantajärjestelmää. Toimenpiteet tarkistetaan vuosittain. Strategian ajantasaisuutta arvioidaan säännöllisin väliajoin. Arvioinnissa on kiinnitettävä huomiota toimintaympäristöön ja siinä mahdollisesti tapahtuneisiin muutoksiin. Ennemmin tai myöhemmin organisaatio on tilanteessa, jossa strategiaa on joko rullaavasti päivitettävä (kuvatun prosessin mukaisesti) tai se on kokonaan uusittava, jolloin palataan lähtöruutuun.

Strategiaprojektin eri vaiheita voidaan toteuttaa limittäin. Esimerkiksi keskustelu arvoista ja arvojen työstäminen voidaan käynnistää pian aloitusvaiheen jälkeen. Kaikkien edeltävien vaiheiden tulee olla päätöksessä ennen kuin organisaation johto ryhtyy vetämään yhteen strategiaa ja tekemään siitä päätöksiä.

Liite 2: Strategiatyön Papukaija-laatumerkki

Kymmenen pistettä ja papukaijamerkki! Näin kuulee aika ajoin spontaanisti lausuttavan, kun joku osuu naulan kantaan eli on oikeassa jossain asiassa. Lausahdus on peräisin vuosina 1961–1967 Ylen kanavilla esitetystä *Sirkus Papukaija* -lastenohjelmasta.

Olen kehittänyt vahvan muistijäljen jättäneen lastenohjelman hengessä strategiatyön Papukaija-laatumerkin, jota jokainen organisaatio voi halutessaan käyttää vapaasti. Strategiatyön Papukaija-laatumerkki on kymmenen toimenpiteen lista. Nämä toimenpiteet tukevat erinomaista suoriutumista strategiatyössä. Laatumerkki soveltuu sekä julkishallinnon organisaatioiden että yritysten ja kolmannen sektorin organisaatioiden käyttöön, kun ne ovat laatimassa organisaatiostrategioitaan.

Papukaija-laatumerkin käyttäminen on helppoa. Tarkistuslistan jokaisesta tehdystä toimenpiteestä saa yhden pisteen, kun kyseinen asia on hoidettu kunnialla maaliin. Laatumerkin antama maksimipistemäärä on kymmenen pistettä. Kun organisaatio on saavuttanut kymmenen pistettä, se voi todeta saavuttaneensa strategiatyön Papukaija-laatumerkin.

Strategiatyön Papukaija-laatumerkin tarkistuslista (jokaisesta kohdasta saa joko 0 tai 1 pistettä):

OSAAMINEN, YMMÄRRYS JA TAHTOTILA
1. Organisaation ylin johto on riittävässä määrin perehtynyt strategiatyön perusteisiin, uskoo vahvasti jakavansa yhteisen ja oikeanlaisen ymmärryksen strategiatyöstä ja sitoutuu sekä laatimaan että toimeenpanemaan strategian.

STRATEGIAN LAATIMINEN
2. Strategiaprojekti suunnitellaan, resursoidaan, vastuutetaan ja toteutetaan.
3. Organisaation ylin johto päättää strategian rakenteesta.

4. Strategiaprojektissa osallistetaan sekä henkilöstöä että tärkeimpien sidosryhmien edustajia.

5. Organisaation ylin johto viimeistelee strategian ja viestii strategiasta sekä omalle henkilöstölle että ulkoisille sidosryhmille.

6. Strategian toimeenpanosuunnitelma laaditaan ja ylin johto hyväksyy sen.

STRATEGIAN TOIMEENPANO

7. Strategian toimeenpanosuunnitelmaa noudatetaan ja sitä päivitetään säännöllisin väliajoin.

8. Strategian toimeenpanon etenemistä ja tuloksellisuutta seurataan säännöllisin väliajoin.

TULOKSISTA VIESTIMINEN

9. Organisaatio viestii sekä ulkoisesti että sisäisesti strategian toimeenpanon etenemisestä, etenkin strategisten tavoitteiden saavuttamisesta sekä aikaansaamastaan yhteiskunnallisesta vaikuttavuudesta.

STRATEGIAN AJANTASAISUUS

10. Organisaatio tarkistaa säännöllisesti strategiansa ajantasaisuuden ja tarvittaessa joko päivittää strategiansa laatimansa rullaavan strategiaprosessin mukaisesti tai uusii strategiansa kokonaisuudessaan.

Strategiatyön Papukaija-laatumerkki oikein suoritettuna on myös strategian sisällöllisen laadun tae, sillä mcrkin ensimmäisessä vaiheessa ylimmän johdon keskuudessa muodostettava yhteinen ja oikea ymmärrys strategia työstä määrittää tekemistä kokonaisuudessaan.

Lähteet ja kirjallisuus

Ahonen, Olli (2024). Blogikirjoitus 7.10.2024: *Mistä on Suomen julkinen hallinto tehty?* https://www.valtiokonttori.fi/blogi/mista-on-suomen-julkinen-hallinto-tehty/

Arvopaperimarkkinalaki (746/2012). Finlex (www.finlex.fi)

Asetus valtion talousarviosta (1243/1992). Finlex (www.finlex.fi)

Dufva, Mikko & Sanna Rekola (2023). *Megatrendit 2023 – Ymmärrystä yllätysten aikaan.* Sitran selvityksiä, tammikuu 2023. https://www.sitra.fi/julkaisut/megatrendit-2023/

Hallituksen strategisten johtamisvälineiden kehittämishankkeen suositukset (2019). Valtioneuvoston julkaisuja 2019:2

Hallituspolitiikan johtaminen 2010-luvulla – Tehokkaamman strategisen työskentelyn välineitä (2011). Hallitusohjelman seurannan kehittämishanke KOKKA. Valtioneuvoston kanslian julkaisusarja 7/2011.

HE 241/2020. Hallituksen esitys eduskunnalle hyvinvointialueiden perustamista ja sosiaali- ja terveydenhuollon sekä pelastustoimen järjestämisen uudistusta koskevaksi lainsäädännöksi sekä Euroopan paikallisen itsehallinnon peruskirjan 12 ja 13 artiklan mukaisen ilmoituksen antamiseksi. Finlex (www.finlex.fi)

Hyvinvointialueiden ajankohtainen tilanne 9/2024. Valtioneuvosto.

Johtamisen ja kehittämisen konsultointi 2024-2032 (DPS). Hansel Oy:n ilmoitus. Julkaistu Hilmassa (www.hankintailmoitukset.fi) 1.10.2024.

Julkisen hallinnon strategia (2020). Valtiovarainministeriö 1.12.2020.

Kaplan, Robert S. & David P. Norton (1992). *The Balanced Scorecard – Measures that Drive Performance.* Harvard Business Review, January-February 1992. https://hbr.org/1992/01/the-balanced-scorecard-measures-that-drive-performance-2

Kaplan, Robert S. & David P. Norton (2000). *Having Trouble with Your*

Strategy? Then Map It. Harvard Business Review, September–October 2000. https://hbr.org/2000/09/having-trouble-with-your-strategy-then-map-it

Kaplan, Robert S. & David P. Norton (2004). *Strategy Maps: Converting Intangible Assets into Tangible Outcomes*. Harvard Business Press Books.

Kilpinen, Paula (2022). *Inhimillinen strategia*. Alma Insights.

Kohti strategisempaa, kevyempää, poikkihallinnollisempaa ja yhtenäisempää tulosohjausta (2012). Valtiovarainministeriön julkaisuja 21/2012.

Kuntalaki (410/2015). Finlex (www.finlex.fi)

Laki hyvinvointialueesta (611/2021). Finlex (www.finlex.fi)

Laki ikääntyneen väestön toimintakyvyn tukemisesta sekä iäkkäiden sosiaali- ja terveyspalveluista (980/2012). Finlex (www.finlex.fi)

Laki julkisista hankinnoista ja käyttöoikeussopimuksista (1397/2016). Finlex (www.finlex.fi)

Laki viranomaisten toiminnan julkisuudesta (621/1999). Finlex (www.finlex.fi)

Linna, Väinö (1954). *Tuntematon sotilas*. WSOY.

Mintzberg, Henry (1987). *Crafting Strategy*. Harvard Business Review, July 1987. https://hbr.org/1987/07/crafting-strategy

Osallistava ja osaava Suomi – sosiaalisesti, taloudellisesti ja ekologisesti kestävä yhteiskunta. Pääministeri Sanna Marinin hallituksen ohjelma 10.12.2019. Valtioneuvoston julkaisuja 2019:31. https://julkaisut.valtioneuvosto.fi/bitstream/handle/10024/161931/VN_2019_31.pdf

Puolustusvoimien henkilöstöstrategia 2030+ (2024). Tiedote 20.2.2024: https://puolustusvoimat.fi/-/puolustusvoimien-uusi-henkilostostrategia-on-julkaistu

Päätöksistä muutoksiin – Valtion ohjausjärjestelmän kehittäminen -hankkeen raportti ja toimenpidesuositukset. Valmistelutyöryhmän (OHRA-hanke) raportti 1.12.2014, VM142:00/2013.

Ratkaisujen Suomi: Pääministeri Juha Sipilän hallituksen strateginen ohjelma 29.5.2015. Hallituksen julkaisusarja 10/2015. https://julkaisut.valtioneuvosto.fi/handle/10024/163399

Salminen, Vesa & Kimmo Halme & Anne-Mari Järvelin & Juha Kettinen & Petri Uusikylä & Urho Lintinen & Jari Stenvall & Jarmo Vakkuri & Jan-Erik Johanson (2021). *Valtion tulosohjausmallin arviointi.* Valtioneuvoston selvitys- ja tutkimustoiminnan julkaisusarja 2021:33.

Sunzi. *Sodankäynnin taito.* Gaudeamus 2005.

Terveydenhuoltolaki (1326/2010). Finlex (www.finlex.fi)

Toimintakertomuksen laatiminen. Valtiokonttorin ohje 1.12.2023. https://www.valtiokonttori.fi/maaraykset-ja-ohjeet/toimintakertomuksen-laatiminen-2/

Tulosohjauksen käsikirja (2005). Julkaisuja 2/2005. Valtiovarainministeriö, hallinnon kehittämisosasto.

Tulosohjauksen käsikirja (2012). Tulosohjaus-hanke. https://vm.fi/-/tulosohjauksen-kasikirja

Uusikylä, Petri & Harri Jalonen (2024). *Valtioneuvoston päätöksenteko kaipaa laajempaa remonttia.* Vieraskynä-kirjoitus, Helsingin Sanomat 11.10.2024.

Uusikylä, Petri & Petri Virtanen & Harri Jalonen & Urho Lintinen & Harri Ketamo (2024). *Maailman paras julkinen hallinto? Julkisen hallinnon strategian merkitys suomalaiselle hallinnon kehittämiselle.* Valtion selvitys- ja tutkimustoiminnan julkaisusarja 2024:9.

Vahva ja välittävä Suomi. Pääministeri Petteri Orpon hallituksen ohjelma 20.6.2023. Valtioneuvoston julkaisuja 2023:58. https://julkaisut.valtioneuvosto.fi/handle/10024/165042

Valtioneuvoston kehittämistyöryhmän selvitys. Yhtenäinen valtioneuvosto syntyy yhteistyöllä ja yhtenäisillä toimintatavoilla (2017). Valtiovarainministeriön julkaisu 15/2017.

Valtioneuvoston tulevaisuusselonteon 1. ja 2. osa: Näkymiä seuraavien sukupolvien Suomeen (2023). Valtioneuvoston julkaisuja 2023:1. https://

julkaisut.valtioneuvosto.fi/bitstream/handle/10024/164559/VN_2023_1.
pdf

Van Der Wal, Zeger (2017). *The 21st Century Public Manager – Challenges,
People and Strategies*. The Public Management & Leadership Series. Red
Globe Press.

Virtanen, Petri & Jari Stenvall (2010). *Julkinen johtaminen*. Tietosanoma.

Vuorinen, Tero & Tuomas Huikkola (2023). *Strategiakirja – 25 työkalua*.
Alma Talent.

*Yhteinen arviointimalli – The Common Assessment Framework
(CAF). Organisaation kehittäminen itsearvioinnin avulla* (2020).
Arviointimallin viides versio. European Public Administration Network
(EUPAN). https://www.eipa.eu/wp-content/uploads/2021/11/CAF2020_
Finnish.pdf

*Yhtenäisen valtioneuvoston rakennetta arvioivan parlamentaarisen
komitean (KEHU-komitea) mietintö* (2015). Valtiovarainministeriön
julkaisuja 7/2015. https://vm.fi/documents/10623/1107144/
Parlamentaarisen+KEHU-komitean+mietint%C3%B6.pdf

Kirjoittaja

Jarmo Koskela (s. 1969), filosofian maisteri, on tehnyt pitkän uran suomalaisessa julkishallinnossa vuodesta 1997 lähtien. Hän on työskennellyt useilla eri hallinnonaloilla keskusvirastoissa, ministeriöissä ja kuntasektorilla mm. strategiatyön, tulosohjauksen, toiminnan kehittämisen sekä viestinnän tehtävissä. Lisäksi Koskela on toiminut koulutus- ja konsultointipalvelujen myyntitehtävissä vastuualueenaan julkishallinnon asiakkuudet.

Muistiinpanot

Kirjoita tähän ajatuksiasi ja havaintojasi, jotka juolahtavat mieleen tätä kirjaa lukiessasi.